세전서화첩

세전서화첩

2012년 5월 14일 초판 1쇄 인쇄
2012년 5월 24일 초판 1쇄 발행

글 쓴 이 | 김미영 · 박정혜
펴 낸 이 | 홍기원

총　　괄 | 홍종화
디 자 인 | 정춘경 · 김소애
편　　집 | 오경희 · 조정화 · 오성현 · 신나래 · 정고은 · 이주연
관　　리 | 박정대 · 최기엽

펴 낸 곳 | 민속원　　　**출판등록** : 제 18-1호
　　　　　　주소 : 서울시 마포구 대흥동 337-25번지(토정로 25길 41)
　　　　　　전화 : 02) 804-3320, 805-3320, 806-3320(代)　팩스 : 02) 802-3346
　　　　　　이메일 : minsok1@chollian.net　　홈페이지 : www.minsokwon.com

ISBN　978-89-285-0280-6　93900

세전서화첩 世傳書畵帖

김미영 · 박정혜 엮음

민속원

책을 내면서

　　『세전서화첩』을 제작한 풍산김씨는 안동 풍산의 오미동에 뿌리를 두고 있다. 오미동과 풍산김씨의 인연은 당시 경주에 살고 있던 4世 김연성이 벼슬을 버리고 풍산 석릉촌石陵村에 내려와 있던 중 오미동에 별서別墅를 마련하면서부터 시작되었다. 그러다가 8世 김자순이 왕자의 난을 피해 오미동으로 내려와 있던 중 숨을 거두었으며, 이후 허백당 김양진의 아들 잠암 김의정이 벼슬을 버리고 낙향하여 은거생활을 보내면서 마을이름을 오릉동五陵洞에서 오묘동五畝洞으로 바꾸기도 했다. 그런 다음 김의정의 손자 유연당 김대현은 지금의 종택을 이건·중수하여 터전을 다졌으며, 그의 아들 8형제 가운데 5명이 문과급제를 하고, 8명 모두 소과에 합격함으로써 오미동 풍산김씨의 위상을 확고히 구축하였다.

　　이런 배경에서 오미동 풍산김씨는 오랜 역사와 전통을 간직한 명문가로서 위상을 떨쳐왔는데, 실제로 이들 문중에서 배출한 생원진사 합격자는 무려 77명에 이르고 문과급제 21장, 무과급제자가 30장이다. 안동지역에서 이렇게 많은 과환科宦을 배출한 가문은 매우 드문 편인데, 이로써도 오미동 풍산김씨의 위상을 가늠할 수 있다. 아울러 출간된 문집만 하더라도 23질, 미처 발간되지 않은 유고가 32종에 이르는 등 학문 또한 번성한 것으로 알려져 있다.

『세전서화첩』 역시 후대에 귀감이 될 만한 조상의 위업을 널리 알리기 위해 제작된 것이다. 참고로 조상의 행적을 그림으로 나타낸 가전화첩으로는 『세전서화첩』을 비롯하여 『애일당구경첩』, 『의령남씨가전화첩』, 『대구서씨가전화첩』 등이 전한다. 이 가운데 의령남씨와 대구서씨 화첩은 중앙관료로서 조상의 면모를 드러내기 위해 조상들이 참여한 국가 행사를 중심으로 구성되어 있는 반면, 『세전서화첩』과 『애일당구경첩』은 주로 조상의 인품과 학문적 측면에 초점을 맞추고 있다는 점이 다르다. 특히 『세전서화첩』은 무려 31종 32점의 그림을 수록하고 있는 까닭에 자료적·학술적 가치가 매우 뛰어난 것으로 평가받고 있다.

　『세전서화첩』은 풍산김씨 오미동 문중에서 보관하고 있다가 2000년 한국국학진흥원에 기탁되었다. 귀중한 자료의 발간을 허락해준 풍산김씨 오미동 문중에 깊은 고마움을 전하며, 특히 책의 기획단계에서 마무리까지 세심한 교정을 봐주신 김창현 선생님께는 진심으로 감사드린다. 아울러 함께 작업에 동참해주신 박정혜 선생님께도 고마움의 마음을 전한다. 미술사에 대한 선생님의 풍부한 지식과 견해 덕분에 책의 완성도를 더욱 높일 수 있었다.

　마지막으로 이 책의 발간을 계기로 각 집안에 소장되어 있는 가전화첩들이 세상에 모습을 드러낼 수 있기를 기대한다. 좋은 책을 만들기 위해 노력을 아끼지 않으신 민속원에도 감사드린다.

2012년 4월
글쓴이를 대표하여
김미영 삼가 씀

[차례]

책을 내면서 004

『세전서화첩世傳書畵帖』 해제   009

『세전서화첩世傳書畵帖』 도판 해설   023

논문 그림으로 기록한 가문의 역사 :

　　　조선시대『풍산김씨 세전서화첩』연구　　　　　박정혜　　　　　　　099

논문 조상의 덕을 기리다, 풍산김씨 세덕가　　　　　　김미영　　　　　　　149

影印　世傳書畫帖　　　　　　　　　　　　　　　　　　　　　　　　　　　163

　　　乾 (二) / 坤 (六七)

『세전서화첩世傳書畵帖』 해제

세전서화첩世傳書畵帖 해제

　　『세전서화첩世傳書畵帖』은 안동시 풍산읍 오미동五美洞에서 5백 여 년 세거해온 풍산김씨豊山金氏 문중에서 전해내려온 서화첩으로, 문자로 제작된 족보나 문집 등과 달리 그림을 중심으로 조상들의 행적을 정리해둔 이른바 가문의 사진앨범과 같은 성격을 지니는 책자라고 할 수 있다.

　　저자는 오미리 출신의 풍산김씨 김중휴金重休(1797~1863, 호는 학암(鶴巖))로, 김간金侃(1653~1735, 호는 죽봉(竹峯))의 현손인 김종석金宗錫의 차남이다. 1837년 소과에 합격했으나 대과에는 응시하지 않고 제릉齊陵 참봉을 지냈으며, 이후 규장각부제학奎章閣副提學에 증직되었다. 그는 평소 남다른 숭조관념을 갖고 있었는데, 풍산김씨 선대인물에 대한 사적 등을 집대성해둔『석릉세고石陵世稿』(총 16권)를 편찬하는 등 가문의 역사를 정리하는 데에 많은 노력을 기울인 것으로 전한다.『세전서화첩』역시 관련 인물들의 문집 · 행장 · 연보 등을 비롯하여 각 집안에서 전해 내려오는 자료를 폭넓게 섭렵하여 완성된 결과물이다.

　　아쉬운 점은 서화첩의 제작 시기가 명확하지 않다는 사실이다. 풍산김씨 오미 문중에서는『석릉세고』와 함께 1850년대 무렵에 편찬된 것으로 전하고 있으나, 이를 입증할 만한 구체적인 자료는 없다. 아울러 기존 연구에 따르면 김중휴가 숨을 거두고 난 1860년대 초에 완성되었다고 하지만, 서화첩 말미에 첨부된 후기 등을 살펴볼 때 설득력이 다소 떨어진다. 즉, 서화첩에는 김중휴가 사망한 1863년 2월 8일로부터 얼마 지나지 않은 같은 해 5월 사종제四從弟 김중범이 쓴 「서화첩 발문跋文」과 이듬해 1864년 봄 여강이씨 이재영李在英이 작성한 「도첩후서圖帖後序」이 실려 있는가 하면, 곤권의 마지막 부분에는 1885년 봄 김중휴의 족질族姪 김봉흠金鳳欽이 작성한 「서화첩후書畵帖後」이 수록되어 있는 것이다. 따라서 이를 근거로 추측해볼 때 김중휴가 세상을 뜨고 난 1860년 초에 서화첩 제작에 곧바로 착수했으나 뜻을 이루지 못하고, 1885년 무렵에야 비로소 간행된 것으로 보인다.

　『세전서화첩』은 2책(乾, 坤)으로 구성되어 있으며, 크기는 가로 26.5cm, 세로 36.0cm이다. 건乾에는 제1화부터 제17화까지 17종의 그림이 실려 있고, 곤坤에는 제18화부터 제31화까지 14종의 그림이 수록되어 있는데, 총 31종이다(`천조장사전별도`의 경우 한 제목 안에 서로 다른 내용의 그림 두 점이 실려 있기에 실제 그림 수는 32점임). 그림 우측 상단에는 표제表題가 적혀 있고, 뒷장에는 그림을 둘러싼 일화 등이 상세히 소개되어 있다.

　그런가 하면 32점의 그림 모두 제작 당시 일괄적으로 그려진 것으로 전하는데, 이 중 19점은 기록화나 기념화 형태의 원본이 존재하고 있어 이를 바탕으로 다시 그려졌으며, 나머지는 기록에 근거하여 그린 것으로 추정되고 있다. 아울러 산수 및 인물 묘사 등을 살펴볼 때 두 명의 화가가 제작한 것이라는 의견과 더불어 19세기 당시 중앙 화단의 회화 경향과는 사뭇 다른 모습을 감안할 때 지방 화가에 의한 작품이라는 지적이 있다.

　『세전서화첩』의 회화 수준은 국가적 차원의 궁중기록화나 서울 지역에서 제작된 중앙 화단의 기록화에 비하면 다소 떨어지지만, 지방 화풍畵風의 일단을 보여주는 귀중한 자료라고 할 수 있다. 서화첩에 실린 그림은 각종 연회도가 13종으로 가장 많으며, 다음으로는 주인공들이 거처하던 유거지幽居地 및 고향으로 내려와서 은둔생활을 보내던 정사精舍 등을 소재로 삼은 그림이 6종이다. 그 외 중국 사행전별(2종) 및 중국 사신 접대(2종)를 비롯한 관직활동과 의병활동(2종), 또 선정善政과 효의孝義, 청백 등 주인공의 인품을 칭송하는 그림이 5종을 차지한다.

　현재 조상의 사적事蹟을 담은 가전화첩으로는 『애일당구경첩』, 『의령남씨가전화첩』, 『대구서씨가전화첩』 등이 전한다. 『애일당구경첩』은 영천이씨 농암聾巖 이현보李賢輔(1467~1555)가 제작한 것으로, 부모 봉양 및 효성과 관련된 총 3점의 그림이 수록되어 있다. 그런가 하면 『의령남씨가전화첩』과 『대구서씨가전화첩』은 집안 차원에서 만들어진 것으로, 집안 행사보다는 자신들의 조상이 참여한 국가행사 등을 중심으로 구성되어 있다. 이처럼 의령남씨와 대구서씨 가전화첩이 중앙 관료로서 조상의 면모를 드러내기 위해 제작된 것이라면, 풍산김씨 『세전서화첩』과 『애일당구경첩』은 조상의 인품과 학문적 측면을 강조하기 위한 것이라는 차별성을 지닌다. 그 중에서도 특히 『세전서화첩』은 10대代에 걸친 조상들의 행적을 수록했다는 점에서 자료적 가치가 뛰어나다고 할 수 있다.

『세전서화첩』에 등장하는 인물은 총 19명으로, 풍산김씨 10세世부터 20세世까지에 해당하는 조상들이다. 이들 19명의 주인공들은 오미동 풍산김씨 조상 중에서도 명현名賢 · 청백淸白 · 문장文章 · 충효忠孝 · 절의節義 등에서 이름을 크게 떨친 이들로서, 그야말로 후세에 귀감이 될 만한 인물이라 할 수 있다. 이런 점에서 이 화첩은 전기적傳記的 기록화에 해당되는 셈인데, 이처럼 조상들의 뛰어난 행적을 기록으로 남겨둠으로써 가문의 위상을 드높이고 후손들에게 자긍심을 불러일으키고자 했던 것으로 생각된다.

풍산김씨가 오미동과 인연을 맺은 것은 당시 경주에 살고 있던 4세世 김연성이 벼슬을 버리고 풍산 석릉촌石陵村에 내려와 있던 중 오미동에 별서別墅를 마련하면서부터이다. 그런가 하면 8세世 김자순은 형인 김자량이 조선 건국 초기에 발생했던 왕자의 난에 연루되어 1402년 유배지에서 죽임을 당하자 화禍를 피해 오미동으로 내려와서 머물다가 숨을 거둔 것으로 전한다. 이후 김자순의 차남 김종석과 김휘손을 거쳐 허백당 김양진에 이르러 선조의 묘소와 별장이 위치한 오미동에 드나들다가 김양진의 아들 잠암 김의정이 벼슬을 버리고 낙향하여 마을이름을 오릉동五陵洞에서 오묘동五畝洞으로 바꾸고 은거생활을 보냈다. 또 김의정의 손자 유연당 김대현은 지금의 종택을 이건 · 중수하여 터전을 다졌는가 하면, 그의 아들 8형제 가운데 5명이 문과에 급제하고, 8명 모두 소과 합격을 달성함으로써 지역사회에서 오미동 풍산김씨의 확고한 기반을 구축하였다. 이런 연유로 인조임금은 이들 형제를 '팔련오계八蓮五桂'라고 하면서 경상감사에게 마을 어귀에 '봉황려鳳凰閭'라는 문을 세우도록 했는데, 지금은 유래를 적은 기념 비석만이 세워져 있다. 당시 인조임금은 봉황은 새끼를 낳으면 반드시 9마리를 낳는 것을 이들 형제(원래는 아들 9형제였으나, 여덟째 아들 김술조는 17세에 요절했음)에 비유했던 것이다.

현재 오미동 풍산김씨는 허백당 김양진을 중시조派祖로 받들고 있는데, 그가 불천위로 추대되어 새로운 종宗을 형성했기 때문이다. 서화첩에 등장하는 19명의 인물들 역시 오미동의 터전을 이룬 허백당 문중에 속해 있으며 그 중심은 팔련오계로 불리는 유연당 김대현의 아들 8형제라 할 수 있다. 실제로 오미동 풍산김씨는 이들 8형제에 이르러 가문의 위상을 공고히 다지게 되었으며, 이를 계기로 새로운 파派를 형성하는 이른바 분파分派가 이루어기도 한다. 그 결과 장남 김봉조는 학호공파鶴湖公派(오미동 거주), 차남 김영조는 망와공파忘窩公派(봉화 오록 거주), 3남 김창조는 장암공파藏庵公派(봉화 오록 거주), 4남 김경조는 심곡공파深谷公派(오미동 거주), 5남 김연조는 광록공파廣麓公派(예천 벌방 거주), 6남 김응조는 학사공파鶴沙公派(봉화 오록 거주),

7남 김염조는 둔곡공파遯谷公派(경기도 파주 거주), 8남 김숭조는 설송공파雪松公派(오미동 거주)를 각각 형성하여 지금까지 이어지고 있다.

　　　이처럼 오미동 풍산김씨는 불천위 조상인 허백당 김양진을 파조派祖로 삼아 독립된 종宗을 형성하고, 이후 유연당 김대현이 종택을 이건하고 중수하는 등 문중 번영을 위해 큰 역할을 수행했던 까닭에 중흥조로 받들고 있는데, 그 역시 불천위로 추대되어 있다. 또 그의 아들 8형제가 현달하여 문중을 크게 일으키고 이들을 중심으로 분파가 이루어져 족세族勢를 더욱 공고히 다지게 되었다. 그런가 하면, 편찬자 김중휴는 팔련오계인 아들 8형제 가운데 네 번째 김경조의 심곡공파에 속해 있는데, 그 뿌리는 허백당 문중에 두고 있는 것이다. 이런 까닭에 김중휴는 가문의 정체성을 드높이기 위해 팔련오계, 나아가 허백당 문중의 조상을 세상에 드러내고자 했던 것이다.

인물	表題	그림
金徽孫(1438~1509)	大枝山賭博圖	예천의 박씨라는 사람과 장기를 두어 대지산을 얻게 됨
	東都聞喜宴圖	임소任所 경주에서 아들 김의정의 문과급제 축하잔치를 행함
金楊震(1467~1535)	完營民泣隨圖	전라관찰사 임기를 마치고 전주 감영을 떠날 때 백성들이 행렬을 지어 울면서 따라옴
	海營燕老圖	황해관찰사로 있을 때 노인들을 감영으로 초대하여 양로연을 베품
金義貞(1495~1547)	潛庵圖	인종이 변을 당해 죽자 오미동으로 내려와 있던 중 퇴계선생이 방문해옴
	高原宴會圖	참봉에 임명되어 함경도로 갔을 때 친구인 고원군수가 연회를 열어줌
金農(1534~1591)	伴鷗亭泛舟圖	동향인 이복원이 세운 반구정 근처에서 뱃놀이를 함
	洛皐誼會圖	생진시에 동방급제한 8가문의 자제들이 모임을 갖고 계(世會)를 결성함
	天朝將士餞別圖	임진왜란 당시 원병으로 온 명나라 군대가 철수할 때 훈련원에서 연회를 열어줌
金大賢(1553~1602)	七松亭同會圖	서울의 칠송정 아래서 영남 출신 관료들이 모임을 가짐
	換鵝亭養老會圖	산음현감으로 있을 때 환아정을 건립하여 양로연을 베풀어줌
金壽賢(1565~1653)	朝天餞別圖	千秋副使에 임명되어 명나라로 떠날 때 공경대부와 선비들이 전별함
金奉祖(1572~1630)	泛舟赤壁圖	중국 소동파의 적벽놀이를 모방하여 江城 적벽 아래서 뱃놀이를 함
	丹城宴會圖	단성현감으로 재직할 때 丹霄樓에서 양로연을 베풀어 줌
金榮祖(1577~1648)	椵島圖	問安官에 임명되어 椵島로 가서 명나라 장수 毛文龍에게 문안을 드림
	航海朝天餞別圖	奏請副使와 冬至聖節使를 겸임하여 중국으로 갈 때 당대 명사들이 전별함
金昌祖(1581~1637)	帝座冥籍圖	꿈속에서 아버지가 『저승 호적에 강직하다고 되어 있으므로 조심하라』고 했음
金慶祖(1583~1645)	矗石樓宴會圖	경상관찰사로 재직할 때 촉석루에서 도내 인사들을 초대하여 잔치를 열어줌
	深川草廬圖	병자호란 때 임금이 청나라에 항복하자 벼슬을 버리고 심천에서 은둔생활을 함
	杬谷精舍圖	안동 풍산 회곡에 정사를 건립하여 후진을 양성함
金延祖(1585~1613)	聖學圖	부친 김대현이 산음현감에 부임할 때 聖學의 8자를 써서 '入道的訣'이라고 함
金應祖(1587~1667)	鶴沙亭仙會圖	학가산에 자리한 鶴沙亭 앞 언덕에서 벗들과 함께 어울림
金念祖(1589~1652)	果川倡義圖	과천현감으로 있을 때 병자호란이 일어나자 의병을 일으킴
金崇祖(1598~1632)	盆梅圖	조부 金農이 지은 十梅詞를 아끼는 마음으로 벗들과 함께 매화 화분을 감상함
金時忱(1600~1670)	鳴玉臺圖	병자호란 때 임금의 항복소식을 듣자 벼슬을 버리고 봉정사 입구의 鳴玉臺에서 시름을 달램
	甘露寺宴會圖	황산도 찰방으로 있을 때 밀양 甘露寺에서 모임을 가짐
金侃(1653~1735)	竹巖亭七老會圖	죽암정에서 친구 6명과 모여서 七老會를 결성함
	戊申倡義圖	이인좌의 난이 일어나자 안동에서 의병을 창솔함
金瑞雲(1675~1743)	雉自來圖	효성이 지극하여 꿩이 스스로 집으로 찾아와서 이를 반찬으로 올림
金瑞翰(1686~1753)	蒼松齋圖	소나무에 둘러싸인 창송재의 풍광을 벗들과 함께 감상하면서 시를 지음
金有源(1699~1758)	漢津泣餞圖	과거에서 도움을 받은 전라도 선비가 한강나루에서 고마워하면서 전별함

부록 2

[세전서화첩 등장인물의 가계도]

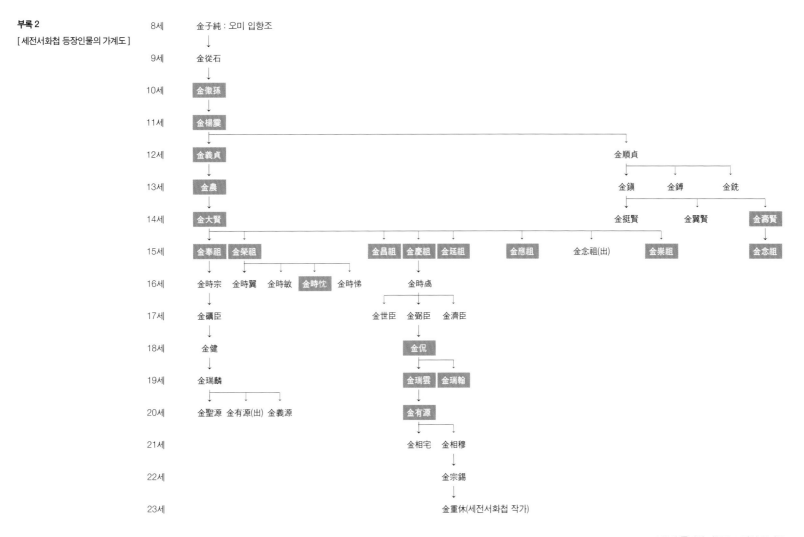

8세   金子純 : 오미 입향조

9세   金從石

10세   金徽孫

11세   金楊震

12세   金義貞   金順貞

13세   金農   金鑌   金鏄   金銑

14세   金大賢   金挺賢   金翼賢   金壽賢

15세   金奉祖 金榮祖   金昌祖 金慶祖 金延祖   金應祖   金念祖(出)   金崇祖   金念祖

16세   金時宗 金時翼 金時敏 金時忱 金時悌   金時㒒

17세   金礪臣   金世臣 金弼臣 金濟臣

18세   金健   金侃

19세   金瑞麟   金瑞雲 金瑞翰

20세   金聖源 金有源(出) 金義源   金有源

21세   金相宅   金相穆

22세   金宗錫

23세   金重休(세전서화첩 작가)

* 음영 표시의 인물은 그림의 주인공

1. 김휘손金徽孫(1438~1509, 진산군수)

김종석金從石(1409~1439)의 외아들로 태어나 두 살 되던 해에 부친을 여의었다. 어머니 춘천박씨의 보살핌 아래 성장했으며, 이후 효렴孝廉(효행이 있고 청렴한 사람을 특별히 임용하는 제도)으로 뽑혀 군수에 이르렀다. 아들인 허백당 김양진의 현달로 가선대부 이조참판 겸 동지의금부사에 증직되었다.

2. 김양진金楊震(1467~1535, 호는 허백당(虛白堂))

김휘손의 외아들로 태어났다. 1489(성종 20)년 진사시를 거쳐 1497년 문과에 급제하고, 예문관 검열을 시작으로 벼슬길에 올라 내직으로는 승정원 주서 · 공조참판 · 동지중추부사에 이르렀으며 외직으로는 영해부사 · 경주부윤과 전라, 황해, 충청의 삼도관찰사를 역임하였다. 사후 청백리로 녹선 되었으며 지역유림의 공의에 의해 불천위로 모셔져 있다. 예천에 자리하고 있는 물계서원勿溪書院에 배향되어 있다.

3. 김의정金義貞(1495~1547, 호는 잠암(潛庵))

김양진의 장남으로 태어났다. 1516년 진사시를 거쳐 1526년 문과에 급제하였다. 이후 세자시강원 사서 · 공조좌랑 · 종부시첨정이 되었으나 1545년 7월 인종이 갑작스럽게 승하하자 슬픔에 빠져 병을 이유 삼아 고향으로 돌아와서 은둔생활에 들어갔다. 그리고는 외아들에게 벼슬을 하지 말고 농사나 지으라는 심정에서 이름을 농農으로 고쳐주었다. 사후 자헌대부 이조판서 겸 홍문관 예문관 대제학에 증직되었다. 1863(철종 14)년 시호諡號가 정간공靖簡公이었으나 1865(고종 2)년에 문정공文靖公으로 고쳐졌다.

4. 김농金農(1534~1591, 호는 화남(華南))

김의정의 외아들로 태어났다. 다섯 차례에 걸친 조정의 부름에도 불구하고 벼슬길에 나가지 말라는 부친의 뜻을 받들어 전혀 응하지 않았다. 그러나 만년에 이르러 집안이 간고艱苦하여 하는 수 없이 준원전 참봉에 부임했으며, 사헌부 감찰·장례원 사의 등을 역임하였다. 사후 손자인 망와 김영조의 현달로 통정대부 승정원 좌승지 겸 경연 참찬관에 증직되었다.

5. 김대현金大賢(1553~1602, 호는 유연당(悠然堂))

김농의 장남으로 태어났다. 1582년에 생원시에 합격했으나 벼슬길을 포기하고 오직 학문에만 전념하였다. 중년에 영주로 이주하여 정자를 세우고는 '유연당悠然堂'이라는 편액을 걸고, 이를 자신의 호로 삼았다. 만년에 이르러 산음현감으로 부임하여 녹봉을 털어 향교를 중건하는 등 목민관으로서 이름을 크게 떨쳤다. 특히 임진왜란 당시에는 대대적인 구휼救恤 활동을 펼쳐 많은 사람들의 생명을 구하기도 했다. 사후 지역유림에 의해 불천위로 추대되었으며, 영주 구호서원鷗湖書院에 배향되어 있다.

6. 김수현金壽賢(1565~1653, 호는 (遯谷))

김의정의 아우인 김순정金順貞의 셋째 손자로 태어났다. 1585년에 진사시에 합격하고 1602년에는 별시 문과에 급제하였다. 이후 이조참판과 예조참판, 사헌부 대사헌과 의정부 우참찬 등을 역임했으며, 좌참찬으로 기로소耆老所에 입소하였다. 김대현의 7남인 김염조金念祖를 양자로 삼았다. 시호諡號는 정헌공靖憲公이다.

7. 김봉조金奉祖(1572~1630, 호는 (鶴湖))

김대현의 장남으로 태어났다. 1601년 진사시에 합격하고 1613년 문과에 급제하였다. 사헌부 감찰과 단성현감 등을 역임한 다음, 광해군의 난정으로 벼슬을 버리고 고향으로 돌아왔다. 이후 인조 시절 익산군수에 부임하여 임진왜란으로 피폐해진 백성들의 마음을 달래주는 등 선정을 베풀었다. 하회 병산서원 창건에 주역을 담당하기도 했다. 영주 구호서원鷗湖書院에 부친 김대현과 함께 배향되었다.

8. 김영조金榮祖(1577~1648, 호는 망와(忘窩))

김대현의 차남으로 태어났다. 1601년 생원시에 합격하고 1612년 문과에 급제하여 승문원 정자에 임용되었다. 1630년에 통정대부에 올라 길주목사에 부임했으며, 1633년에는 책봉주청부사의 자격으로 명나라를 방문하였다. 돌아와서는 품계가 가선대부에 올라 한성부우윤이 되었으며, 이후 대사헌과 대사간을 거쳐 이조참판 등을 역임하였다. 지역유림에 의해 불천위로 추대되었으며, 영주 구강서원龜江書院에 배향되어 있다.

9. 김창조金昌祖(1581~1637, 호는 장암(藏庵))

김대현의 3남으로 태어났다. 1605년에 진사시에 합격했으나 광해군의 난정으로 세상과의 인연을 끊고 고향인 영주로 내려왔다. 인조가 즉위하고 나서 사옹원 참봉 등의 벼슬을 잇달아 제수했으나 응하지 않았다. 그러다가 1635년에 청암도 찰방에 부임하여 청렴결백으로 일관한 선정을 베풀었다. 풍산 오미동의 추원사追遠祠에 배향되어 있다.

10. 김경조金慶祖(1583~1645, 호는 심곡(深谷))

김대현의 4남으로 태어났다. 1609년 생원시에 합격했으나 벼슬길에 오르지 않고 고향으로 돌아와서 학문에만 전념하였다. 이후 1633년 의령현감에 부임하여 선정을 베풀었으며, 병자호란 때 인조가 항복했다는 소식을 전해 듣고는 또 다시 낙향하여 학가산의 심천구장深川舊庄에서 시름을 달랬다. 1640년 이산현감을 마지막으로 벼슬길에서 물러나 후학양성에만 힘을 쏟았다. 풍산 오미동의 추원사追遠祠에 배향되어 있다.

11. 김연조金延祖(1585~1613, 호는 광록(廣麓))

김대현의 5남으로 태어났다. 1612년 문과에 급제하여 권지승문원 정자에 임명되었다. 이듬해 1613년에 예문관 한림으로 뽑혔으나 병이 깊어 나가지 못하다가, 그해 음력 10월에 눈을 감았다. 향년 29세였다. 풍산 오미동의 추원사追遠祠에 배향되어 있다.

12. 김응조金應祖(1587~1667, 호는 학사(鶴沙))

김대현의 6남으로 태어났다. 1613년 생원시에 합격하고 1623년 문과에 급제하였다. 병조정랑과 사헌부 지평 등을 거쳐 1636년 병자호란 때 중형 김영조와 함께 인조를 호종하였다. 이후 사간원 헌납, 밀양도호부사를 거쳐 1666년에는 품계가 가선대부에 올랐다. 1667년 숨을 거두었을 때 나라에서 예조정랑을 보내서 치제하였다. 지역유림에 의해 불천위로 추대되었으며, 안동 물계서원勿溪書院과 영주 의산서원義山書院에 배향되었다.

13. 김염조金念祖(1589~1652, 호는 학음(鶴陰))

김대현의 7남으로 태어나 김수현金壽賢의 양자로 들어갔다. 1635년 생원시를 거쳐 과천현감에 부임하였다. 병자호란 때 격문으로 의병을 일으켜 과천을 수호하는 데에 큰 공을 세우기도 했다. 1636년 근왕원종공훈으로 통정대부 승정원 좌승지 겸 경연참찬관에 증직되었다. 평북 향현사鄕賢祠와 풍산 오미동의 추원사追遠祠에 배향되어 있다.

14. 김숭조金崇祖(1598~1632, 호는 설송(雪松))

김대현의 9남으로 태어났다. 1624년 진사시에 합격하여 1629년 문과에 급제했는데, 사은하던 날 인조가 이들 8형제가 과거에 급제했다는 사실을 듣고 '오미동五美洞'이라는 마을이름을 하사하였다. 1632년 승정원주서 겸 춘추관기주관에 임명되어 날마다 경연에 들어가 은총을 받았다. 그러나 갑작스레 천연두에 걸려 35세의 젊은 나이로 숨을 거두었다. 풍산 오미동의 추원사追遠祠에 배향되어 있다.

15. 김시침金時枕(1600~1670, 호는 일용재(·愭齋))

김영조金榮祖의 3남으로 태어났다. 1635년 생원시에 합격하여 서빙고별제에 임명되었으나, 이듬해 1636년 병자호란 때 인조임금이 굴욕적인 항복을 했다는 소식을 전해 듣고 통곡을 하면서 벼슬을 버리고 고향으로 내려와 평생 학문에만 정진하였다.

16. 김간金侃(1653~1735, 호는 죽봉(竹峯))

김경조金慶祖의 손자인 김필신金弼臣의 장남으로 태어났다. 1693년 진사시에 합격하여 1710년에는 문과급제를 하였다. 사재감 주부와 예조정랑을 거치고 1721년에 벼슬에서 물러나 고향인 오미동으로 내려왔다. 이후 1732년 통정대부에 올랐으며, 이듬해 1733년에는 판결사에 부임하였다. 지역유림에 의해 불천위로 추대되었으며, 안동 낙연서원洛淵書院에 배향되어 있다.

17. 김서운金瑞雲(1675~1743, 호는 희구재(喜懼齋))

김간의 장남으로 태어났다. 부모가 연로했던 탓에 일찌감치 과거를 단념하고 오직 부모 봉양에만 힘을 쏟았다. 부친 김간이 세상을 뜨기 전 위독해지자 아버지의 배설물을 맛보기까지 했으며, 숨을 거둘 무렵에는 자신의 손가락을 잘라 피를 드시도록 했다. 사후 효행에 의해 조봉대부 사헌부지평에 증직되었다.

18. 김서한金瑞翰(1686~1753, 호는 창송재(蒼松齋))

김간의 차남으로 태어났다. 1714년 생원시에 합격했으나 당파 싸움이 격해지는 등 나라가 혼란스러워지자 벼슬을 포기하고 고향으로 내려와 시름을 달래면서 학문에만 전념하였다. 이후에는 학고서당學皐書堂을 세워 후학양성에 힘을 쏟았다.

19. 김유원金有源(1699~1758, 호는 모죽헌(慕竹軒))

　　김봉조金奉祖의 현손인 김서린金瑞麟의 차남으로 태어나 김서운의 양자로 들어갔다. 어려서부터 경서經書에 밝고 재주가 뛰어났으나, 과거공부로 인해 부모 섬기는 일을 소홀히 할 까 우려하여 일찌감치 과거를 단념하고 부모 봉양에만 힘을 쏟았다. 지역유림들이 병산서원에 모여 효행에 대한 공문을 올리고자 하자 극구 사양했으며, 40년이 넘도록 한결같이 부모를 극진히 모셨다.

『세전서화첩世傳書畵帖』 도판 해설

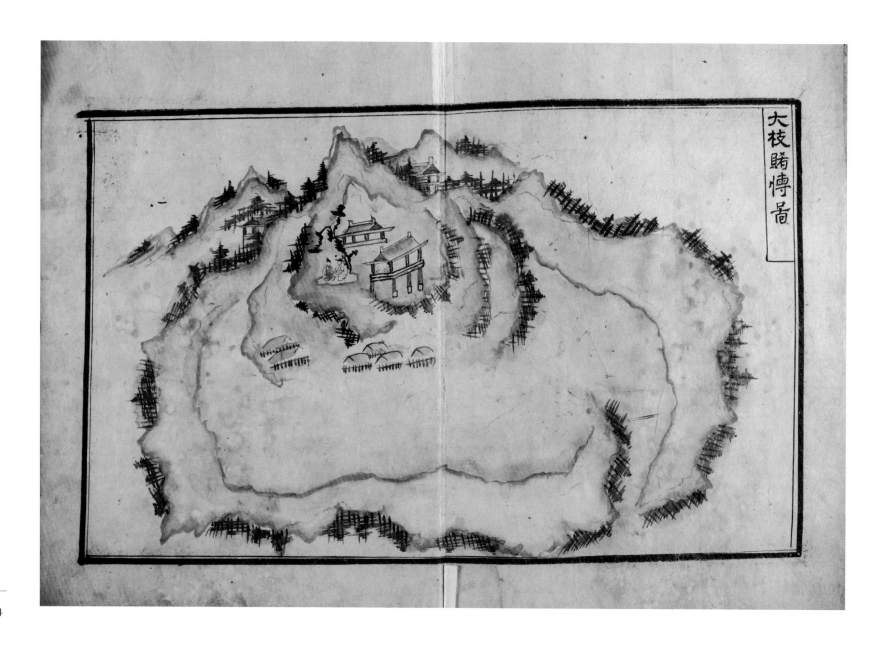

大枝賭愽圖

1. 대지산 도박도 大枝山賭博圖

1507년 김휘손金徽孫(1438~1509, 진산군수)이 하양河陽 현감으로 재직할 때 안동으로 성묘를 오게 되었다. 묘소가 위치한 건너편은 예천 음산리였는데, 그곳에 상당한 재력과 미래 예측 능력을 가진 박씨라는 사람이 있었다. 그가 성묘를 온 김휘손과 이야기를 주고받다가 갑자기 내기장기를 두자고 청했다. 그러면서 만약 자신이 지게 되면 10리 정도에 이르는 대지산大枝山 한 자락을 주고, 김휘손이 지면 타고 온 흰 나귀를 달라는 제안을 하였다. 이에 김휘손은 가벼운 농담처럼 생각했으나, 장기판이 끝날 무렵 박씨가 일부러 져주는 듯 하더니 가슴에 품고 있던 산도山圖를 꺼내 건네주었다. 놀란 김휘손이 몇 차례 사양을 했지만 워낙 강경한지라 받게 되었는데, 이후 그곳에 조상들의 묘소를 마련하였다.

또 다른 이야기에 의하면, 박씨라는 사람이 김휘손에게 산도山圖를 보여주면서 "제가 살고 있는 이 산에는 등성이마다 용호龍虎가 자리하고 있고, 또 남향으로 뻗은 곳곳으로 명혈名穴이 많습니다. 제가 지금까지 여러 대代를 지키고 있지만, 이곳에 산소를 쓰지 않은 까닭은 저보다 큰 복福을 누릴만한 사람을 기다렸기 때문입니다. 지금까지 제가 여러 사람들을 겪어봤지만 진양왕進陽王 같은 이를 아직 보지 못했으니, 오늘 실로 그대는 이 산의 주인공이 될 듯합니다. 지금 이것을 받으시고 이후에는 마음대로 하십시오. 다만 저는 이 산도山圖를 드리는 성의로, 그림 한 폭을 따로 그려서 오늘의 일을 기억하는 징표로 삼고자 합니다." 라고 하더니 그림을 건네주었다고 한다.

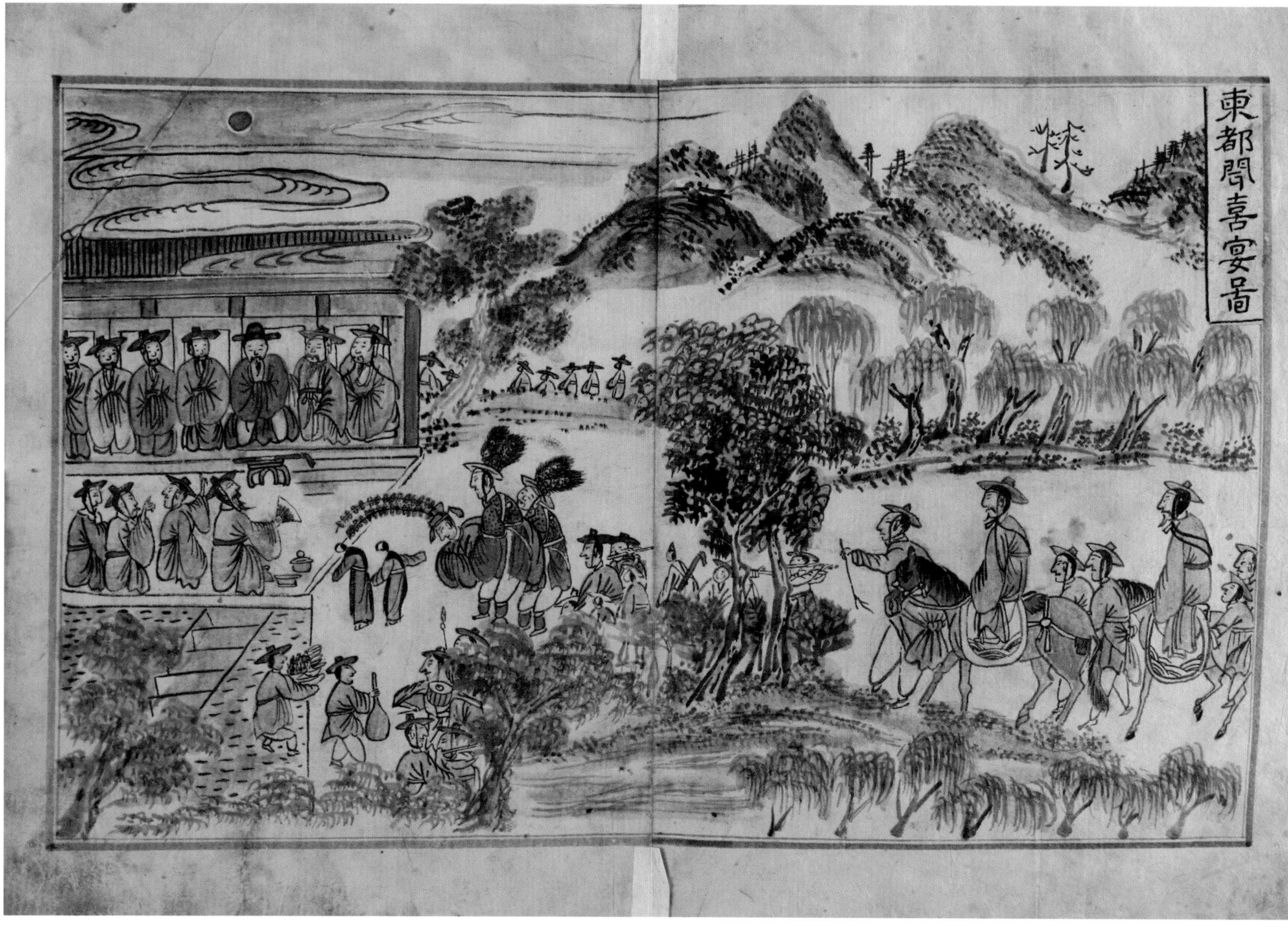
東都聞喜宴圖

2. 동도문희연도 東都聞喜宴圖

1526년 김양진金楊震(1467~1535, 호는 허백당(虛白堂))이 경주부윤으로 재직할 당시, 장남 김의정金義貞이 문과급제를 하여 임금의 특명으로 홍문관 정자正字에 임명되면서 특별휴가를 얻어 부친의 부임지인 경주를 방문하였다. 이에 김양진은 3월 27일, 친구 등을 불러 문희연聞喜宴[과거에 합격한 사람이 베풀던 잔치]을 열었다. 이때 이언적李彦迪(1491~1553, 호는 회재(晦齋))이 벼슬에서 물러나 고향인 경주에 머물러 있다가 참석했으며, 그 외 상서尙書 이행李荇, 참의參議 채소권蔡紹權, 승지承旨 이준경李浚慶, 경상도관찰사慶尙道觀察使 소세양蘇世讓, 진주목사晋州牧使 윤세호尹世豪, 성주목사星州牧使 이윤경李潤慶, 선산부사善山府使 태두남太斗南, 의성현령義城縣令 이귀종李貴宗 등도 자리를 함께 했다.

完營民泣隨啚

3. 완영민읍수도 完營民泣隨圖

　　1520년 김양진金楊震(1467~1535, 호는 허백당(虛白堂))은 전라감사에 임명되었는데, 연산군 시절의 혼란스러운 분위기가 아직 가시지 않은 탓에 온 나라의 민심이 흉흉하였다. 특히 수령이 백성들로부터 거두어들인 세금을 갖고 달아나는 경우가 적지 않아 수만 섬의 곡식이 문서에만 남아있는 실정이었고, 이에 견디다 못한 백성들은 짐을 꾸려 고향을 등지는 일이 곳곳에서 일어나고 있었다. 김양진은 부임한 즉시 폐단을 바로 잡아야겠다는 생각에서 백성들의 억울함을 일일이 듣고 해결해주는가 하면, 허위로 작성된 세금문서를 발견하면 자신의 급료를 반납하여 채워 넣었다. 또 매달 초하루가 되면 노인들을 찾아다니면서 쌀과 고기 등을 나누어주고, 젊은이들을 모아서 소학과 심경 등을 강론하였다. 그런 다음 그들 가운데 재주와 학식이 뛰어나거나 효심이 지극한 이가 있으면 조정에 추천하기도 했다. 또한 비록 신분이 미천한 사람일지라도 효심과 우애를 갖춘 경우에는 술과 고기 등을 상으로 내리거나 신역身役을 면제해주고 정문旌門을 세우도록 했다. 그러자 모든 백성들이 마치 부모와 같이 섬기게 되었다.

김양진이 임기를 마치고 돌아올 때 고을 사람들이 전송하러 나왔는데, 수레와 말이 수 십리에 이르렀고 눈물을 흘리면서 따르는 이들이 무려 만 명에 달했다. 이에 김양진이 겨우 설득하여 되돌려 보냈지만, 30 여 명의 사람들은 막무가내 따라와서 하인으로 삼아줄 것을 간청하였다. 이후 김양진이 숨을 거두자 이들은 상복을 착용하고 무덤 아래 머물면서 떠날 줄을 몰랐다. 하는 수 없이 문중에서는 노비안奴婢案에 이들의 명단을 기록해두었는데, 1761년 무렵 문중 합의에 의해 노비안을 불태웠다.

김양진이 전주 감영에서 돌아오던 날 망아지 한 마리가 뒤따르는 것을 보고 하인에게 "내가 처음 이곳에 올 때는 망아지가 없었는데, 지금 갑자기 보이는구나. 이곳에서 태어난 것인가?" 하고 물으니 "예, 그렇습니다." 하고 답했다. 그러자 "그렇다면, 이는 전주 감영의 재산인데, 내가 어찌 갖고 갈 수 있겠느냐! 빨리 끌고 가서 나무에 매어 놓고 오너라." 하고 지시하니, 하인이 망아지를 끌고 가서 동문 바깥의 버드나무에 매어놓았다. 당시 사람들은 망아지를 중국 수춘壽春의 송아지[삼국시대 위나라 시묘(時苗)가 수춘령(壽春令)이 되었을 때 타고 갔던 암소가 낳은 송아지를 수춘에서 낳았다고 해서 그곳에 두고 왔다는 이야기가 있다.]에 비유했고, 전주의 백성들은 망아지가 묶여있던 곳에 김양진의 생사당生祠堂을 세운 것으로 전한다. 이후 김양진이 돌아오고 나서도 그곳 사람들이 은혜를 잊지 못해 전송 당시의 모습을 그림으로 그려서 본가로 보내주었다.

海營黃老圖

4. 해영연노도 海營燕老圖

1529년 봄, 김양진金楊震(1467~1535, 호는 허백당(虛白堂))은 황해도 관찰사로 부임하였다. 당시 그는 억울함의 누명을 쓰고 하루도 마음 편할 날이 없었다. 그럼에도 한결같은 모습으로 백성들의 고충을 들어주고 마음을 달래주었는데, 이러한 공적을 인정받아 훗날 청백리에 천거되기도 했다. 어느 해에는 큰 흉년이 들어 백성들의 삶이 나날이 피폐해졌다. 이에 그는 굶주림에 지친 백성들에게 곡식을 나누어주는 등 보살핌을 아끼지 않았다. 또 고을 노인들을 초청하여 양로연을 베풀었는데, 병들어 참석하지 못한 이들에게는 쌀과 고기, 지팡이를 집으로 보내주도록 하였다. 해가 저물어 잔치를 마치고 사람들이 돌아갈 때 모두 흥에 겨워 춤을 추니, 김양진도 덩달아 춤을 추면서 답례를 하고 일일이 악수를 청하며 전송했는데, 이를 구경하던 어떤 이가 그림으로 그려서 전하도록 하였다.

5. 잠암도 潛庵圖

      1529년 김의정金義貞(1495~1547, 호는 잠암(潛庵))은 홍문관 저작著作으로 있으면서 세자시강원世子侍講院 사서司書를 겸임하였다. 세자(인종)의 학문이 나날이 진보하자 보필하고 있던 김의정 역시 이름을 드높였다. 그러는 가운데 그를 시기하던 이들도 적지 않았다. 결국 당시 권세를 누리고 있던 김안로金安老와 박홍린朴洪麟 등에게 미움을 받아 오미동으로 내려와서 10여 년을 보내게 되었다. 이후 김안로가 사사賜死되고 나서 김의정은 내직으로 종부시 첨정宗簿寺 僉正에 올랐으나, 1545년 인종의 금서로 다시 귀향하였다. 그리고는 세상 사람들과 교유하지 않고 오직 퇴계 이황과 더불어 지내면서 남모르는 슬픔을 달래곤 했는데, 평소 두 사람의 모습을 지켜보던 이가 그림으로 그려두었다.

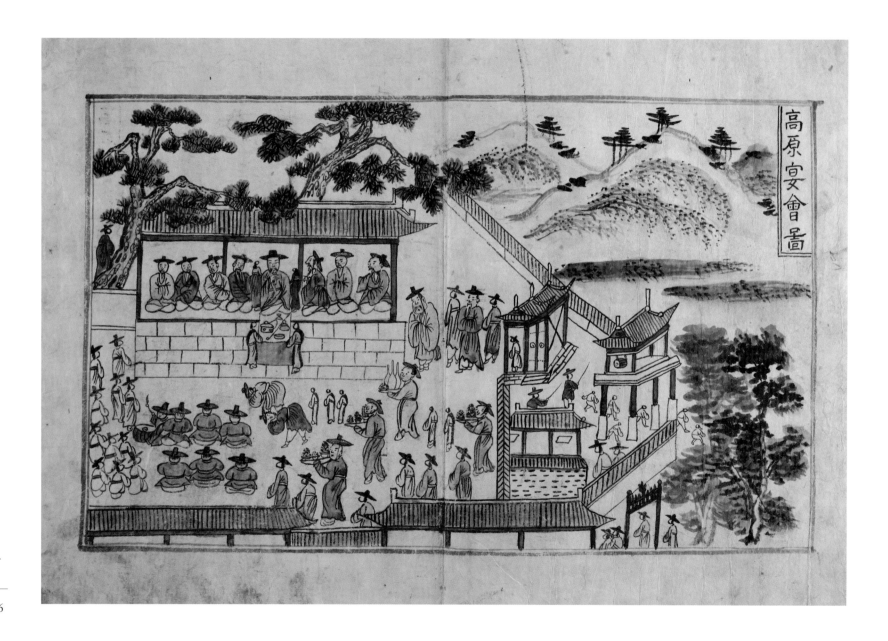

高原宴會圖

6. 고원연회도 高原宴會圖

     1545년 김농金農(1534~1591, 호는 화남(華南))의 부친 김의정金義貞은 인종이 갑작스럽게 숨을 거두자 애통해하면서 벼슬에서 물러나 오미동으로 내려왔다. 그리고는 아들의 이름을 평생 벼슬길에 나아가지 말고 농사에만 전념하라는 뜻으로 농農이라고 지어주었다. 이후 김농은 부친의 뜻을 받들어 다섯 차례나 되는 주변의 벼슬 권유에도 응하지 않았다. 그러나 만년에 이르러 부모가 늙고 집안 형편이 어려워지자 하는 수 없이 참봉에 올랐다.

     1563년 봄에 참봉을 제수받고 함경도로 갔는데, 고원군수高原郡守였던 이흔李忻이 부임소식을 듣고 망경루望京樓의 연회에 초대하였다. 당시 참석한 이들은 고원군수 이흔, 영흥부사永興府使 최린崔潾, 함흥판관咸興判官 김한신金翰臣, 구산령龜山令 덕옹德翁, 고원훈도高原訓導 송연宋璉, 이흔의 아들 이엽李曄, 사위 윤상尹祥 등이다. 그리고는 이튿날 서로 작별할 때 이흔이 연회의 모습을 그림으로 그려 훗날의 기념이 되도록 하였다.

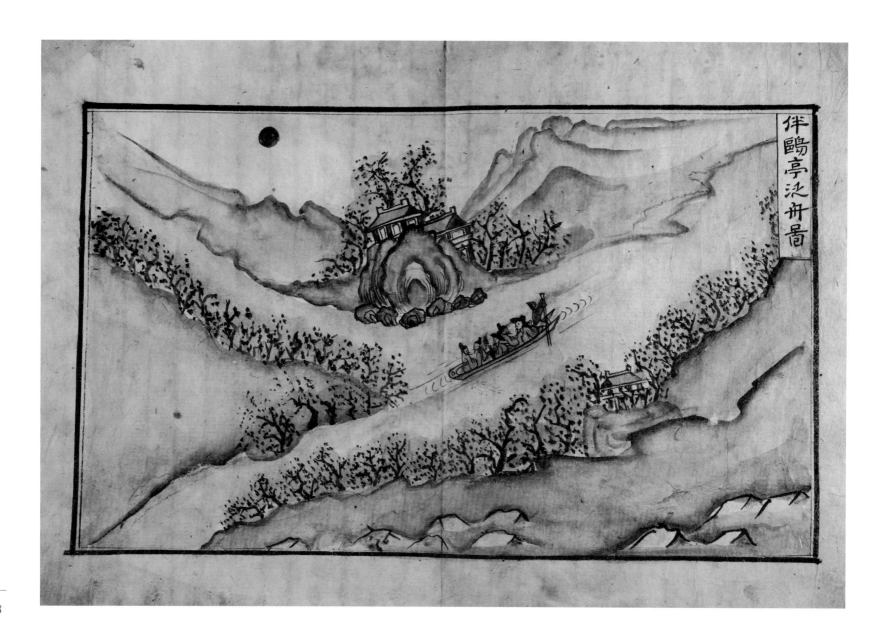

7. 반구정범주도 伴鷗亭泛舟圖

1575년 김농金農(1534~1591, 호는 화남(華南))이 축산竺山 현감으로 있을 때 고향 친구인 이복원李復元이 정자를 짓고 이름을 반구정伴鷗亭이라 하였다. 주변으로 십리 정도에 이르는 강산이 펼쳐져 있고 앞으로는 마을이 훤히 내려다보이는 곳에 정자를 세우니, 그야말로 선비의 수양공간으로 적합하기 그지없었다. 가을 무렵 단풍이 들 때와 봄철 복숭아꽃이 필 때마다 함께 뱃놀이를 하자는 요청이 여러 차례 있었지만, 사정이 여의치 않아 응하지 못했다. 그러던 어느 날, 이복원이 일부러 편지를 보내서 뱃놀이를 하는 날짜까지 일러 주기에 차마 거절하지 못해 이웃 마을 선비들과 함께 한자리에 모이게 되었다. 늦은 봄 26일이었다. 참석자는 안동현감 서익徐益, 영천군수榮川郡守 이희득李希得, 풍기군수豊基郡守 배삼익裵三益, 의성현령義城縣令 김대명金大鳴, 용궁현감龍宮縣監 김농金農 등이다. 다음 날 뱃놀이를 더하기를 청하는 이도 있었지만, 모두 업무가 바쁜지라 아쉬움을 뒤로한 채 8월 보름에 다시 모이기로 약속했다. 그리고는 그림을 잘 그리는 사람을 불러 범주도泛舟圖를 그려서 서로 기념할 자료로 삼도록 했다.

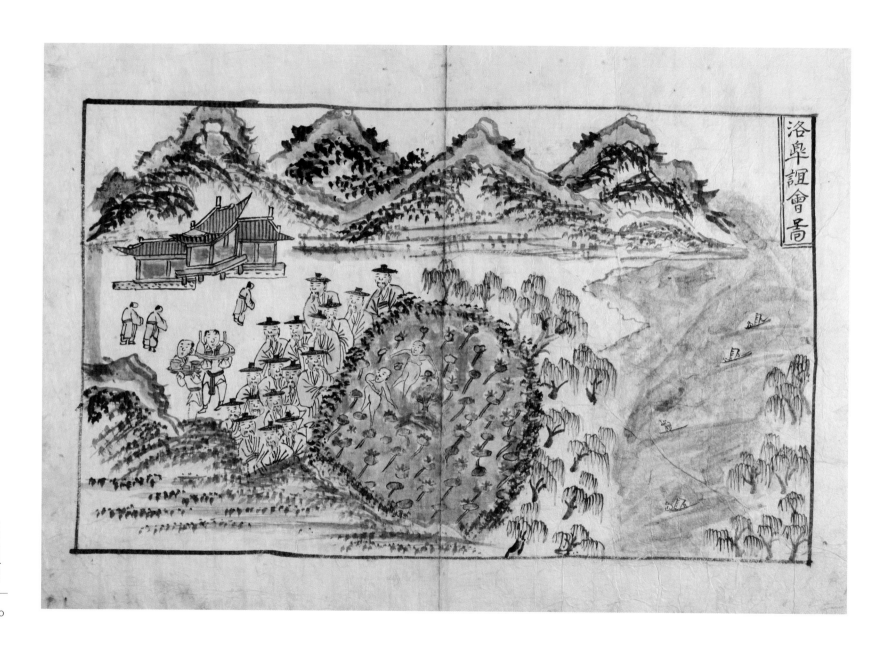

8. 낙고의회도 洛皐誼會圖

　　김농金農(1534~1591, 호는 화남(華南))은 1516년에 치러진 식년 생진시에 함께 합격했던 조상을 둔 향내의 여덟 가문(성씨)에 편지를 띄워 모임을 가질 것을 제안하였다. 그리하여 1554년 여름, 각 가문의 자제들이 낙고연수洛皐淵樹에서 모임을 가졌는데, 명칭을 세회世會라고 했다. 당시 모임에 참석한 이는 민진서閔辰瑞, 정전鄭銓, 배천석裵天錫, 배천우裵天佑, 장수희張壽禧, 한우韓佑, 정균鄭鈞, 정일鄭鎰, 배천주裵天柱, 조경연趙景淵, 조경참趙景參, 금응신琴應伈, 금응림琴應林, 금응남琴應南, 조경사趙景思, 김농金農, 조경상趙景商 등이다.

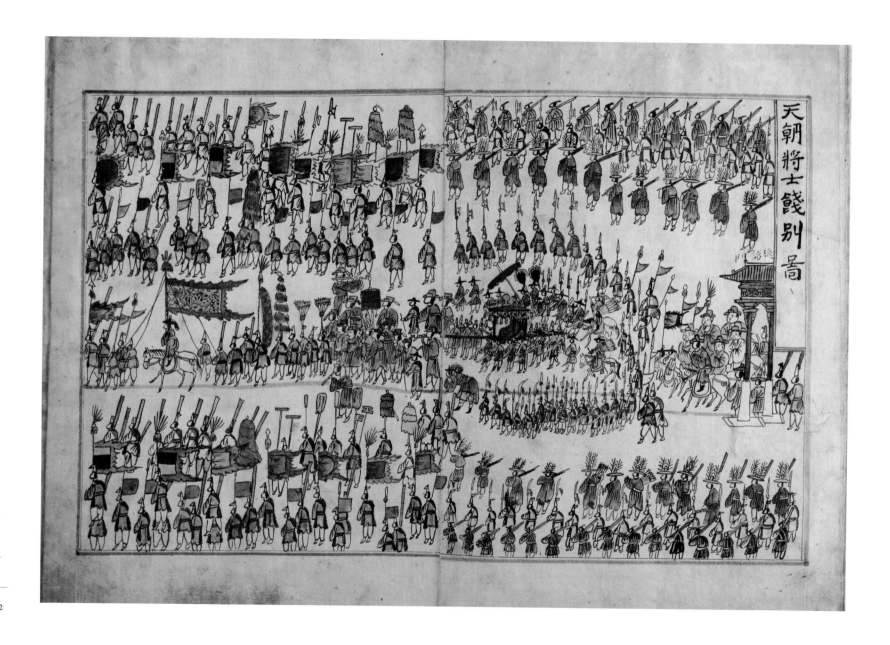

9. 천조장사전별도 天朝將士錢別圖

　　김대현金大賢(1553~1602, 호는 유연당(悠然堂))은 김농의 아들이다. 1598년 10월, 왜군이 도요토미 히데요시豐臣秀吉가 죽었다는 소문을 듣고 철수를 하자, 12월 무렵 모든 장수들이 서울로 모여들었다. 이듬해 1599년 2월, 명나라 장수들의 귀국을 앞두고 훈련원訓鍊院에서 연회를 베풀었다. 아침 무렵 모든 장수들이 집합하여 해가 저물어갈 때 연회가 열리는 장소에 도착했는데, 여기저기서 음악소리가 울려 퍼지고 기뻐하는 백성들의 모습이 거리를 가득 메웠다. 연회장에서 제독提督 이상은 당상堂上에, 중군中軍 이하는 당하堂下에 앉아서 무사와 배우들에게 재주를 서로 겨루도록 하였다. 그러자 이들은 말 두필을 몰고 달리면서 바꿔 타거나 또 말 위에서 내려뛰기도 했다. 기예가 끝난 후에는 잔치를 벌였다.

　　4월 13일, 명나라 장수는 "천자天子의 명령을 받아 군사를 이끌고 건너 온지 거의 2년이 되었다. 그동안 조선의 의정배신議政陪臣들로부터 많은 도움을 받았다. 지금 내가 책임을 마치고 무사히 돌아가게 되니, 감사의 뜻을 전하고 싶다." 면서, 전란 중에 활약을 펼쳤던 이들에게 포상을 내리도록 했다. 그리고 김대현에게 "지난 두 해 동안 힘든 일을 겪으면서 한결같은 마음으로 돌보아 준 것을 참으로 잊을 수 없다. 지금 서로 이별하게 되니 그동안의 감회가 구름처럼 떠오른다. 귀국貴國의 유명 화가인 김수운金守雲이 그린 전별도를 길이 기념할 수 있도록 그대에게 주겠다." 고 하면서 그림을 건네주었다.

4월 15일, 명나라 장수들이 귀국길에 올랐다. 행렬의 선두에는 포수砲手 세 명, 취타수吹打手[관악기와 타악기를 연주하는 군사] 세 명 등이 자리하고, 총 353명의 명나라 장수들이 뒤를 이었다. 전란에서 목숨을 잃은 장수들은 풀로 시신의 형상을 만들어 조복朝服을 입혀 영좌靈座에 앉혔고, 그 뒤를 따르는 군사들은 모두 백의白衣에 흰 띠를 둘렀다.

　　또 3천 여명에 이르는 군사들의 시신은 말가죽으로 싸서 싣고 갔다. 당시 귀국길에 오른 명나라 군대는 마보병馬步兵 모두 합쳐서 14만2천3백5명이었다. 그 중에는 포르투갈 해귀海鬼(수병水兵) 4명도 있었다. 이런 연유로 현재 주한 포르투갈 대사관에서는 세전서화첩 후손들(풍산김씨)에게 해마다 연하장을 보낸다. 당일 이른 아침 임금이 훈련원으로 몸소 나와서 연회를 베풀었다. 이들이 서울에 왔을 당시 하마연下馬宴을 베풀었기 때문에 이에 맞춰 상마연上馬宴을 열었던 것이다.

마침내 잔치가 끝나고 명나라 군대들이 길을 나설 때 깃발과 창이 길을 가득 메워 말이 제대로 달리지 못할 정도였다. 그리고 전란에서 사용했던 각종 무기 등을 실은 수레가 긴 행렬을 이루었다.

임금이 문무백관을 이끌고 홍제원洪濟院까지 나와서 전송하였다. 몸소 준마駿馬들을 선물했으나 백저白苧 두필만 받고 나머지는 사양했다. 임금이 눈물을 흘리면서 이경전李慶全 등을 시켜 별장別章을 지어주도록 명했는데, 천장天將은 글을 빨리 짓는 모습을 지켜보고는 놀라움을 금치 못했다. 그리고는 부하 가운데 시창詩唱이 능숙한 자를 시켜서 화답을 하도록 했다.

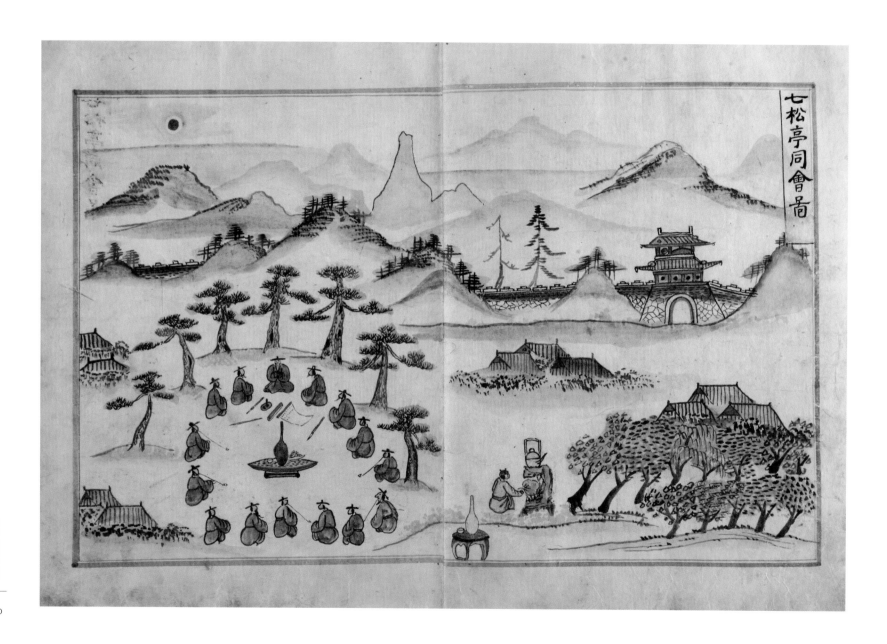

七松亭同會圖

10. 칠송정동회도 七松亭同會圖

김대현金大賢(1553~1602, 호는 유연당(悠然堂))은 전란(임진왜란)이 끝날 무렵 서울에서 벼슬을 하고 있는 영남 출신인사들에게 모임을 가질 것을 제안하는 통문을 띄웠다. 모두가 반가워하면서 술 한 병씩 지참하여 약속한 날에 모였는데, 아침부터 해가 질 때까지 자리를 뜰 줄 몰랐다. 모든 이들이 전란 중에 겪은 고생이야기를 주고받으면서 눈시울을 적셨다. 이에 차마 이야기를 더 이상 이어갈 수 없어서 자리를 뜨게 되었다. 모임 장소는 칠송정七松亭의 옛 터였고, 날짜는 1598년 10월 19일이다.

당시 모임에 참석했던 이는 김자옹金字顒(호는 동강(東岡), 성주출신), 윤섭尹涉(호는 죽호(竹湖), 예천출신), 황언주黃彦柱(호는 농고(農皐), 풍기출신), 김행가金行可(호는 사촌(沙村), 성주출신), 황침黃忱(호는 금헌(錦軒), 풍기출신), 도응종都應宗(호는 송계(松溪), 고령출신), 김윤명金允明(호는 이송(二松), 안동출신), 김자金滋(호는 구암(龜巖), 고령출신), 김대현金大賢(호는 죽암(竹巖) 또는 유연당(悠然堂), 안동출신), 곽수郭守仁(호는 양담(瀁潭), 함창출신), 권순權淳(호는 남곡(南谷), 함창출신), 정장鄭樟(호는 만오(晩悟), 성주출신), 김석광金錫光(호는 석담(石潭), 선산출신), 김환金瓛(호는 송헌(松軒), 상주출신), 권유남權裕男(호는 쌍백(雙栢), 성주출신) 등이다.

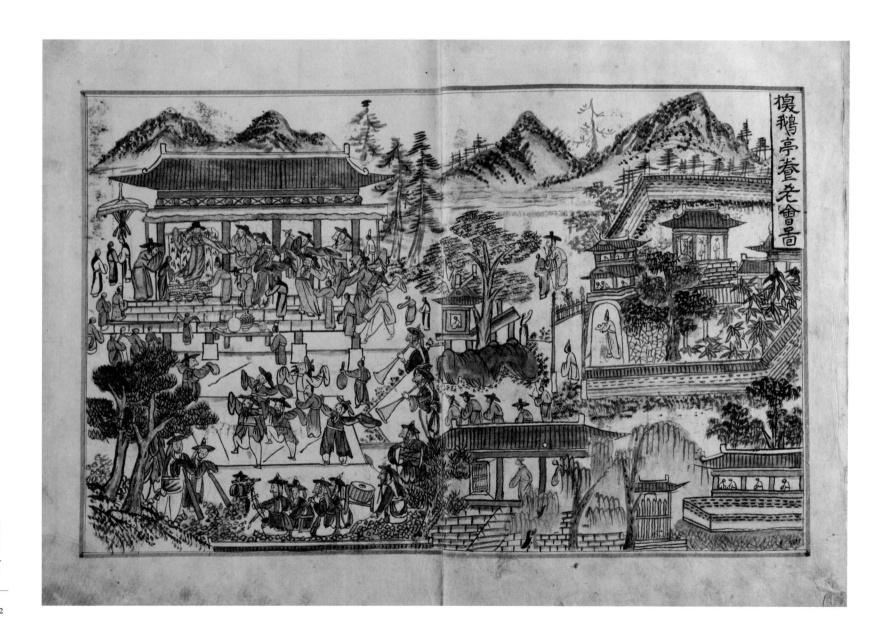

세
전
서
화
첩

052

11. 환아정양노회도 換鵝亭養老會圖

　　1601년 봄, 김대현金大賢(1553~1602, 호는 유연당(悠然堂))은 산음현감에 임명되었다. 당시 산음지역은 전란의 후유증으로 백성들은 무력함에 빠져 있었고 예의와 염치도 제대로 지켜지지 않았다. 이에 김대현은 자신의 봉록俸祿으로 학교를 세우고 효제충신에 대한 행실 등을 가르치고 권장하였다. 또 병든 이를 정성껏 보살펴주고 형편이 어려운 이들에게 도움을 주니, 마을사람들이 크게 감동하였다. 평소 자연을 가까이했던 그는 풍광이 뛰어난 곳에 환아정換鵝亭을 세워 낙성落成하는 날에 70세 이상의 노인들을 초대하여 양로연을 베풀었다. 그리고는 친히 지팡이를 나눠주는가 하면 기뻐하는 노인들과 어울려 춤을 추고, 몸이 불편하여 참석하지 못한 이들에게는 지팡이, 쌀, 고기 등을 보내주었다. 당시 단성현丹城縣에 살고 있는 화공 오삼도吳三濤에게 연회도宴老圖를 그리도록 시켜 길이 전하도록 하였다.

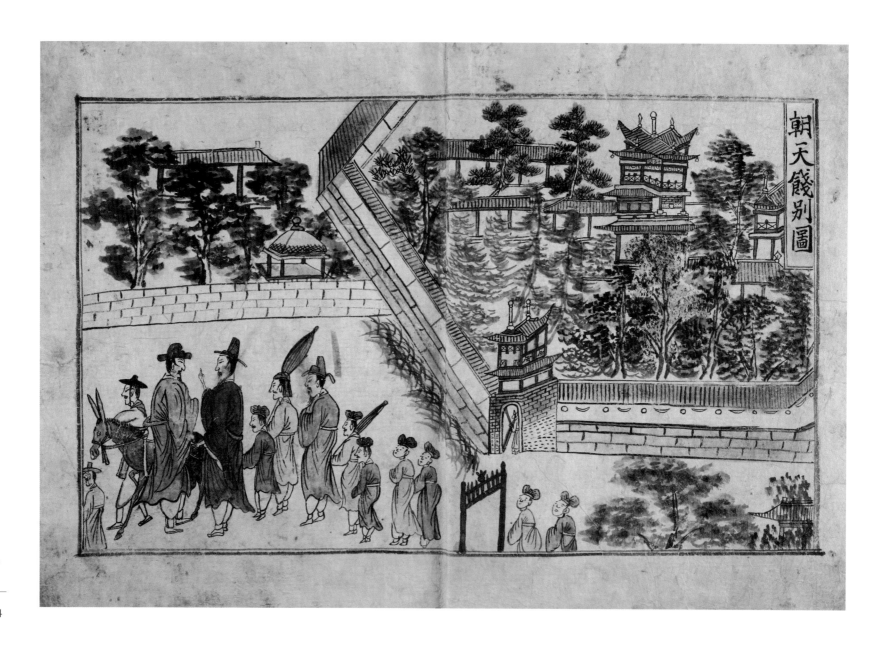

朝天餞別圖

12. 조천전별도 朝天餞別圖

1619년, 김수현金壽賢(1565~1653, 호는 둔곡(遁谷))은 천추千秋(천추절(千秋節)의 약칭으로 임금의 탄생일) 부사副使(상사(上使)는 이홍주(李弘胄), 서장관(書狀官) 김기종(金起宗))의 신분으로 명나라에 들어갔다. 이때 여러 선비들이 거리로 나와서 일행을 전송하였다. 김수현은 1602년에 문과급제를 하여 여러 벼슬을 역임한 후, 좌참찬으로 기로소에 입소하기도 했다.

13. 범주적벽도 泛舟赤壁圖

1610년, 정인홍鄭仁弘(1535~1623)은 조선성리학 5현五賢으로 김굉필金宏弼 · 정여창鄭汝昌 · 조광조趙光祖 · 이언적李彦迪 · 이황李滉 등을 문묘에 종사하기로 결정하자, 조식曺植이 제외된 것에 불만을 품고 이언적과 이황을 비방하는 상소를 올리게 된다. 이에 1611년 6월, 김봉조金奉祖(1572~1630, 호는 학호(鶴湖))는 영남변무소수嶺南辨誣疏首가 되어 정인홍을 탄핵하는 상소를 올렸다. 다섯 차례에 걸쳐 상소를 올렸으나 끝내 윤허允許를 받지 못하자 답답함과 울분을 달래기 위해 지인들과 함께 강성江城의 적벽赤壁에서 뱃놀이를 즐겼다. 며칠에 걸친 뱃놀이를 끝내고 서로 작별할 때 손을 맞잡고 눈물을 흘리면서 "우리가 지금 흩어지면 언제 다시 만날지 기약하기 어려우니, 이 모임을 그림으로 그려서 훗날 길이 전하도록 하는 것이 좋지 않겠는가" 하고 의견을 모았다. 그래서 화공을 시켜 배를 띄운 모습을 그리도록 해서 각각 한 폭씩 가졌다. 이때 참석한 이들은 권집權潗 · 권도權濤 · 권준權濬 · 박문영朴文楧 · 이흘李屹 · 권극량權克亮 등이다.

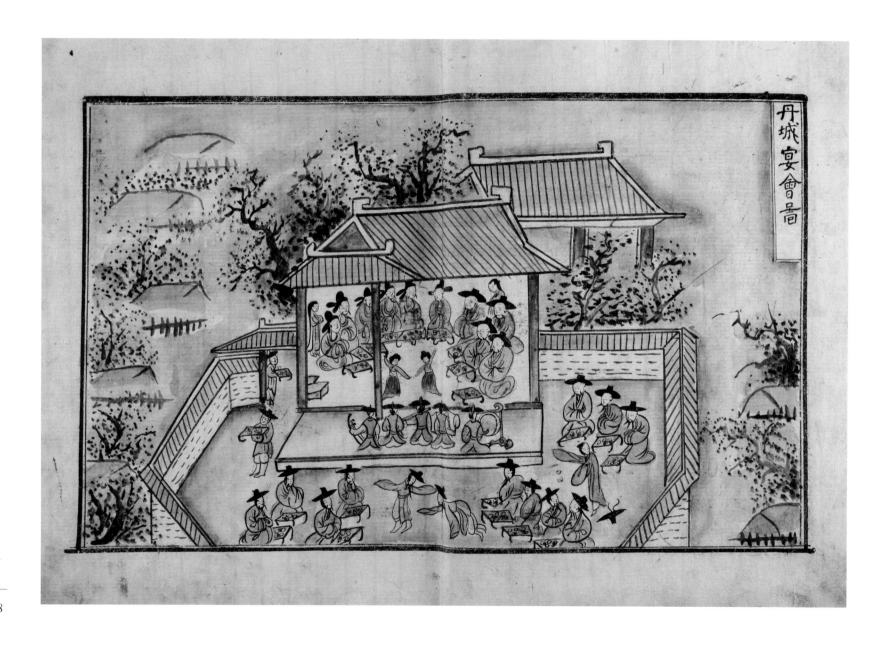

14. 단성연회도 丹城宴會圖

1616년 김봉조金奉祖(1572~1630, 호는 학호(鶴湖))는 단성현감으로 부임하였다. 이곳은 아버지 김대현金大賢이 현감으로 재직했던 지역이기도 하다. 그래서 어머니 전주이씨는 "단성현은 네 아버지께서도 부임했던 고을이다. 더욱 조심하여 아버지의 청덕淸德을 떨어뜨리지 않아야 할 것이다." 면서 당부하였다. 그는 업무가 끝나면 단소루丹霄樓에서 양로연을 자주 열었는데, 노인들이 기뻐하면서 "우리가 다행히 죽지 않고 남아 있어서 15년 만에 또 다시 선명부先明府(이전의 수령이라는 뜻. 유연당 김대현을 가리킴)처럼 베풀어주시는 연회를 보게 되었습니다." 라고 눈물을 흘렸다. 1602년 당시, 아버지 김대현이 환아정換鵝亭에서 양로연을 베풀었는데, 그로부터 15년이 지났다는 것이다. 양로연에 참석한 노인들은 해가 저물도록 술을 마시고 시를 지으면서 흥겨운 시간을 보냈다. 음력 3월 13일이었다.

잔치가 끝난 후 오삼도吳三濤가 "선명부先明府께서 1602년 봄에 잔치를 베풀었을 때 제가 친히 모시게 되어 반가운 나머지 연회도를 그려서 드린 일이 있습니다. 그런데 오늘 다시 수령께서 잔치를 베풀어 주시니 제가 칠십 늙은이로서 참석하게 되었습니다. 제가 정신도 온전치 못하고 시력도 예전 같지 않으나 연회도를 한 폭 그려서 길이 전할 수 있도록 하겠습니다." 하고 그 자리에서 붓을 잡고 그렸다.

15. 가도도 椵島圖

　　1623년 12월 17일, 김영조金榮祖(1577~1648, 호는 망와(忘窩))는 문안관問安官의 신분으로 명나라의 장수 모문룡毛文龍이 주둔해있는 가도椵島로 향했는데, 뇌진사賫進使 이동악李東岳 · 접반사接伴使 윤의립尹義立 · 종사관從事官 이민구李敏求 등이 동행하였다. 긴 여정 끝에 12월 30일 무렵 철산鐵山에 이르렀다. 이듬해 1624년 정월 초하루, 가도로 들어가려 했으나 강물이 얼어버려 배를 띄울 수 없었다. 그리고는 한 달이 지난 2월 2일 비로소 얼음이 풀려 가도에 도착했다.

　　가도는 약 40만호 규모의 마을로, 대부분 중국인들이 살고 있었다. 김영조 일행은 여정을 풀고 모문룡을 만나러 청사廳舍로 향했다. 서로 인사를 나누는 예禮를 올린 다음 주연酒宴의 자리에 참석했는데, 가면을 쓴 배우들이 연희를 베푸는 사이 저물어 불꽃놀이가 시작되었다. 포도송이와 모란꽃송이와 같은 불꽃들이 하늘을 수놓는 광경을 지켜보다가 밤 9시가 되어서야 자리에서 물러났다.

　　2월 4일, 모문룡에게 작별인사를 하고 돌아올 예정이었으나 날씨가 고르지 못해 배를 띄울 수 없었다. 이튿날 새벽 비로소 배를 타고 철산鐵山에 도착하였다. 그러나 이괄李适의 난이 일어나 임금께서 공주로 옮겨가셨다는 소식을 전해 듣고 급히 행선지를 바꾸었다. 재령, 해주, 연안 등을 거쳐 배를 타고 임시로 마련된 조정에 도착하자 이미 난리가 평정되었다. 2월 5일, 배를 타고 떠나올 때 이동악李東岳의 일행 가운데 그림을 잘 그리는 이가 있었는데, 그림 세 폭을 그려서 사신 세 명들에게 건네주었다.

航海朝天餞別圖

16. 항해조천전별도 航海朝天餞別圖

　　1633년 김영조金榮祖(1577~1648, 호는 망와(忘窩))는 주청부사奏請副使로 중국에 들어갔다. 7월에 길을 나섰는데 당대의 명류들이 거리로 나와서 전송을 해주었다. 일행이 탄 배는 중국 여순旅順을 지나갈 때 회오리바람을 만나 침몰 위기 등을 겪으면서 마침내 어느 섬에 도착했는데, 이들이 가는 곳마다 의심의 눈초리를 받아야했다. 이유인즉, 당시 섬에는 "조선이 노적들에게 병기와 군량미를 제공하면서 산동山東을 침범하도록 부추기고 있다."는 소문이 돌았기 때문이다. 이에 김영조는 황급히 공문公文을 작성하여 올린 끝에 세간의 오해를 말끔히 풀었다.

　　이후 몇 달에 걸쳐 배를 타고 가다가 다시 조그마한 섬에 당도했는데, 초가 한 채가 눈에 띄어 수행원에게 둘러보고 올 것을 지시했다. 그러자 수행원은 주인 없는 텅 빈 집에서 책 한권과 지팡이 한 개가 눈에 띄길래 지팡이를 들고 왔다고 했다. 이에 김영조는 "주인에게 다시 되돌려주라."고 했지만, 갑자기 배가 떠나는 바람에 돌려주지 못했다.

　　9월 무렵 황성皇城에 도착하니, 어느 예언자가 각로閣老에게 "조선에서 오는 사행 가운데 천하의 기보奇寶를 갖고 있습니다. 이는 태을진인太乙眞人(천상에 있는 신선)의 청려장靑藜杖인데, 전생前生이 옥청진골玉淸眞骨이 아니면 이를 취할 수 없습니다."고 했다. 이에 각로가 김영조에게 다가와서 지팡이를 보더니 "사람과 지팡이가 알맞게 서로 잘 만났다."고 했다. 이 지팡이는 현재 사손嗣孫의 집에 보관되어 있는데, 최주하崔柱夏가 지은 기記와 이휘중李徽中이 지은 명銘이 전한다.

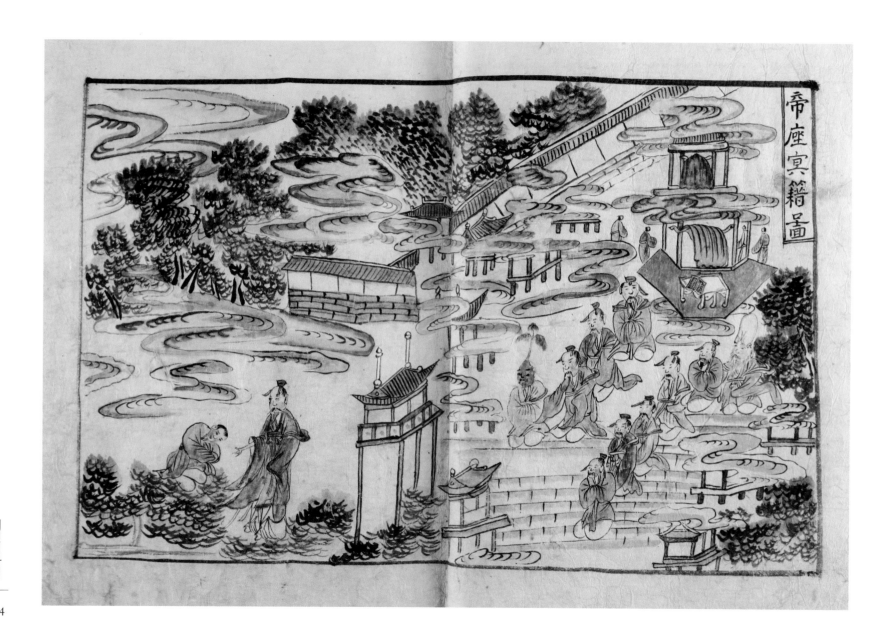

帝座冥籍圖

17. 제좌명적도 帝座冥籍圖

　　어느 날 김창조金昌祖(1581~1637, 호는 장암(藏庵))는 신선들이 둘러앉은 자리에서 아버지 김대현金大賢(1553~1602, 호는 유연당(悠然堂))을 뵙는 꿈을 꾸었다. 그러자 아버지가 "내가 향안香案 위에 놓인 명적冥籍(저승에서 이승 사람들의 행적을 기록해놓은 장부)을 살펴보니 네 이름 밑에 강방정직剛方正直이라는 글자가 적혀있더구나. 부디 조심해야할 것이다."고 했다.

　　1605년 봄, 김창조는 25세의 나이로 진사시에 합격했으나 광해군 시절 인목대비가 유폐되는 등 시국이 어수선해지자 과거를 포기하고 은둔생활에 들어갔다. 1623년의 인조반정 이후 창릉참봉 등의 벼슬이 내려졌지만 부임하지 않았다. 또 영남선비들이 상소上疏를 올려 폐모론에 가담한 이들을 배척하려고 할 때 공사유사公事有司가 되어 앞장을 서기도 했다. 김창조가 숨을 거두자 아우인 김응조金應祖는 "세상 사람들은 공公을 고상하고 강직한 자질이 있는 줄만 알고, 화평한 심성을 지니고 있는 것을 모르고 있다. 또 격앙激仰한 뜻이 있는 줄만 알고, 진실하고 겸손한 품성이 있는 줄은 모르고 있다. 공은 마음 쓰고 행동함에 있어 겉으로 꾸미는 일이 전혀 없고 어지러운 세상일에 초월하였다. 이런 것은 남들이 미처 알지 못하고 오직 나만이 알고 있으니, 우리 형제는 참으로 마음이 서로 통했다."라는 내용의 제문祭文을 바쳤다.

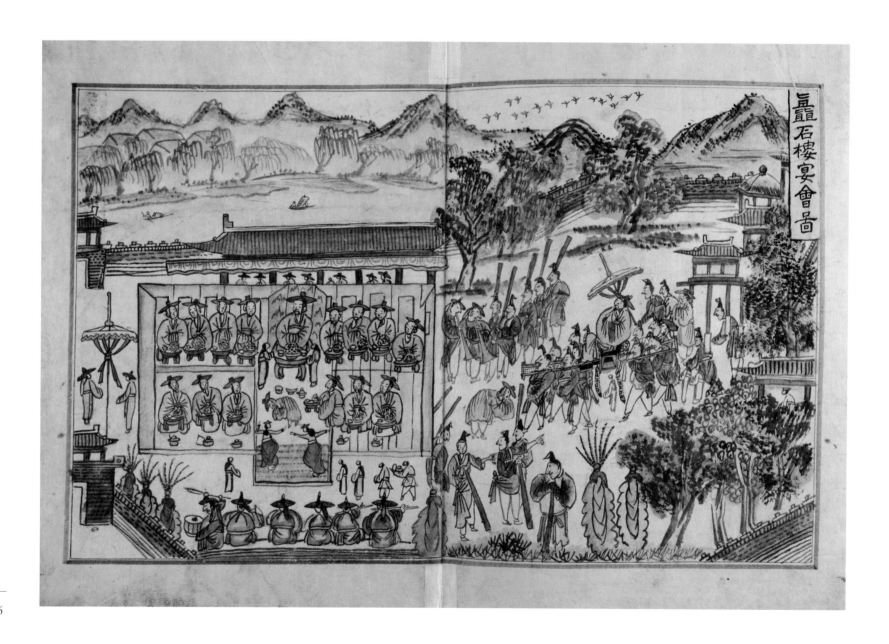

龜石樓宴會圖

18. 촉석루연회도 矗石樓宴會圖

    1624년 김경조金慶祖(1583~1645, 호는 심곡(深谷))는 경상도관찰사에 부임한 이민구李敏求가 가을 순시를 하는 중에 진주 촉석루에서 열었던 잔치에 참석했는데, 당시 이민구는 화공을 불러 그림을 그리도록 하여 참석한 이들에게 한 폭씩 건네주었다. 사흘에 걸쳐 촉석루에서 놀다가 서로 헤어질 때 못내 아쉬운 마음이 들어 내년 3월에 안동 영호루에서 다시 모이기로 약속했다.

    당시 잔치에 참석한 이는 경상도관찰사慶尙道觀察使 겸 순찰사巡察使 이민구, 진사進士 이창운李昌運, 진사進士 금시해琴是諧, 형조정랑刑曹正郞 권두남權斗南, 생원生員 민희안閔希顔, 자여도찰방自如道察訪 김대진金大振, 안동판관安東判官 신경辛暻, 생원生員 한원진韓元進, 송라도찰방松蘿道察訪 변효성邊孝誠, 삼가현감三嘉縣監 김효건金孝建, 진사進士 권점權點, 생원生員 정면鄭俛, 생원生員 김경조金慶祖, 진사進士 박종무朴樅茂, 홍해군수興海郡守 홍보洪靌 등 15명이다.

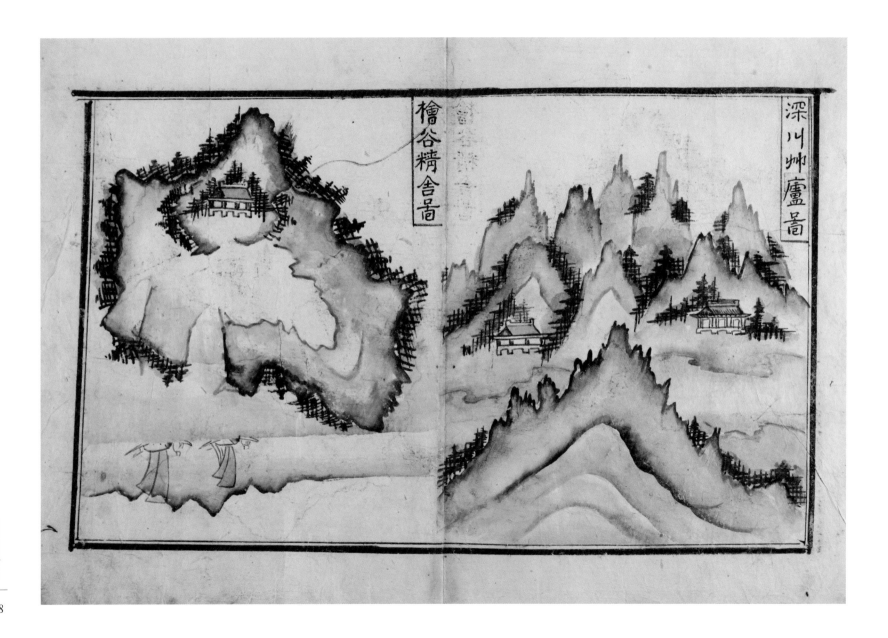

檜谷精舍圖

深川㕓廬圖

19. 심천초려도深川草廬圖 및 회곡정사도檜谷精舍圖

1636년 김경조金慶祖(1583~1645, 호는 심곡(深谷))가 의령현감으로 재직해있을 때 병자호란이 일어났다. 관찰사 심연沈演과 함께 군사를 이끌고 서울로 향하다가 충주에 당도했을 무렵 좌우영左右營 군사들이 쌍령雙嶺에서 패전했다는 소문을 전해들었다. 이에 관찰사가 되돌아가려고 하자 김경조는 칼을 뽑아 그의 앞으로 가서 "임금께서는 성안에 포위되어 계시면서 밤낮으로 영남의 군사가 도착하기만을 기다리고 있을 텐데, 공公은 도대체 무슨 생각을 하고 계십니까? 당장이라도 공의 목을 베어 모든 장수들의 정신을 가다듬도록 해야겠습니다." 면서 목을 치려고 했다. 이때 그 자리에 있던 둘째형 김영조金榮祖가 "아우의 말이 지나치긴 하지만 나라를 위하는 충성에서 나온 것이 아니겠느냐? 공이 생각을 바꿔서 군사들을 진정시키면 죽음은 면할 수 있을 것이다."고 타일렀다. 그러던 중 임금이 성 밖으로 나와서 항복했다는 소식을 전해 듣자 모든 이들이 통곡을 멈추지않았다. 김경조는 좀 더 일찍 진군하지 못했음을 한탄하고, 곧 바로 벼슬을 버리고는 안동 학가산 뒤에 위치한 심천深川으로 들어가 은둔생활을 보냈다. 그로부터 8년이 지난 1645년, 회곡유거檜谷幽居에서 숨을 거두었다. 그는 일찍이 풍산 회곡의 산수를 사랑하여 그곳에 경작지를 장만하고 정자를 세워 후학들을 가르쳤다.

廣櫟麗公諱延祖字孝錫　萬曆乙酉生

公生而風標玉立天姿近道悠然堂宅山陰時公年十七辛丑書此

八字以贈公示入道的訣

寄子延祖書　悠然堂

請於師長作中字附諸壁上日夕體究且問師長曰心是甚物如何

而能存性是甚體如何而能養聖學多端何以必欲持敬先生曰

用多在動上何以必欲主靜誠之用功惰之所發亦宜潛玩問辭大

既為學必要於身心上有功夫不然雖究天人之隙談性命

之理何益汝以蒙學師長有教必不能聲八心通今日問之明日辯

之不嫌其遲必期瑩堂黙後已

金重卿家藏庭訓錄後跋

拙齋柳先生

右吾友金君重卿家藏庭訓錄一帖蓋其先君子廣櫟麗公從悠然

堂先生之任山陰時所傳得學訣文字也公年十七方受易於覺軒

吳公吳公為作大字既標題卷首而公第鶴沙公識其下所以敍

其授受顛末者又不嘗詳矣重卿不鄙謂余閒當出而示之

旦兆一語附其後意甚勤噫何敢為黙亦有終不得辭者蓋余與

重卿寔三世舊交余道義相與之故非一日而重卿又

盛有以知兩家二祖與諸父道義之間則烏可無情黙然七字且得託名文字閒

以寓平昔慕塋之情此於心可少懌而又辭諸公之次有榮耀

焉故遂不辭而道其所感于懷者如左噎于若余何足以知之亦何

20. 성학도 聖學圖

　　1601년 김대현金大賢(1553~1602)은 산음현감으로 부임할 때 존심存心 · 양성養性 · 지경持敬 · 주정主靜이라는 여덟 글자를 써서 다섯째 아들 김연조金延祖(1585~1613, 호는 광록(廣麓))에게 건네주면서 이것이 '팔도적결八道的訣'이라고 일러주었다. 아울러 "스승께 중자中字(중간 크기의 글자)로 써 달라고 해서 방에 붙여두고 아침저녁으로 실천하고 탐구해야 한다. 또 스승에게 '심心이란 무엇이며 어찌 해야 잘 가질 수 있으며, 성性이란 무슨 형체인데 어찌 해야 잘 길러낼 수 있습니까? 성학聖學 가운데서 왜 하필 지경持敬 공부를 해야 하며, 삶에 대한 일용日用 가운데 왜 하필 주정主靜 공부를 해야 합니까?'라고 상세히 물어봐야 할 것이다. 또 성誠에 대한 공부와 정情이 어디로부터 생겨나는지를 곰곰이 생각하여 자세히 여쭤 봐야할 것이다. 대개 학문이란 자신의 몸과 마음을 닦는 것에서 시작해야 한다. 그렇지 않다면 아무리 모든 이치를 탐구했다 하더라도 무슨 유익함이 있겠느냐? 너는 아직 나이도 어리고 배우는 과정에 있기 때문에 스승께서 잘 가르치시더라도 반드시 이해하지 못한 부분이 있을 것이다. 오늘 미처 깨닫지 못한 것을 내일 다시 질문하는 일을 성가시다고 여기지 말고 명확하게 밝혀야 할 것이다."는 내용의 편지를 함께 건네주었다.

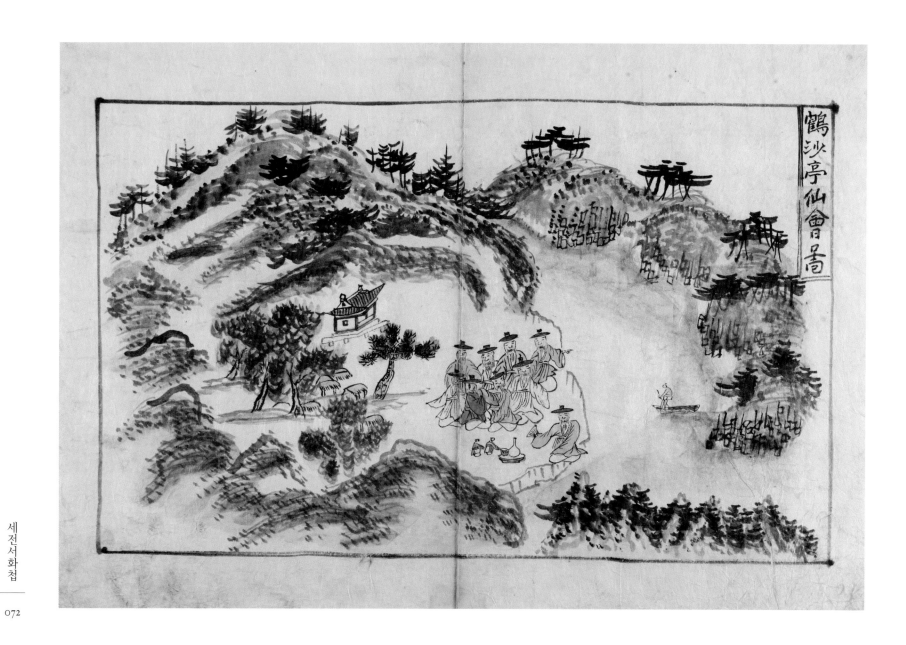

鶴沙亭仙會圖

21. 학사정선회도 鶴沙亭仙會圖

1634년 김응조金應祖(1587~1667, 호는 학사(鶴沙))는 학가산 북쪽 사천沙川 위에 정자를 세운 다음 학사정鶴沙亭이라 이름 짓고, 학사를 자신의 호로 삼았다. 정자 주변으로 깨끗한 백사장이 둘러져 있고 맑은 시내와 푸른 절벽이 마치 병풍처럼 감싸고 있는 광경이 한 폭의 그림과도 같았다. 또 정자의 동남쪽에는 편편한 언덕이 펼쳐져 있는데, 천 그루가량의 복숭아나무를 심을 정도의 넓이여서 이름을 도화동桃花洞이라고 했다. 정자 옆에는 몇 그루의 노송老松이 서 있고, 그 아래 축대를 쌓아 타연대唾緣臺라고 이름 지었다. 이곳에서 서쪽으로 약간 올라가면 하늘로 치솟은 기이한 절벽이 있으며, 막 닿은 곳에는 높게 쌓은 풍영대風詠臺가 자리하고 있다. 또 서쪽으로 계속 가면 바위에 부딪쳐 흐르는 시내가 깊은 못을 이루어 자그마한 배를 띄울 정도가 되는데, 세심담洗心潭이라고 한다. 그 위쪽으로는 정자를 세울 수 있을 정도로 넓고 편편한 바위가 있다.

1660년 10월 1일, 선비 몇 명이 학사정에 모였다. 가을이 지나고 나뭇잎이 떨어질 무렵이었는데, 십리쯤 되는 백사장이 훤히 내려다보이고 연기와 안개도 걷혀서 산수가 더욱 푸르렀다. 당시 모임의 광경을 그려둔 한 폭의 그림과 참석자들이 지은 시를 묶어서 '학사선회록鶴沙仙會錄'이라고 하였다. 책 말미에는 김응조가 작성한 "아! 사람이 세상에 사는 것이 마치 병속에 갇혀있는 파리의 신세와도 같은데, 오늘 하루라도 세속에서 벗어나 서로 즐길 수 있다면 이것이야말로 신선인 것이다."라는 내용의 발문跋文이 있다.

22. 과천창의도 果川倡義圖

1636년 김염조金念祖(1589~1652, 호는 학음(鶴陰))는 과천현감으로 재직하고 있었는데, 이듬해 12월에 병자호란이 발발하자 조경趙絅과 함께 죽음을 맹세하고 의병을 일으켰다. 당시 그가 작성한 격문檄文에는 "현감으로서 나라를 위해 눈물을 머금고 격문을 띄우는 바이다. 국운이 불행하여 오랑캐가 음흉한 마음을 갖고 감히 우리 왕조를 업신여겨 영토를 점거하였다. 이로써 서울·개성·평양이 텅 비워지고 종묘가 파천되어 산성으로 들어가 있는데 호종하는 관료와 군사들이 추워도 입을 옷이 없고 배가 고파도 먹을 양식이 없다. 우리 임금께서 밤낮으로 하는 걱정이 온 나라에 가득 차 있는데, 누구인들 잠시라도 잊을 수 있겠는가? 3백년이나 내려온 종사宗社가 풀 속에 파묻히고 3천리나 되는 강산이 오랑캐에게 넘어간다면 살아도 갈 곳이 없고 죽어도 부끄럽지 않겠는가? 오직 우리 고을 백성만은 당당한 충성심과 열렬한 의기를 더욱 분발하여 모두 힘써주기 바란다." 등의 내용이 담겨 있다.

23. 분매도 盆梅圖

　　김숭조金崇祖(1598~1632, 호는 설송(雪松))의 조부 김농金農은 십매사十梅詞라는 열편의 시를 남길 정도로 평소 매화를 극진히 사랑했다. 김숭조 역시 조부와 마찬가지로 매화를 아끼면서 늘 가까이 두었는데, 자신이 거처하는 설송초려雪松草廬에도 매화 화분을 마련해두었다. 그리고 해마다 섣달이 되어 매화꽃이 피기 시작하면 친구들과 더불어 술을 마시면서 감상하였다.

鳴玉始圖

24. 명옥대도 鳴玉臺圖

1635년 김시침金時忱(1600~1670, 호는 일용재(一慵齋))은 서빙고西氷庫 별검別檢으로 재직하고 있었는데, 이듬해 병자호란 때 임금이 항복했다는 소식을 전해 듣자 벼슬을 버리고 고향으로 돌아왔다. 그리고는 마음을 달래기 위해 천등산 봉정사 입구에 자리한 명옥대鳴玉臺를 즐겨 찾았다. 명옥대는 퇴계 이황의 자취가 서려있는 곳인데, 나날이 퇴락해가는 모습을 안타깝게 여긴 김시침은 1664년 6월 류원지柳元之(서애 류성룡의 손자), 김규金煃(학봉 김성일의 손자) 등과 함께 누각을 건립하기 위해 인근 지역으로 통문通文을 돌렸다. 이듬해 1665년 마침내 건물이 완성되었는데, 창암정사蒼巖精舍라고 이름 지었다. 상량문은 진사 김광원金光源(1607~1677, 호는 석당(石塘))이 지었고, 청기문請記文은 류원지가 짓고 허목許穆(1595~1682, 호는 미수(眉叟))에게서 받았다. 이후 1744년과 1847년에 각각 중건되었다.

甘露寺宴會圖

25. 감로사연회도 甘露寺宴會圖

1712년 김간金侃(1653~1735, 호는 죽봉(竹峯))은 황산도黃山道 찰방으로 부임했을 때 밀양의 감로사에서 양산군수梁山郡守 한옥韓鋈, 경주부윤慶州府尹 권이진權以鎭, 인동부사仁洞府使 나학천羅學川, 하양현감河陽縣監 이복인李復仁, 자여찰방自如察訪 조언신趙彦臣, 밀양부사密陽府使 이현보李玄輔, 군위현감軍威縣監 이철징李鐵徵, 언양현감彦陽縣監 성기인成起寅 등과 함께 모임을 가졌다. 해가 저물어 모임을 마치고 서로 작별할 때 밀양부사가 "오늘 우리들이 이렇게 좋은 모임을 갖게 되었으니 분수에 넘치는 듯하다. 최근 소문으로 들으니 조정에서 한만閑漫한 놀이를 금하려 한다니, 앞으로는 모이기가 더욱 어려울 것 같다." 면서, 승려에게 작별하는 모습을 그리도록 시켜서 각각 한 폭 씩 건네주었다.

竹巖亭七老會圖

26. 죽암정칠노회도 竹巖亭七老會圖

　　김간金侃(1653~1735, 호는 죽봉(竹峯))에게는 평소 절친하게 지내는 여섯 명의 친구가 있었는데, 권두경權斗經(호는 창설재(蒼雪齋)), 이재李栽(호는 밀암(密庵)), 나학천羅學川(호는 창포(滄浦)), 조덕린趙德鄰(호는 옥천(玉川)), 안연석安鍊石(호는 북계(北溪)), 이협李浹(호는 동애(東厓)) 등이다. 1724년 봄, 김간은 이들 여섯 명과 함께 죽암정사竹巖精舍에 모여 칠노회七老會를 결성하였다.

27. 무신창의도 戊申倡義圖

　　1728년 3월 15일, 이인좌李麟佐가 청주에서 군사를 일으켰다는 소식이 19일 무렵 안동에 전해졌다. 이튿날 20일 이른 아침, 김간金侃(1653~1735, 호는 죽봉(竹峯))은 자제들과 하인들을 거느리고 안동향교로 향했다. 그리고는 몸소 격문을 작성하여 21일 새벽에 향중으로 발송했는데, 26일 무렵 약 3천4백 명의 군졸을 비롯하여 말 4백 여 필, 식량(쌀과 콩) 1천3백 여 석 등이 모였다. 그리하여 29일에는 의성까지 이르렀으나 해산하라는 통보를 받고 안동향교로 귀환하였다. 그때 어느 유생이 "이번 거의擧義는 비록 적과 교전하지는 않았지만 충의忠義만은 후세에 길이 남길 만합니다. 그래서 창의倡義를 그림으로 그려 후세에 전하는 것이 좋지 않겠습니까." 라고 하여, 부리府吏 가운데 그림 솜씨가 뛰어난 자에게 여러 폭을 그리도록 해서 장관將官들에게 나누어 주었다.

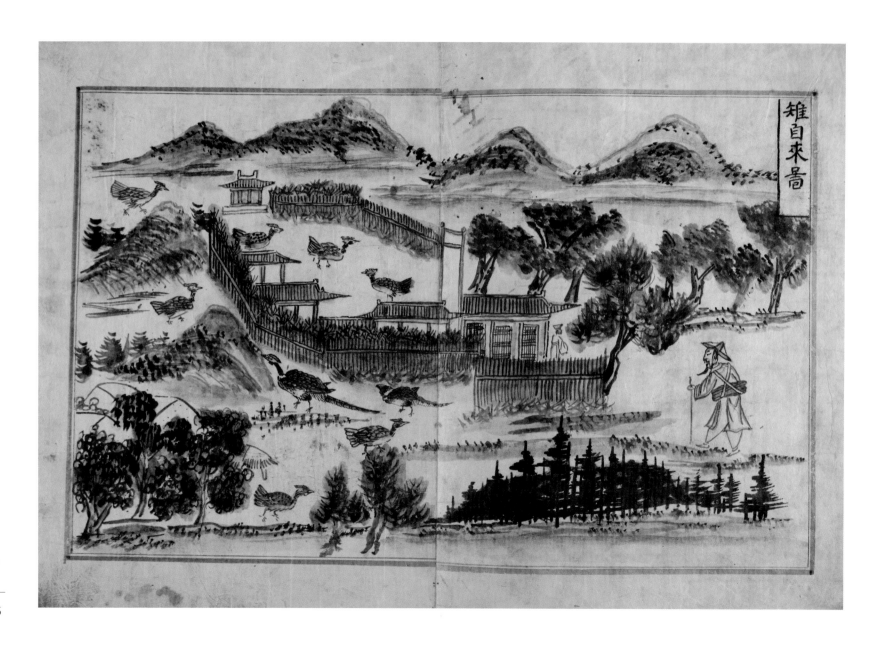

28. 치자래도 雉自來圖

　　김서운金瑞雲(1675~1743, 호는 희구재(喜懼齋))은 김간金偘의 장남으로 태어났다. 효성이 지극하여 집안이 가난하고 늙으신 부모를 모셔야한다는 이유로 과거를 단념하고 오직 부모 봉양에만 힘을 쏟았다. 1724년 박문수朴文秀가 영좌嶺左 안렴사安廉使가 되었을 때 "효심이 지극하여 부모의 반찬이 떨어지면 들에 있던 꿩이 절로 날아들었다." 라는 소문을 듣고 사실여부를 확인하기 위해 김서운의 집을 찾아가 하룻밤을 묵게 되었다. 이튿날 아침 하인이 "아침 반찬을 장만해야 하는데 꿩이 아직 날아들지 않습니다."고 하자, 김서운이 뜰아래로 내려가서 한참을 둘러보았다. 그리고는 갑자기 "저기 북쪽 울타리 밑에 꿩 두 마리가 있구나." 면서 몸소 쫓아가니 꿩이 움직이지 않고 가만히 앉아있었다. 이에 꿩을 잡아 집으로 돌아왔다. 이 광경을 지켜본 박문수는 서울로 돌아가서 치자래설雉自來說이라는 글과 치자래도雉自來圖라는 그림을 보내주었다.

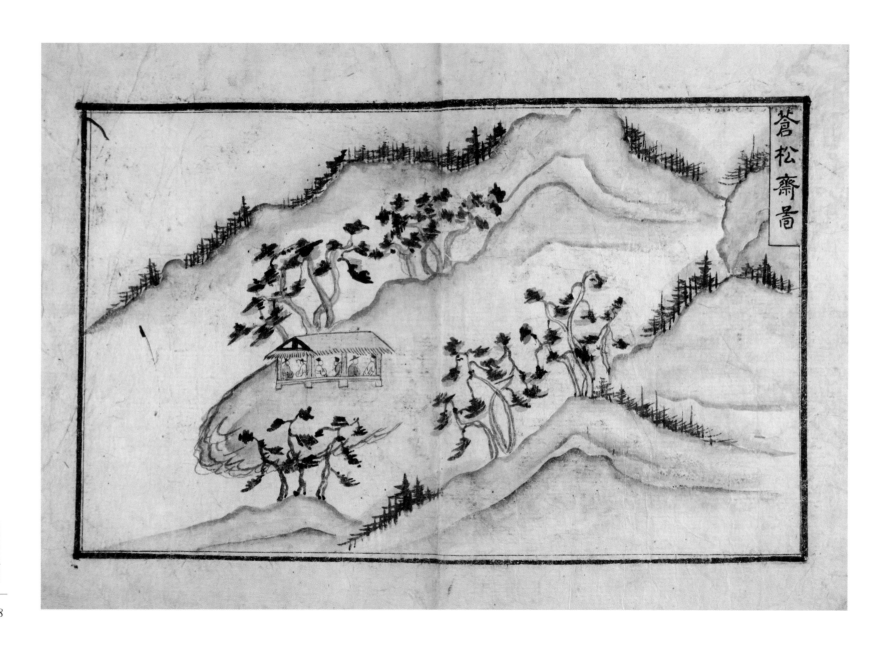

蒼松齋圖

29. 창송재도 蒼松齋圖

　　김서한金瑞翰(1686~1753, 호는 창송(蒼松))은 김간金偘의 차남으로 태어났다. 1714년 진사시에 합격했지만 나라가 점점 혼란스러워지자 고향으로 돌아와서 후진 양성에만 전념했는데, 이에 사람들이 학고서당鶴皐書堂을 세워 강학장소를 마련해주었다. 이후 1756년 서인西人들이 김서한의 영정을 훔쳐가는 사건이 발생하자 그의 아들 김낙원金洛源이 서당을 폐쇄해버렸다.

　　한편 「창송재시蒼松齋詩」의 서문에 "내가 거처하는 집 남산에는 수백 그루가 넘는 소나무가 꽉 들어서 있어 아침저녁으로 울창한 빛을 바라보는 것을 자랑거리로 삼는다. 나는 이 소나무의 곧고 굳센 절조가 서리와 눈바람에도 변치 않는 것을 사랑하여 자호自號를 창송재蒼松齋라고 했다." 는 대목이 있다.

漢津泣餞圖

30. 한진읍전도 漢津泣餞圖

　　김유원金有源(1699~1758, 호는 모죽당(慕竹堂))은 김서운金瑞雲(호는 희구재(喜懼齋))의 아들로 태어났다. 1728년 과거에 응시했을 때 전라도 남원 출신의 윤씨성을 가진 80세의 노유老儒와 동일한 점수를 받게 되었다. 이에 고관高官은 당락을 가르기 위해 두 사람에게 글짓기를 시키기로 결정했다. 그러자 김유원은 "노인과 소년이 서로 겨룬다는 것은 선비의 가르침에 있어 공경스러운 마음을 해치는 잘못된 일입니다." 라는 뜻을 전했지만, 피해갈 수 없었다. 이렇게 해서 두 사람은 응시장에 나서게 되었는데, 노인은 예상치 못한 문제에 붓을 움직이지 못하고 눈물만 흘리고 있었다. 김유원은 "너무 슬프게 생각하지 마시오." 라고 하면서, 작성해놓은 답안지를 건네주고 자신은 응시를 포기했다. 이후 김유원이 한양을 떠날 때 노인이 찾아와서 "늙은 내가 오늘날의 영광을 보게 된 것은 바로 공公의 덕분입니다." 라면서 감사의 마음을 전했다. 그리고는 한강나루까지 따라와서 "이는 백세토록 잊을 수 없다는 기념품입니다." 하고는 서로 작별하는 모습을 담은 그림 한 폭을 건네주었다.

후기 1

　이 세전서화첩은 우리 집안의 역사이다. 아, 공公은 세상에 능히 쓰일만한 재주도 뛰어났으며 가정 또한 충실히 꾸려 나가신 분이셨다. 어릴 적부터 남다른 재주를 갖고 계셨는데, 글을 읽기 시작하면서 제자백가諸子百家를 손수 베껴서 공부했다. 문장을 쓰기 시작하면서는 태학太學에 들어가서 방안에 고요히 앉아 경서經書와 사기史記를 연구하여 편집하는 일의 책임을 맡기도 했다.

　그리하여 우리나라의 단군부터 기자箕子 이후로 내려온 역사와 명현들에 대한 사적事蹟 등을 세심하게 기록해둔 문서가 상자에 가득할 정도였다. 뿐만 아니라 우리 집안의 선적先蹟에 대해서도 상세한 기록을 남겼다. 위로는 허백당虛白堂[1] 으로부터 아래로는 팔방八房[2]까지 여기저기 흩어져있던 기록들을 손수 찾아서 20책으로 묶으니, 이것이 바로 '석릉세고石陵世稿'이다.

　또 대대로 전해 내려온 조상들의 사적 가운데 그림으로 남겨진 것과 항간에 구전으로 전해온 것 등을 이리저리 탐문하여 원본이 남아있는 경우는 화공을 시켜 다시 그리도록 했으며, 원본이 유실된 것은 내용만을 기록해두었다.

---

1 · 김양진(金楊震, 1467~1535)
2 · 김대현(金大賢, 1553~1602)의 아들 8형제를 말함

처음 진산공珍山公이 흰 나귀를 타고 성묘하러 왔을 때 우연히 얻게 되었다는 대지산을 시작으로 10세에 이르는 분들의 서화첩을 만들어 보관해두셨으니, 얼마나 훌륭한 일인가? 아! 이 화첩은 우리 집안 조상들의 행적을 기록해둔 것이니, 자손으로서는 그야말로 소중한 보배이다. 후대에 길이길이 잘 이어받아 공경스러운 마음으로 펼쳐보면서 "이 할아버지는 이런 일을 하셨고, 이 할아버지 행적은 이러저러 했구나" 한다면, 이 어찌 아름답지 않겠는가?

　　학암공은 깊은 포부와 넓은 견식見識을 갖고 있었으나 제대로 빛을 발하지 못한 채 세상을 뜨셨으니 이것이 바로 운명이라는 것일까? 내가 우연히 학암공 집에서 상자 속에 들어있는 서화첩을 보게 되니 감회를 금할 수 없어 눈물이 절로 쏟아진다. 공이 살아계실 때 서화첩 발문跋文을 내게 지으라고 했으나, 공이 이미 써놓은 후지後識가 있으니 어찌 내가 감히 군더더기처럼 덧붙일 수 있는가? 하지만 조상을 위한다는 심정에서 감히 그만둘 수도 없기에 이렇게 몇 자 적는다.

1863년 5월

사종제四從弟 중범重範은 공경히 씀

후기 2

어느 날 내가 오미동으로 가서 학암鶴巖이 만들었다는 화첩을 구경하게 되었다. 이 화첩은 그의 조상 진산공珍山公[1]이 대지산 아래에 집터를 잡게 된데서 시작하고 있다. 여러 대를 거치면서 인의를 쌓고 충효를 실천해온 결과, 팔룡八龍[2]같은 인물들을 배출하게 되었고 또 죽봉竹峯[3], 희구재喜懼齋[4], 창송蒼松[5] 같은 분들도 훌륭한 행적을 남겼는데, 이 분들 모두 화첩에 실려 있다.

나는 화첩을 찬찬히 살펴본 다음, 옷자락을 여미고 탄복하였다. 왜냐하면 한 시대 한 집안에서 한 가지의 독행篤行만 있더라도 이름을 드높이는 조상이 될 수 있을 터, 한 조상으로부터 10대代에 이르기까지 무려 19명이나 되는 훌륭한 인물이 학가산 아래의 풍산김씨 집안에서만 배출되었기 때문이다. 그리하여 도저히 글로서만 이들 행적을 표현할 길이 없기에 그림을 덧붙이게 되었다고 한다.

---

1 · 김휘손(金徽孫, 1438~1509)
2 · 김대현(金大賢, 1553~1602)의 아들 8형제를 말함.
3 · 김간(金侃, 1653~1735)
4 · 김서운(金瑞雲, 1675~1743), 김간金侃의 장남.
5 · 김서한(金瑞翰, 1686~1753), 김간金侃의 차남.

만약 이런 내용을 그림으로 남기지 않았더라면 어찌 그 집안에 어진 분들이 이토록 많았다는 사실을 감히 알 수 있겠는가? 그러므로 이 화첩을 만든 분 역시 어진 자손이었음에 틀림없을 것이다.

　　심지어 그림마다 붙어있는 시문詩文을 살펴보면 모두 실제 상황이 눈앞에 훤히 보이는 듯 하니, 이보다 더 좋은 그림이 어디 있겠는가? 그러므로 나는 이 화첩에 느낀 바가 많기에 이렇게 몇 자 적게 되었다.

1864년 봄

여강驪江 후인後人 이재영李在英 삼가 씀.

후기 3

　　예전부터 어떤 사실이 있으면 그림을 그려서 후대에 전하고자 했던 이유는 그 행적들을 아름답게 여겼기 때문이다. 그러나 과연, 이 세상에는 그림으로 남길 만큼 뛰어난 행적이 얼마나 되었을까? 특히 개인의 행적은 간혹 눈에 띄지만, 한 집안의 행적을 그림으로 남기는 일은 극히 드물었다.

　　옛날 공명孔明[1]의 초상을 용암龍庵에, 방평方平[2]의 초상을 익주益州에 각각 붙여둔 것은 그들의 어진 품성을 사모했기 때문이며, 난릉蘭陵에 이전二傳이 벼슬을 그만두고 돌아갈 때, 또 육노六老가 사명四明에 모여서 잔치를 벌일 때에도 그림을 그려서 남겨둔 이유는 자신들의 가문을 드러내기 위해서였다.

　　우리 종숙從叔 학암공鶴巖公[3]은 이미 석릉세고石陵世稿 16권을 만들었으며, 또 세전서화世傳書畵 두 권과 세고世稿를 각각 제작해두었으니, 참으로 지극한 정성이 아닐 수 없다. 이 책에서는 10세世에 걸친 열아홉분에 관한 31폭의 그림과 또 방친傍親의 그림도 두 세 폭을 추가하였다.

　　그러나 시간이 점차 흐르면서 책을 잃어버릴까 우려되어 집안 깊숙이 보관하고 있던 것을 겨우 찾아서 이미 사라지고 없는 것은 각 집안마다 수소문하여 어렵게 구하기도 했다. 그리하여 비로소 완전한 모습을 갖추게 되었다.

---

1 · 촉한(蜀漢) 시대의 인물인 제만량(諸萬亮)의 아들이다. 와룡암(臥龍庵)에 그의 초상을 봉안하고 있음.
2 · 송나라 시대의 인물로, 소명윤(蘇明允)이 익주화상기(益州畵像記)를 지었음.
3 · 김중휴(金重休, 1797~1863), 김간(金侃, 1653~1735, 호는 죽봉(竹峯))의 5대손으로 세전서화첩의 저자이다.

서화첩에 등장하는 조상들은 명현名賢, 청백淸白, 문장文章, 충효忠孝 등에서 크게 이름을 떨친 분들이다. 그 가운데 학암공의 조상은 모두 열 분이고, 우리 조상이 여덟 분인데 그 위로 다섯 분은 우리 모두에게 조상이 되는 분들이다. 조상 한 분 한 분의 행적을 그림 아래에 붙여서 후대 사람들이 어느 시대에 어떤 분이 무슨 일을 하셨는지를 쉽게 알 수 있도록 해두었다. 서화첩에 실린 내용들은 우리 자손뿐만 아니라 세상 사람들에게도 권장할 만한 것이다. 그 중에서도 특히 8형제분은 훌륭한 재주와 뛰어난 인품으로 우리 오미동을 빛낸 조상들이다.

　　조상을 기린 학암공의 정성은 서화첩과 세고를 통해서 이미 짐작할 수 있는 바, 좀 더 일찍 출판하여 세상에 널리 알리지 못한 채 눈을 감으셨으니 이는 공公으로서도 유감이고, 우리들 역시 한스러울 따름이다. 혹시 후인들이 이 책임을 맡아서 공公의 아름다운 뜻을 이루고자 정성을 다 한다면 이 서화첩은 영구히 전해질 수 있을 것이다.

　　아! 참으로 공경할 만하다.

1885년 봄

종질從姪 봉흠鳳欽 삼가 쓰다

[논문]

그림으로 기록한 가문의 역사 :
조선시대 『풍산김씨 세전서화첩』 연구

그림으로 기록한 가문의 역사 : 조선시대『풍산김씨 세전서화첩』 연구

박정혜 | 한국학중앙연구원

I. 머리말

《풍산김씨세전서화첩豊山金氏世傳書畵帖》은 풍산김씨의 10세손 진산珍山 김휘손金徽孫(1438~1509)으로부터 10대에 걸쳐 청백·충효·절의·문장 등으로 이름을 남긴 인물 19명의 주요 행적이 글과 그림으로 기록된 서화첩이다.[1] 17점의 그림이 수록된 '건乾', 14점의 그림이 수록된 '곤坤'의 두 책으로 구성되어 있으며 '豊山金氏世傳書畵帖'이란 제목은 화첩의 표지에 붙어 있는 표제에 의한 것이다(도 1). 각 책의 첫 장에는 수록된 그림의 목록이 있으며 편집

체제도 그림이 주체가 되고 그 뒤에 관련 기록이 따르는 방식이어서 이 세전서화첩은 애초부터 그림을 통해 조상의 행적을 드러내기 위해 제작되었음을 알 수 있다. 각 그림 뒤에는 여러 문헌에서 발췌된 주인공의 간단한 인적사항, 그

[도 1]《豊山金氏世傳書畵帖》표지, 金重休 편찬, 1860년대초, 지본채색, 39.2×26.0㎝, 한국국학진흥원

* · 자료 조사에 적극적으로 협조해 주신 한국국학진흥원 임노직 실장과 김미영 박사, 그리고 대구 풍산김씨 종친회 여러분께 이 자리를 빌려 감사한 마음을 전한다.

1 · 풍산김씨의 주요 인물과 세거지의 특성에 대해서는 金在億 編,『豊山金氏 虛白堂世蹟』(大枝齋所, 1999); 『안동지역 주요 동성마을의 전통과 정체성-八蓮五桂의 오미마을 연구』, 한국학술진흥재단 기초학문육성지원사업 발표요지집(안동대학교 안동문화연구소, 2005, 6) 참조.

림 내용과 관련된 고사 및 제술製述 등이 실려 있는데 이는 그림의 내용을 이해하는데 절대적인 자료 역할을 한다. 곤책의 마지막에는 24세손 김봉흠金鳳欽(1826~1882)이 1885년에 쓴 「경제학암종숙세전서화첩후敬題鶴崑從叔世傳書畵帖後」, 1864년 이재영李在英이 쓴 「도첩후서圖帖後序」, 1863년 23세손 김중범金重範(1811~1885)의 발문이 있어서 이를 통해 이 서화첩이 꾸며지게 된 배경을 알 수 있다.

《풍산김씨세전서화첩》은 선조의 행적이 담긴 기록과 그림들을 근거로 후손에 의해 화첩으로 꾸며진 뒤 집안 대대로 전승되었던 가전화첩家傳畵帖의 성격을 지닌다. 그러나 현재까지 알려진 의령남씨나 대구서씨 집안의 가전화첩과는 달리 이 서화첩의 그림들은 편찬 당시의 한 시점에서 일괄적으로 제작되었으므로 많은 부분이 기록과 상상에 의해 그려졌다는 특징이 있다. 또한 32점이라는 그림들은 가전화첩으로서는 적지 않은 숫자로서 주목된다.[2]

조상의 행적을 기리는 사진 앨범 같은 이 세전서화첩의 회화 수준은 국가적인 차원의 행사를 그린 궁중기록화나 서울·경기 지역의 사가에서 제작된 중앙 화단의 기록화에 비하면 매우 낮다. 그러나 서울에서 멀리 떨어진 영남의 한 문중에서 제작된 그림이라는 점에서 지방 사가기록화士家記錄畵의 일단을 보여주는 좋은 자료라고 생각한다. 또한 지방의 화사畵師가 그린 서투른 화풍은 민화에서나 느낄 수 있는 신선함과 상통한다. 이 작품에 대해서는 일부 장면과 간단한 내용 소개가 있었으나[3] 가전화첩 혹은 기록화란 시각에서 전체적으로 고찰한 시도는 아직 이루어지지 않았다. 이 글에서는 《풍산김씨세전서화첩》의 제작경위와 내용을 알아보고 이 서화첩의 성격과 의의를 지방의 사가기록화라는 측면에 초점을 맞추어 규명함으로써 조선시대 사가행사도 및 가전화첩에 대한 이해의 지평을 넓혀보고자 한다.

2 · 건책에 쓰인 그림 목록에 의하면 총 그림 수는 31점이지만 실질적으로 〈천조장사전별도〉는 한 제목 안에 서로 다른 내용의 그림 두 점이 실려 있다.

3 · 『조선시대 음악풍속도』 I (국립국악원, 2002), 도판 10-1~10-38 및 215~220쪽의 도판해설; 『선비, 그 멋과 삶의 세계』(한국국학진흥원, 2002), 도판 26~27-2. 《풍산김씨세전서화첩》의 그림 목록과 기록부분은 『조선시대 음악풍속도』의 도판 10-2, 10-5, 10-5 등을 참조.

II. 풍산김씨를 빛낸 주요 인물과 서화첩의 제작

1. 허백당 김양진과 팔련오계

이 서화첩에 주인공으로 등장하는 풍산김씨는 15세기 후반에서 18세기 전반에 걸쳐 활동한 19명의 인물이다(표 1, 2 참조).[4] 역대 풍산김씨 가문에서 주요 인물을 꼽으라면 먼저 풍산에 동성마을이 형성될 수 있는 터전을 마련함으로써 입향조로 간주되는 11세손 허백당虛白堂 김양진金楊震(1467~1535)과 17세기 전반 가문을 중흥시킨 학호鶴湖 김봉조金奉祖(1572~1630)를 위시한 여덟 형제[八蓮五桂]를 내세우게 된다.

공조참판을 지낸 김양진은 40여 년간 관직생활을 했는데, 특히 전라감사(1520~1521), 경주부윤(1526), 황해감사(1529), 충청감사(1533) 등 10년간 외직에 있을 때 백성들에게 선정을 베푼 것으로 유명하였다. 그러한 공을 인정받아 1529년에 청백리淸白吏에 봉해졌으며 가문을 대표하는 인물상으로서 추숭의 대상이 되었다.

풍산김씨의 주요 세거지는 경상북도 안동부 풍산현 오릉동五陵洞(지금의 안동시 풍산읍 오미 1리)이다. 8세손 김자순金子純(1367~?)이 왕자의 난을 피하기 위해 자신의 고조부 김연성金鍊成(4세손)이 별업別業을 두고 처음 전거奠居하였던 오릉동에 잠시 낙향하였던 것을 세거의 시작으로 보기도 하나, 실질적으로는 경주부윤에서 물러난 김양진이 오릉동에 1년 반 정도 거주하면서 세거의 기틀을 마련한 것으로 간주하고 있다.[5] 김양진은 이곳에 자주 왕래하였고 외아들 잠암潛庵 김의정金義貞(1495~1547)이 이곳의 이름을 오무동五畝洞으로 고쳐 은거한 후 집안의 중심 무대가 되었다.[6] 그 후 풍산김씨 가문을 비약적으로 발전시킨 '팔련오계' 중 첫째 김봉조·넷째 경조·여덟째 숭조와 그들의 후손들이 이곳에 세거함에 따라 형성된 집성촌이 오늘날까지 이어지고 있다. 이 서화첩에 수록된 상당수 그림의 지리적 배경이

---

4 · 풍산김씨의 시조는 신라 경순왕의 12세손으로 고려 고종(1214~1259) 때 벼슬이 判相事에 오른 金文迪(1205~?)이다. 그는 佐理功臣으로서 豊山伯에 봉해졌으므로 관적을 풍산으로 삼은 것이다. 15세손 김응조의 『追遠錄』(1653)에는 "始祖譜牒不載不可考"라 하였으나 1782년(정조 6) 19세손 金叙九(1725~1786)에 의해 처음 편찬된 풍산김씨 족보[壬寅譜]에 "今依追遠錄所記以判相事公爲始起世數焉"라 기록됨으로써 김문적을 시조로 모시기 시작하였다. 풍산김씨 족보는 그 후 1853년(철종 4)에 金重夏에 의해 속간되었으며 현재 통용되는 『豊山金氏世譜』에는 1960년에 간행된 庚子譜와 1990년 간행된 庚午譜가 있다.

5 · 金在億 編, 앞의 책, 42~47쪽; 주승택·정의우, 「조선시대 오미마을의 문학」, 『안동지역 주요 동성마을의 전통과 정체성』, 75~77쪽.

6 · 김의정은 세자시강원 사서로서 보필했던 인종이 1545년 즉위한지 7개월여 만에 죽자 낙향하여 세상 사람과 어울리는 것을 피하였다. 호를 幽敬堂에서 잠암으로 바꾸고 외아들 이름도 벼슬에 나가지 말고 농사에 전념하라는 의미에서 '農'이라 지을 정도였다.

[표 1] 풍산김씨 세계도
(豊山金氏 世系圖)

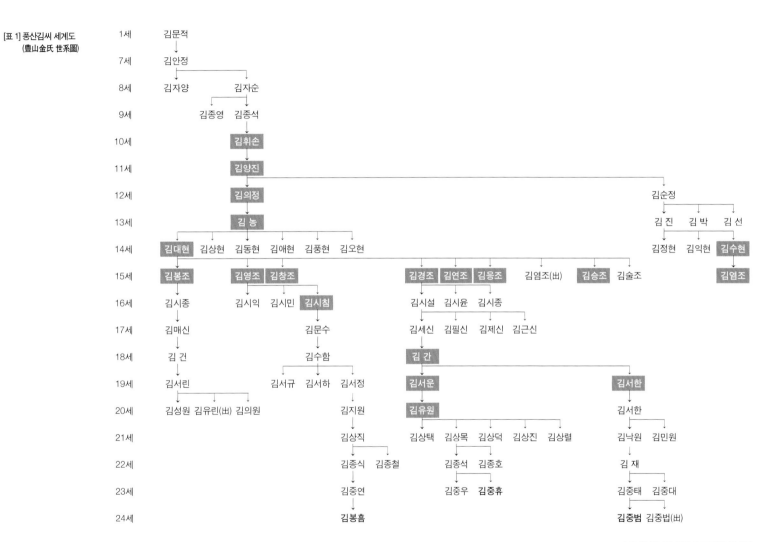

* 음영 표시의 인물은 그림의 주인공

[표 2] 《豊山金氏世傳書畵帖》의 인물 일람표

	이름	생몰년	자/호	소과	대과	관직	문집	비고
10세	金徽孫	1438-1509	子美/珍山			珍山郡守		
11세	金楊震	1467-1535	伯起/虛白堂	1489	1497 문과	工曹參判		淸白吏(1529)
12세	金義貞	1495-1547	公直/潛庵	1516	1526 문과	訓練院 副正	『潛庵逸稿』	
13세	金農	1534-1591	明甫/華南			掌隷院 司議	『華南遺稿』	
14세	金大賢	1553-1602	希之/悠然堂	1582		山陰縣監	『悠然堂先生文集』	
15세	金壽賢	1565-1653	廷叟/遁谷	1585	1602 별시갑과	議政府 左參贊		入耆社
	金奉祖	1572-1630	孝伯/鶴湖	1601	1613 증광갑과	司憲府 持平	『鶴湖集』	
	金榮祖	1577-1648	孝仲/忘窩	1601	1612 증광	吏曹參判	『忘窩集』	학봉 김성일 사위
	金昌祖	1581-1637	孝彦/藏庵	1605		義禁府 都事	『藏庵集』	
	金慶祖	1583-1645	孝吉/深谷	1609		尼山縣監		
	金延祖	1585-1613	孝錫/廣麓	1610	1612	承文院 正字	『廣麓集』	
	金應祖	1587-1667	孝徵/鶴沙	1613	1623 알성문과	漢城府 右尹	『鶴沙集』	
	金念祖	1589-1652	孝惰/鶴陰	1635		宗親府 典籤		丙子 扈從功臣
	金崇祖	1598-1632	孝達/雪松	1624	1629 증광문과	承政院 注書	『雪松集』	
16세	金時忱	1600-1670	終卿/一怵齋	1635		西冰庫 別提	『一怵齋集』	
18세	金侃	1653-1735	士行/竹峯	1693	1710 증광문과	掌隷院 判決事	『竹峯集』	
19세	金瑞雲	1675-1743	虞徵/喜懼齋			司憲府 持平(贈職)		
	金瑞翰	1686-1753	遠徵/蒼松	1714				
20세	金有源	1699-1758	通之/慕竹堂					
23세	金重休	1797-1863	顯道/鶴巖	1837		齊陵 參奉		

바로 이 오릉동 일대이다.

오릉동 뒷산 너머 대지산大枝山(지금의 예천군 호명면 직산리 廣石山)에는 10세손 김휘손, 김휘손의 모친, 김양진, 그의 아들 김의정과 손자 김농金農(1534~1591), 팔련오계의 부친 유연당悠然堂 김대현金大賢(1553~1602) 등의 묘소가 있는 선영이 위치한다. 선영은 김휘손이 하양현감 시절 오릉동의 서편 보포림甫布林에 있는 조부 김자순의 묘에 성묘하러 왔다가 박 모 씨로부터 획득한 땅이었다. 김양진은 조모와 부친의 묘가 있는 이 대지산에 성묘하기 위해 오릉동에 자주 내왕함으로써 세거지의 기반을 잡게 되었다. 따라서 이 서화첩은 김휘손이 선영을 마련하게 된 이 이야기로부터 시작한다(도 33).

　　독자였던 김농이 아들 여섯을 낳았고 맏아들 김대현이 아들 여덟을 두었으므로 풍산김씨는 14세손 김대현 대부터 번창하였다고 볼 수 있으며 가문을 빛낸 핵심 인물은 17세기 전반에 활동한 김대현의 장남 김봉조를 위시하여 망와忘窩 김영조金榮祖(1577~1648), 장암藏庵 김창조金昌祖(1581~1637), 심곡深谷 김경조金慶祖(1583~1645), 광록廣麓 김연조金延祖(1585~1613), 학사鶴沙 김응조金應祖(1587~1667), 학음鶴陰 김염조金念祖(1589~1652), 설송雪松 김숭조金崇祖(1598~1632) 등으로 평가된다.[7] 이들은 모두 소과에 입격하였고 김봉조·영조·연조·응조·숭조 등 다섯 명은 문과에도 급제하여 소위 '팔련오계지미八蓮五桂之美'로 칭송되었다(표 2 참조). 막내아들 김숭조가 증광문과에 급제했던 1629년 인조는 그의 집안에 이러한 내력이 있음을 알고 예조의 계사를 받아들여 부친 김대현을 이조참판에 추증하고 사제賜祭하였으며[8] 김대현이 살았던 오무동에 오미동五美洞이란 이름을 내렸다. 또한 관찰사에게 마을 앞에 문을 세우고 '봉황문鳳凰門'이라는 편액을 걸도록 하는 등 은전을 베풀었다.[9] 팔련오계 중에서도 사헌부 지평을 지낸 김봉조, 이조참판을 지낸 김영조, 한성부 우윤을 지낸 김응조는 영남지방에서 문명文名을 날린 인물들이며 이들의 문학은 각각 『학호집鶴湖集』, 『망와집忘窩集』, 『학사집鶴沙集』을 통해 알 수 있다.[10]

　　김경조의 증손인 죽봉竹峯 김간金偘(1653~1735)은 입향조로 간주되는 김양진, 팔련오계의 부친 김대현과 함께 오미동에서 불천위로 모셔지고 있는 인물이다. 『죽봉집竹峯集』에 많은 작품을 남긴 그는 58세(1710년)에 대과에 급제한 뒤 황산찰방과 예조정랑 등을 지내다 1721년 귀향하여 1733년 장예원판결사掌隸院判決事를 제수받을 때까지 고향 오미동에 머물렀다. 김간의 두 아들 김서운金瑞雲(1675~1743)과 김서한金瑞翰(1686~1753), 손자 김유원金有源(1699~1758)은 과거에 전혀 뜻을 두지 않거나 소과에 합격하고도 대과에 나

---

7 · 김대현은 원래 아들 9형제를 두었는데 여덟 번째 아들 金遂祖(1595~1611)는 17세에 일찍이 사망하였다. 일곱째 김염조는 김대현의 再從弟인 遁谷 金壽賢(1565~1653)의 系子로 들어갔다(〈표 1〉참조). 김수현은 대과에 나가지 않고 주로 고향에서 종택을 돌보는 데에 힘썼던 김대현과는 달리 중앙의 여러 요직을 거쳐 관직이 의정부 좌참찬에 이르렀다. 예조판서에 제수된 후 80세가 된 1644년(인조 22)에는 기로소에 들어갔다. 『仁祖實錄』 22년 11월 16일(庚子).

8 · 『仁祖實錄』 7년 12월 6일(丙辰).

9 · "(전략) 仁廟朝雪松公潛庵公之曾孫於八祖兄弟序居第八登第以五棣聯桂 謝恩日自上用國朝古例 贈悠然堂公吏曹參判 命改洞名五美 令道臣立里門刻揭鳳凰門三字公本同胎九兄弟以鳳凰一生九子取義云"《豊山金氏世傳書畫帖》〈大枝賭博圖〉.

10 · 최홍식, 「오미리 풍산김씨 가학 전승과 학문 활동」, 『안동지역 주요 동성마을의 전통과 정체성』, 52~58쪽; 주승택·정의우, 앞의 글, 86~97쪽.

가지 않았다. 팔련오계 이후, 즉 17세기 후반 이후에는 중앙 정계에서 뚜렷한 족적을 남긴 인물이 거의 없으며 주로 세거지에서 은거하였던 것으로 보인다.

이는 이황李滉(1501~1570)에 맥이 닿아 있는 풍산김씨 인물들의 학문적 성향에서 설명될 수 있으며 이는 몇몇 세전서화첩의 그림에서도 엿볼 수 있다. 을사사화 이후 오릉동에 은거한 김의정은 세인과의 접촉을 끊고 지낼 때 유일하게 이황과 교류하였으며(도 36), 은거 전에는 경연관 겸 서연관으로 함께 일했던 김인후金麟厚(1510~1560)와도 가깝게 지냈다. 〈잠암도〉는 김의정의 은거지에 이황이 찾아온 모습을 그린 것이며 그림 뒤에는 김인후와 주고받은 시가 수록되어 있다. 허백당 문중의 종손으로서 팔련오계의 명예를 이끌어나간 김봉조는 서애 유성룡柳成龍(1542~1607)의 문인으로서 병산서원 창건과 운영에 중심 역할을 하였으며 이황을 주향主享하는 여강서원의 원장을 역임하였다. 1611년(광해 3) 조식曺植의 제자 정인홍鄭仁弘(1535~1623)이 이언적李彦迪과 이황의 문묘종사를 비방하는 차자를 올리자 영남 유생들이 상소를 올려 정인홍의 탄핵을 주장한 일이 벌어졌는데 이 영남변무소嶺南辨誣疏 때에 김봉조는 소수疏首로 추대되어 이황 문인의 대변자 면모를 확실하게 보여 주었다. 〈범주적벽도〉는 김봉조가 함께 상소를 올린 동지들과의 주유舟遊를 그린 것이다(도 14).

김영조는 부친을 따라 영주에 내려와 살았던 어린 시절에 이웃에 사는 이황의 문인門人 장근張謹에게 글을 배웠으며 학봉 김성일金誠一(1538~1593)에게서 수학하여 마침내 그의 사위가 된 인물이다. 형 김연조와 함께 어릴 때 유성룡 문하에서 수학했던 김응조는 광해군의 어지러운 정치에 실망하여 대과를 포기한 후에 퇴계 학문을 계승한 장현광張顯光(1554~1637)의 문하에 들어가 학문연마에 힘썼다.

오미동은 하회와 이웃해 있었기 때문에 대부분의 김봉조 형제들은 유성룡에게서 가르침을 받았으며 어린 시절 같이 공부한 유성룡의 아들들과는 말년까지 교유하였다.[11] 풍산김씨 후손들은 대를 이어 유성룡의 후손들과 지속적인 친분을 유지하며 학문적으로 교류한 것이다. 이는 유성룡의 아들 수암 유진柳袗(1582~1635)에게서 수학한 16세손 김시침金時忱(1600~1670)의 행적과 관련된 〈명옥대도鳴玉坮圖〉를 통해서도 알 수 있다(도 39). 김시침은 천등산 봉정사 동구에 있는 명옥대에서 소요하길 즐겼는데 이곳은 젊

---

11 · 유성룡의 아들 유진은 김봉조, 김영조와 도의로 교유하였으며 김봉조의 輓詞를 지었다. 유성룡의 손자 柳元之는 풍산김씨 집안에 家藏된 김연조의 『庭訓錄』에 발문을 지었다.

은 시절 봉정사에서 독서하고 강도講道하던 이황이 유상遊賞하던 곳이었다. 명옥대란 이름도 원래 이름인 낙수대落水臺를 이황이 새롭게 고친 것이다. 김시침은 명옥대 옆에 암자를 지어 이황을 추앙하고자 유성룡의 손자 유원지柳元之(1598~1678), 학봉 김성일의 증손자 김규金煃, 자신의 외사촌 이이송李爾松(1598~1665) 등과 함께 예안·영천·예천·안동 등의 인근 읍의 사우들에게 역사役事의 보조를 청하는 통문通文을 보내 마침내 누각을 완성하였다.

이와 같이 허백당 문중의 인물들은 이황의 학문을 계승한 안동의 서애 학맥을 이어받았으며 지역적으로는 경상좌도에 살던 남인南人으로 분류된다. 남인들은 선조년간(1568~1608) 조정의 요직에 두루 등용되었으며 광해군년간(1609~1662)에는 북인에게 밀렸다가 숙종 때 다시 득세하였다. 그러나 1694년을 기점으로 몰락을 시작하여 경종년간 이후 조선말기까지 거의 조정에 등용되지 못했다. 이러한 정치적 흐름은 세전서화첩에 나타난 풍산김씨 집안 인물들의 이력에도 뚜렷하게 반영되어 있다. 풍산김씨의 세거지인 안동을 중심으로 경상도라는 지역성이 강조된 이 세전서화첩의 내용은 17세기 후반 이후 중앙의 정계에 활발하게 진출하지 못했던 이들의 정치적 성향과 밀접한 관련이 있다.

2. 《풍산김씨세전서화첩》의 편찬

이 서화첩의 편찬자는 김봉흠이 「경제학암종숙세전서화첩후」에서 자신의 종숙인 23세손 김중휴金重休(1797~1863)라고 밝히고 있다.[12] 김간의 현손이며 김경조의 후손인 김중휴는 1837년(헌종 3) 소과에 입격하였지만 대과에 나가지 않고 제릉齊陵 참봉을 지냈다. 김중휴는 《풍산김씨세전서화첩》 외에도 선대 인물에 대한 사적과 유고를 모아 16권의 『석릉세고石陵世稿』를 편찬하였고, 출가하는 딸에게 주기 위해 1848년 순한글로 된 가첩家牒을 필사하는 등 가문의 역사를 정리하는 데에 많은 노력을 기울인 인물이다.[13]

김중휴는 주인공 및 관련된 인물들의 문집·행장·연보뿐만 아니라 집안에 전승된 문적 등을 폭넓게 섭렵하고 각 그림과 관련된 내용을 발췌하여, 비록 체계적이고 일목요연한 체제를 갖추지는 못했지만 이를 각 그림 뒤에 필

---

12 · 건책과 곤책의 그림 목록이 쓰인 면에 「鶴山散人」「金重休印」이라는 주문방인이 상하로 나란히 찍혀있어서 이 《풍산김씨세전서화첩》이 김중휴의 소장품이었음을 알 수 있다.

13 · 金在億 編, 앞의 책, 337~338쪽.

사하였다. 이 기록들은 1864년에 후서를 쓴 이재영이 말한 대로 '화외지화畵外之畵'라고 할 수 있을 만큼 많은 정보를 제공하고 있다.[14] 이 내용 중에는 애초에 원본이 그려졌던 경우 그 제작 경위에 대한 간략한 언급이 있는데 32점의 그림 중에 19점은 기록화나 기념화로서의 원본이 존재하였던 경우이다(표 3 참조).

김중휴는 집안에 가장家藏된 상자들을 뒤져서 기록들을 찾아냈고 빠진 것이 있으면 문중이나 친지의 집안 등으로부터 널리 구하여 이를 이모하여 새로 만들었으며 그조차도 남아 있지 않은 것은 자취를 추적하여 묘사하였다고 한다.[15] 현재로서는 이 서화첩의 명확한 제작 시기에 대한 정보를 찾기 어렵다. 문중에는『석릉세고』와 함께 1850년대에 만들어진 것으로 구전되고 있으나 구체적인 근거에 의한 것이 아니다. 편찬자 김중휴가 사망한 1863년 2월 8일로부터 얼마 지나지 않은 같은 해 5월 사종제四從弟 김중범(18세손 김간의 아들 김서한의 고손자)이 발문을 썼고, 이재영의 후서가 이듬해 봄에 쓰였으며, 김중휴가 생전에

세전서화첩과 세고를 널리 전하지 못하고 갑자기 죽은 것에 대해 안타까움을 표현한 김봉흠의 글로 미루어 볼 때 이 서화첩은 김중휴가 죽기 얼마 전인 1860년대 초에 완성된 것으로 보는 것이 타당할 것 같다.

김봉흠은 서화첩 속의 조상들을 명현名賢 혹은 경상卿相이거나 청백, 순량循良, 문장, 도덕, 충절, 효의 등 귀감이 되는 행적을 남긴 문중의 인물들이라고 칭송하고 있다. 그러나 편찬자 김중휴는 명예나 공적에 의해 인물을 선별한 것이 아니라 오미동에서 불천위로 모시고 있는 자신의 직계 조상을 중심으로 인물을 선정한 것으로 보인다(표 1 참조). 김대현의 여덟 아들들은 각각 분파하여 번성한 일문을 이루었는데 넷째 아들 심곡 김경조는 심곡공파深谷公派의 파조이며 김간의 증조부임과 동시에 김중휴의 직계 조상이다. 즉, 김중휴는 자신의 집안 심곡공파가 풍산김씨를 빛낸 팔련오계의 후손이며 오미동의 터전을 일군 허백당의 문중임을 드러내는 데에 초점을 맞춘 것이다. 방계 조상인 김수현은 팔련오계의 한사람인 김염조의 계부繼父라는

---

14 · "(전략) 然書不盡而圖盡意, 若無是圖之粧著, 一□上, 則又安可人人愛玩欽賞, 而知此門之若是多賢乎, 然則畵是圖而粧是帖者, 殊未知進入圖中, 而雖無圖, 亦此門之肖孫也, 至若諸賢公圖末詩文, 又極其記實精采, 誠識外之畵, 而於圖尤有所感, 謹識始末而棘人三□, 亦世其家者, 奉是帖而有鳴乎澤新之痛, 因幷記焉 甲子仲春節, 驪江後人李在英謹書"《豊山金氏世傳書畵帖》「圖帖後敍」

15 · "(전략) 吾從叔鶴崆公 飢纂石陵世稿十六巷 又纂世傳書畵二帖子 與世稿幷奪閣 誠勤且摯 但稿或有無傳 傳而又有不盡言者畵 所以繼之也 凡十世十九位三十一畵位 暋繪親畫至二三 皆徵蹟之 可傳者 而□夫世遠年遐 斷爛殆盡 搜求家藏箱篋 有闕者 旁求于門內及知舊家 幷移而新之 世無守者 循蹟而描之 合爲一部 克完世傳 蓋名賢卿相淸白循良文章道德忠節孝義 爲石陵之世 而世所以著之者 爲公祖凡十位 爲吾祖凡八位 而上五位則同祖也 各疏其事實于左, 俾書畵俱圓 而粧而帖者 之 庸寓羹墻之慕 且牖後輩知某世某位有某畫 展帖奉閱 肅然若臨 僾然若存 不覺忧惕欽恭 況其事非復得見於今世者不一而足焉耶 (중략) 公追遠之誠 而見於此帖與世稿 而但未克錄諸梓 以廣其傳邊值龍蛇之夢 (후략)"《豊山金氏世傳書畵帖》「敬題鶴崆從叔世傳書畵帖後」

[표 3] 《豊山金氏世傳書畵帖》乾册 내용 일람표

순서	그림 제목	주인공	故事의 일시/장소	그림의 제재	原本 관련사항	그림과 관련된 화첩의 기록
1	大枝賭博圖*	金徽孫	1507년/ 안동	山圖 + 故事	朴姓人이 준 '山圖'	- 간단한 집안 내력 · 五美洞의 지명 유래 - 廣石山을 선영으로 얻게된 연유 - 광석산의 仙遊庵과 留衣庵 관련 고사 및 이를 소재로 한 김대현의 시 3首, 柳成龍의 차운시: 김대현 『悠然堂集』16)
2	東都聞喜宴圖	金楊震	1526년 3월 金楊震	聞喜宴		- 문희연을 열게 된 배경과 참석자 - 아들 김의정의 충효심이 담긴 「春風辭」, 김양진의 화답시, 이언적의 전송시 「送玉堂金正字」, 김의정이 돌아올 때 지은 「到牟良驛有詩」
3	完營民泣隨圖		1521년/ 전주	故事	湖南의 士大夫	- 전라도 관찰사로서 선정을 베푼 이야기
4	海營燕老圖		1529년/ 해주	養老宴	海營中의 觀感者	- 황해도 관찰사 재직시 양로연 베푼 배경 - 청백리 녹선 후 蘇世讓이 보낸 「賜答書」
5	潛庵圖**	金義貞	1545년 가을 이후/ 안동	幽居圖+故事	'相愛之人'이 암자를 그려줌	- 을사사화 이후 改號하고 은거하게 된 경위 - 金麟厚와의 우정 및 은거 후 주고 받은 詩17) - 은거 중 李滉과의 교유 및 이황의 차운시
6	高原宴會圖		1562년 봄/ 함경도 高原	부임 축하 친목 연회	遊宴의 모습을 그려 기념함	- 김농이 관직에 나가게 된 연유 - 高原郡守 이흔이 베풀어준 부임 축하 연회와 참석자 및 차운시
7	伴鷗亭泛舟圖	金農	1565년 3월 26일/ 안동	상도내의 知舊, 守令 同期들과의 船遊	이복원이 畫工에게 주문	- 이복원의 반구정에서 선유하게 된 연유 - 『同遊錄』의 題名(좌목) - 김농의 차운시
8	洛臯誼會圖		1554년 3월/ 洛臯淵榭	生進 동년 자제들의 世會		- 『焉逢攝提格姑洗庚辰世會錄』「座目」 및 이 모임 결성 배경 - 김농의 序文(1554년 4월) - 참석자 및 친지의 축하 제술문
9	天朝將士餞別圖		1599년 2월/ 慕華館 및 弘濟院	明나라 刑軍門 親臨 上馬宴 (餞慰宴)	형개의 주문으로 제작된 金守雲의 '餞別圖'	- 1599년 2월 훈련원에서 개최된 凱旋宴 정경과 형개의 生祠 건립 경위 형개를 기리는 예조판서 沈喜壽의 「銅柱文」 - 4월 13일 軍門의 都監 郎廳 등에 대한 치사와 포상 요구, 14일 군문의 回禮, 15일 홍제원의 친림 上馬宴에 대한 기록18) - 軍門 黃敬欽의 시 「悠然堂」「嘯傲軒」「十景」
10	七松亭同會圖	金大賢	1598년 10월 19일/ 서울	同道會		- 「七松亭同道會題名錄」(좌목) - 김대현의 「序題名錄後」 - 金聲久(모임의 일원인 金守顯의 從玄孫)의 「追序」(1706) 및 權斗經의 識(1711)
11	換鵝亭養老宴圖		1601년 봄/ 산음(단성)	養老宴	산음현 工畫者 吳三濤의 '宴老圖'	- 양로연 설행 배경과 당시 양로연의 정경 - 원작의 제작과 사후 추모 열기
12	朝天餞別圖	金壽賢	1619년 5월 17일/ 의주(추정)	千秋使行 餞別		- 千秋副使로 赴京한 사실, 우수한 재능과 학문을 겸비한 자로서 엄정하게 선발되었음을 말함

* 乾册 목록에는 大枝山賭博圖라고 되어 있다.
** 乾册 목록에는 庵圖라고 되어 있다. 화면에는 원래 '潛庵○容圖'라고 썼다가 '잠암도'라고 고쳐 쓴 흔적이 보인다.

그림으로 기록한 가문의 역사 : 조선시대 「풍산김씨 세전서화첩」 연구

순서	그림 제목	주인공	故事의 일시/장소	그림의 제재	原本 관련사항	그림과 관련된 화첩의 기록
13	泛舟赤壁圖	金奉祖	1611년 7월 16일 / 江城(적벽)	상소를 올린 동지들과의 船遊	泛舟한 모습을 畫手에게 주문	- 김봉조의 상소문(一疏, 二疏)과 비답 - 申亨甫의 「奉呈疏首行軒」(1611.6.19) - 김봉조의 차운시 7수 - 동유한 同志 명단과 원작이 만들어진 동기
14	丹城宴會圖		1616년 3월 13일 / 산음(단성)	養老宴	吳三燾가 자청하여 제작	- 단성 부임과 양로연 설행의 배경 - 權濤의 「原韻」 4수와 김봉조가 차운한 「春和詩」 - 화가 오삼도와 원작을 제작했던 연유
15	椵島圖	金榮祖	1624년 2월 3일/ 압록강 하구 椵島	접반사가 명나라 都督 접견	접반사 일행 중 '工畫者' (즉, 隨行畫員?)	- 1623.12.17 서울 출발부터 1624.2.21 還都까지 대강의 왕복 여정 - 椵島의 모습, 주요 행사 일정과 묘사 - 김영조의 시 「蛇浦元日」과 이안눌의 차운시 2편
16	航海朝天餞別圖		1633년 7월/ 旋槎浦(추정)	使行 餞別		- 「朝天送別錄」; 관료 및 친지 25명의 전별 贈行詩[19] - 여순 부근에서 풍랑을 만난 일화 「是行路由旅順口」와 皇城에서 겪은 일화 - 사행 중에 지은 詩: 김영조의 『朝天錄』(不傳)
17	帝座冥籍圖	金昌祖	未詳	故事: 김창조의 인품을 예시하는 꿈		- 김창조의 꿈 이야기 - 公의 剛方正直한 성품을 말해주는 일화들 - 六弟 김응조의 祭文
18	矗石樓宴會圖		1624년 8월/ 진주 촉석루	경상감사 주관한 道內 士友들의 宴會圖	畫師에게 주문	- 연회 설행의 배경과 참석자 15명의 座目 - 李敏求가 明年 3월 다시 모일 때 김봉조·영조의 참석을 요청 (출전: 이민구, 『東州集』)
19	深川艸廬圖	金慶祖	1636년 이후 / 안동	幽居圖		- 참판 閔應協(1597~1663)의 김경조에 대한 인물평 - 1636년 병자호란 때의 관찰사를 꾸짖은 일화
20	檜谷精舍圖		1640년 이후 / 안동	精舍圖		- 深川과 檜谷에 은거처 마련한 경위(출전: 李光庭(1674~1756) 撰 「行狀」 및 金壽賢 撰 「傳記」
21	聖學圖	金延祖	1601년 / 산음	부친이 내려준 여덟 글자 (圖式)	吳翼軒이 作帖	- 부친이 내려준 여덟글자 '聖學圖' - 김대현의 「寄字延祖書」[20] - 柳元之(1598~1678)의 「金重卿家藏庭訓錄後跋」 - 동생 김응조의 「家狀」 및 「書先君子庭訓帖後」(1662. 4)[21] - 유송룡 아들 柳袗(1582~1635) 撰 「公言行略曰…」 - 형 김영조의 「祭文」
22	鶴沙亭仙會圖*	金應祖	1660년 10월 상순 / 안동	宴會圖	作帖하여 '鶴沙仙會錄'이라 함	- 김응조의 「鶴沙精舍記」 부분: 학사정의 경관 묘사 - 학사정에 대한 士友 13명의 題詠詩 14편 - 愚川 鄭拭의 「鶴沙亭記」 - 김응조의 「書鶴沙仙會錄後」[22]

* 坤册 목록에는 '仙會圖'로 되어 있다.

순서	그림 제목	주인공	故事의 일시/장소	그림의 제재	原本 관련사항	그림과 관련된 화첩의 기록
23	果川倡義圖	金念祖	1636년 12월 16일 / 과천	병자호란 때의 倡義		- 「橄邑中大小民人文」(1636. 12. 16) - 趙絅(1586~1669)에 대한 答書: 「答龍洲趙公書」 - 「軍中條約」 - 형 김응조가 지은 「祭文」 부분[23]
24	盆梅圖	金崇祖	未詳 / 김숭조의 집 (안동 오미리)	賞梅	盆梅圖 제작	- '八蓮五桂之美'에 대한 인조의 賜洞名, 追贈, 賜祭 등의 내용 - 김숭조가 애호하던 조부 김농의 「十梅詩」 - 김숭조의 「盆梅詩」[24]
25	鳴玉垰圖	金時忱	1664년 6월 10일 이후 / 안동 봉정사	精舍圖		- 一慵齋라 자호하게 된 연유 - 이황이 놀던 명옥대에 누각을 짓기 위해 여러 읍에 보낸 「通文」(1664. 6. 10) - 암자의 묘사와 1742년 중건할 때의 通文 - 이황이 지은 명옥대 詩, 김시침의 詩 등
26	甘露寺宴會圖		1712년 9월 3일 / 밀양	연회도	畵僧	- 감로사연회 설행의 배경 - 『同遊錄』 題名 - 김간의 「甘露寺韻」 및 「次自如韻」 - 연회도(원작)의 제작 동기
27	竹巖亭七老會圖	金侃	1724 봄 / 안동	노인회		- 七老會의 구성원과 설행 배경 - 안연석의 「索居無聊吟七懷詩求和」 - 참석자들의 차운시 「次北溪七會詩」 - 나학천의 「七懷詩序」
28	戊申倡義圖		1728년 3월 26~27 / 안동 鄕校	이인좌의 난 때의 倡義	府吏 중의 工畵者	- 김간이 이인좌의 난에 창의하게 된 배경 - 김간이 지은 「通鄕中文」(3월 21일 발송) - 22일 開座부터 29일 해산하기까지의 경과 - 義兵大將 이하 諸執事에 이르는 의병단 조직 및 명단, 「軍門節目」 - 1788년 영남유생이 올린 「倡義事蹟」과 이에 대한 정조의 傳敎
29	雉自來圖	金瑞雲	1724 / 안동	故事: 김서운의 효성	朴文秀가 보낸 '雉子來圖'	- 〈치자래도〉(원작)의 제작 유래 - 朴文秀의 「自來雜說」 및 「方伯啓草」 - 1749년 사헌부지평으로 증직, 아들 김서한의 감축시 「焚黃席韻」과 친지들의 차운시
30	蒼松齋圖	金瑞翰	1749년 12월 /		幽居圖	- 낙향하여 學皐書堂을 경영하던 일과 철거 연유 - 창송재라 자호하게 된 연유: 「蒼松齋序」 - 김서한의 시(原韻) - 同志 16명의 차운시 20首
31	漢津泣餞圖	金有源	1729 / 서울	故事: 김유원의 곧은 성품	八十老儒가 감사표시로 준 '相別圖'	- 1726년 및 1729년 복시에서 낙방하게 된 연유 - 부모에 대한 봉양과 효행, 모죽당의 유래: 출전 「行狀」

이유로 세전서화첩에 포함시켰던 것 같다. 다른 그림에 비해 서화첩에 수록된 김수현에 관한 기록이 지나치게 소략한 점도 김수현이 김중휴의 방계 조상으로서 본격적인 사적 수집의 범위 밖에 있었음을 의미한다.

김중휴는 심곡공파가 집성촌을 이룬 안동 오미동에 살았기 때문에 안동, 영주, 예천, 봉화 등지에 흩어져 있는 조상들의 행적에 대한 정보를 수집하는 데에 매우 용이하였을 것이다. 실제로 그림의 지리적 배경은 안동을 위시하여 경주·산음·밀양·진주 등의 경상도가 가장 많으며 나머지는 서울·해주·고원·과천·전주 등지에서 일어난 일을 그린 것이다(표 3 참조).

김중휴는 이와 같이 인물의 수록 범위를 먼저 정하였다고 판단된다. 그리고 나서 그들과 관련된 기록을 수집·정리하는 한편 그들의 행적을 보여줄 수 있는 화적에 대한 정보 수집을 하였던 것 같다. 그 과정에서 애초에 그림이 그려졌다는 기록이 있거나 범본이 될만한 그림이 남아 있던 사적이 우선적으로 채택되었던 것 같다(표 3 '原本 관련사항' 참조). 따라서 그림의 내용만으로 보면 그 인물의 일생을 조망하는 데에 어떤 일관된 기준이 적용되지 않았음을 알 수 있으며 한 인물 당 수록된 그림의 수도 일정치 않다. 그런데 이 세전서화첩의 기록 중에는 편찬 당시 원본이나 범본(후대의 이모본 혹은 개모본)의 존재 여부에 대해서는 전혀 언급이 없기 때문에 현재 이 세전서화첩에 실린 그림이 범본에 의한 이모작인지, 기록을 바탕으로 한 개작인지, 혹은 아예 처음 창작된 것인지에 관한 명확한 사실을 알 수 없다.

16 · 원문은 金大賢, 『悠然堂集』 卷之一 詩 「大枝齋舍壁上題」 「仙遊庵」 「留衣庵」 「附次韻」 및 卷之三 雜著 「記仙遊留衣二庵事」(『韓國歷代文集叢書』 1829, 12~14쪽 및 183~184쪽 참조).

17 · 이 시는 金義貞, 『潛庵逸稿』 卷三 五言排律 「愁」 · 「附次韻」에서 확인할 수 있다.

18 · 이 모든 기록의 원문은 金大賢, 『悠然堂集』 卷之三 雜著 「記軍門雜事」 참조.

19 · 원문은 金榮祖, 『忘寡先生文集』 卷之六 附錄 「朝天送別錄」(『韓國歷代文集叢書』 2222, 경인문화사, 1997, 518~531쪽) 참조.

20 · 원문은 金大賢, 『悠然堂集』 卷之一 書 「寄延祖」(『韓國歷代文集叢書』 1829, 57~58쪽) 참조.

21 · 원문은 金應祖, 『鶴沙集』 卷第九 「權知承文院副正字廣麓金公家狀」 및 卷第五 跋 「書先君子庭訓帖後」(『韓國歷代文集叢書』 2230, 경인문화사, 1997, 255~262쪽 및 2229, 419~421쪽) 참조.

22 · 원문 전체는 金應祖, 『鶴沙集』 卷第五 記 「鶴沙精舍記」; 같은 책, 跋 「書鶴沙仙會錄後」(『韓國歷代文集叢書』 2229, 377~380쪽, 418~419쪽) 참조.

23 · 원문 전체는 金應祖, 『鶴沙集』 卷第六 祭文 「遙第七弟典籤文」(『韓國歷代文集叢書』 2229, 487~489쪽) 참조.

24 · 金崇祖, 『雪松先生文集』 卷之一 詩 「盆梅」(『韓國歷代文集叢書』 1189, 404쪽) 참조.

Ⅲ. 《풍산김씨세전서화첩》의 기록화적 성격

《풍산김씨세전서화첩》에 실린 그림을 종류별로 분류해 보면 각종 연회도가 13건으로 가장 많고 주인공들이 은거하던 유거지幽居地나 낙향하여 경영하던 정사精舍를 소재로 한 그림이 6건으로 그 뒤를 따른다. 나머지는 중국 사행전별使行餞別 2건, 중국 사신 접대 2건, 의병 활동 2건, 선정善政·효의孝義·청백淸白 등 인품을 칭송하는 고사가 5건이다.[25]

1. 각종 연회를 그린 행사도

이 화첩에 수록된 연회도는 문희연聞喜宴, 세회世會, 동도회東道會, 양로연養老宴, 사우士友 혹은 인근 지방 관리들과의 친목연회, 노인회, 시회詩會, 선유船遊 등을 그린 것으로서 상당수가 계회도의 성격을 지닌다.

1526년(중종 21) 3월 27일 김양진이 경주부윤 시절 별시문과에 급제한 아들 김의정을 위해 베풀었던 문희연을

[도 2] 〈東都聞喜宴圖〉, 《豊山金氏世傳書畵帖》, 金重休 편찬, 1860년대초, 지본채색, 28.0×46.0㎝, 한국국학진흥원

묘사한 〈동도문희연도東都聞喜宴圖〉는 현전하는 문희연도가 매우 드물다는 점에서 주목된다(도 2). 김의정은 과거 급제 후 홍문관 정자에 제수되어 부친의 임소에서 영친할 수 있도록 연수宴需와 음악을 하사받았다. 그런데 보통 지방에서는 문희연 외에 수령이 관사에 급제자와 부모를 초대하여 영친연榮親宴을 베풀어 주었으므로[26] 경주감영에서 열린 이 영친연은 급제자 부모가 친척과 친지를 불러 과거 급제를 자축하는 문희연을 겸한 연회가 되었다.

25· 그림의 내용 분석은 각 그림에 부수된 기록에 전적으로 의존하였다. 그 내용을 [표 3]과 [표 4]에 간략하게 정리해 놓았으므로 본문에서는 그에 관한 자세한 설명을 줄였으며 꼭 필요한 경우를 제외하고 註를 생략하였다.

26· 『國朝五禮儀』 卷之四「嘉禮」文武科榮親儀.

현전하는 문회연도로는 안동권씨 소장의 〈문회연
도〉가 있지만(도 3),[27] 〈동도문회연도〉는 이 그림보다는 오
히려《담와평생도병淡窩平生圖屛》의 제1장면 〈삼일유가三日
遊街〉와 잘 비교된다(도 4). 〈삼일유가〉는 실내에 조부·부
친·조모 등이 앉아 있는 것으로 보아 사실상 영친연에 앞
서 부모가父母家에 나아가 재배하는 모습이 그려진 것으로

[도 3] 〈安東權氏聞喜宴圖〉, 권병철 소장

[도 4] 〈三日遊街〉, 《慕堂平生圖》, 김홍도, 1781년, 지본담채, 122.7×47.9㎝, 국립중앙박물관

세
전
서
화
첩

보인다.[28] 〈동도문희연도〉에는 관사인 듯한 건물 안에 김
양진이 초대한 그의 친구들과 인근의 수재守宰들로 보이는
인물들이 그려져 있어 문희연도의 성격을 잘 반영하였
다.[29] 왼쪽에 치우친 건물 배치, 급제자 좌우를 보좌하고
있는 인리人吏와 그들의 복식, 조그맣게 그려진 동기童伎
2명, 우측의 늦게 도착하는 손님들의 설정 등은《담와평생
도병》에 그려진 내용과 같아 〈동도문희연도〉는 18세기 풍
속화의 영향을 많이 받았음을 알 수 있다.

　　　〈낙고의회도洛皐誼會圖〉는 1516년(중종 11) 소과에 입
격했던 동방同榜 가운데 향내鄕內에 살고 있는 여덟 집안의
자제 17명이 '세회世會'를 결성하고 1554년(명종 9) 3월에 낙
고연사洛皐淵榭에서 가진 첫 모임을 그린 것이다(도 5). 김농
은 모임을 주도하고 이때 만들어진 세회록世會錄에 서문
(4월)을 쓰는 등 중심 역할을 하였다. 이 세회는 소과의 동
방자들 가운데 서로 부자관계에 있는 자들로 결성된 세년
방회世年榜會와 유사한 성격이나 계원들 자신이 입격자가

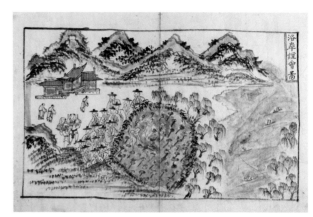

[도 5] 〈洛皐誼會圖〉, 《豊山金氏世傳書畵帖》

아니라는 점에서 구별된다.[30] 이 세회는 방회도가 많이 그
려지기 시작한 16세기에 결성되었지만 좌목, 서문, 차운시
로 꾸며진 세회록에는 당시에 그림을 제작했다는 언급은
없다. 〈낙고의회도〉는 세회가 열린 연못가를 중심으로 자
유로운 분위기가 묘사되어 있는데 이는 계회도의 틀 안에
서 몇 가지 유형으로 제작되었던 16~17세기 방회도와는 형

27 · 1693년 권양(權讓, 1628~1697)이 아들 4명이 모두 대과에 급제한 것을 기념하여 자신이 살던 충남 서천에서 개최한 문희연을 그린 것이다. 손태도, 『광대의 가창문화』(집문당, 2003), 390쪽.

28 · 광대를 앞세우고 풍악을 울리며 거리를 도는 '삼일유가'에 적합한 장면은 《모당평생도병(慕堂平生圖屛)》의 제3장면에서 볼 수 있다. 삼일유가, 영친연, 문희연은 시간적으로 서로 연결된 행사였기 때문에 《담와평생도병》에서는 제목이 애매하게 붙여졌을 가능성은 있다.

29 · 이 문희연에는 晦齋 李彦迪(1491~1533), 상서 李荇(1478~1534), 참의 蔡紹權, 승지 李浚慶, 경상도관찰사 蘇世讓(1486~1562), 진주목사 尹世豪, 성주목사 李潤慶, 선산부사 太斗南, 의성현령 李貴宗 등이 참석하였다.

30 · 朴廷蕙, 「16 · 17세기의 司馬榜會圖」, 『미술사연구』 제16호(미술사연구회, 2002), 297~332쪽.

[도 6] 〈七松亭同會圖〉,《豊山金氏世傳書畫帖》

식면에서 많이 다르다.

　　〈칠송정동회도七松亭同會圖〉는 왜군이 퇴각한 직후
인 1598년(선조 31) 10월 19일 경상도 출신으로서 한양에서
벼슬을 하던 15명의 모임을 그린 동도회도同道會圖이다(도
6).[31] 상의원 직장으로 있던 김대현이 쓴 『칠송정동도회제

명록』의 발문에 의하면 그는 참봉 김자金滋, 별검 정장鄭樟,
봉사 김석광金錫光 등 '군문지관軍門之館'에 종사하던 자들과
함께 모임을 주도하였다고 한다. 이 모임은 임진왜란에 참
전한 명나라 군문의 접반을 담당했던 관청의 하급 실무자
들이 전란이 끝날 무렵 난리의 고통과 자신들의 처지를 위
로하기 위해 모인 자리였다.[32] 참석자들은 성주, 용궁, 풍
기, 고령, 안동, 함창, 선산, 상주 등 모두 경상도 출신이었
으며 모임의 장소는 한양의 명례방明禮坊에 있던 칠송정 옛
터였다. 도성의 일부와 숭례문崇禮門, 멀리 남산으로 보이는
산이 그려진 것을 보면 실경을 의식한 묘사라고 여겨지
나,[33] 모임의 모습을 화면의 좌반부에 비교적 크게 그린 형
식은 16세기의 계회도의 어느 유형과도 부합하지 않으며
건물을 배경으로 한 계회도 형식인 1656년의 〈종남동도회
도終南同道會〉와도 다르다(도 7).[34]

　　이 세전서화첩에는 양로연도가 세 점 들어있다. 김

---

31 · 동지 金宇顒(1540~1640, 성주), 사평 尹涉(용궁), 주부 黃彦柱(풍기), 주부 金行可(성주), 인의 黃忱(풍기), 현감 都應宗(고령), 부솔 金允明(안동), 참봉 金滋(고령), 직장 金大賢(안동), 직장 鄭守仁
(함창), 금도 權淳(함창), 별검 鄭樟(성주), 봉사 金錫光(선산), 세마 金王獻(상주), 참봉 權裕男(성주) 등 15명이 제명하였는데 종2품 김우옹을 빼면 모두 정6품에서 정9품까지의 말단 관료이다.
김대현은 1589년 안동 오무동에서 榮川으로 이주한 후 '유연당'을 짓고 당호를 自號로 사용하였지만 이 제명록에서는 여전히 竹巖이라는 아호를 사용하고 있다.

32 · 『七松亭同道會題名錄』은 원래 座目과 김대현의 「書題名錄後」만으로 꾸며졌던 것인데 1000년이 지난 후 동도회 계원이었던 黃彦柱의 외손(權賁爾)이 김대현의 집에 전하던 제명록을 보고
한 첩 만들어 자신의 집안에 보관하였다. 권뢰이는 완성 후 김우옹의 從玄孫인 지제교 金聲久(1641~1707)와 宗人 權斗經(1654~1725)으로부터 각각 1706년(숙종 32) 7월과 1711년 3월에
追序를 받았는데 세전서화첩에는 이 추서까지 기록되어 있다.

33 · 『東國輿地備考』卷2「漢城府」名勝 七松亭條 참조.

34 · 〈종남동도회도〉는 1656년(효종 7) 영남 출신 관원 12명이 결성한 동도회를 그린 것으로 김대현의 아들 김응조는 예조참의로서 이 모임의 일원이었다. 尹軫暎,「朝鮮時代 契會圖 研究」(韓國
精神文化研究院 한국학대학원 박사학위논문, 2004), 242~243쪽 참조.

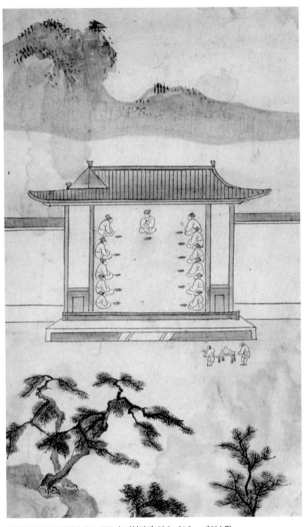

[도 7] 〈終南同道會題名錄〉, 1656년, 지본담채, 39.8×21.0㎝, 개인소장

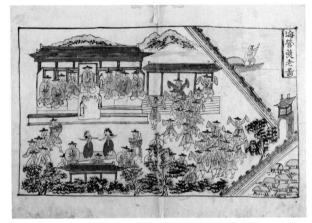

[도 8] 〈海營燕老圖〉,《豊山金氏世傳書畵帖》

양진이 황해 감사로 재직 중이던 1529년(중종 24) 봄에 시행한 양로연을 그린 〈해영연로도海營燕老圖〉(도 8), 1601년(선조 34) 봄 산음현감에 제수된 김대현이 향교의 낙성연 날 객관客官 서쪽에 있는 환아정에서 만 70세 이상 된 노인들에게 베푼 양로연을 그린 〈환아정양로연도換鵝亭養老宴圖〉(도 9),[35] 부친의 뒤를 이어 단성현감(산음현감)이 된 김봉조가 부친의 업적을 계승하여 1616년(광해 8) 3월 13일 단소루丹霄樓에

35 · 김대현은 1598년부터 약 10개월간 中軍 邢玠를 보좌한 공로(이 글의 III장 2항목에서 설명된 〈천조장사전별도〉 참조)로 6품에 가자되어 산음현감에 제수되었다. 그는 전란으로 피폐해진 예의 풍속을 되살리기 위해 鄕校를 중건하여 文風을 진작하는 데에 노력하였다.

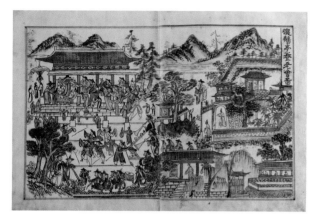

[도 9] 〈換鵝亭養老宴圖〉,《豊山金氏世傳書畵帖》

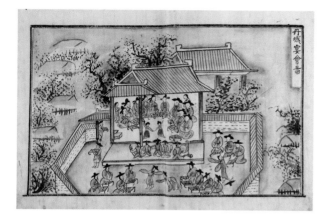

[도 10] 〈丹城宴會圖〉,《豊山金氏世傳書畵帖》

서 베푼 양로연을 그린 〈단성연회도丹城宴會圖〉를 말한다(도 10).[36] 〈해영연로도〉의 경우 당시 감영에서 양로연을 끝까지 구경하던 자가 그 성사盛事에 감동하여 그림을 그려 보내왔으며, 환아정 양로연이 끝난 뒤에는 당시 산음현의 화공 오삼도吳三濤를 시켜 '양로도養老圖'를 완성했다는 기록이 있다. 그 후 70세 노인이 되어 단소루의 양로연에 참석하게 된 오삼도는 옛 일을 되살려 자청하여 연회도를 그려 올렸다고 한다. 따라서 세 점의 양로연도는 모두 행사 당시에 그림이 그려졌던 경우이다.

〈해영연로도〉와 〈환아정양로연도〉는 묘사의 소밀 차이는 있으나 기본적으로 화면 좌반부에 연회 장면을 배치한 구성이 상통하며 인물과 산수를 묘사한 필치도 유사하다. 〈환아정양로연도〉에는 노인들에게 선물로 나누어준 구장鳩杖, 자리에서 일어나 춤추는 노인들, 이에 응하여 함께 일어나 춤춘 김대현 등 연회의 구체적인 정황이 잘 표현되었는데 이는 관련 기록을 설명적으로 묘사한 인상이 짙다. 반면, 화면 중앙에 정면관으로 부각된 건물 안에 비교적 차분한 구성으로 연회를 그린 〈단성연회도〉의 형식은 17세

---

36 · 단성은 임진왜란 직후 몇 해 동안 산음현에 속해 있었는데 산음현은 1613년 다시 단성현으로 개명되었다.

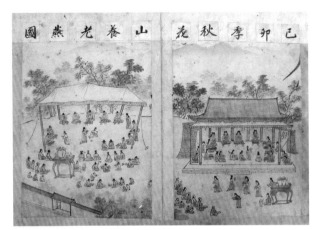

[도 11] 〈己卯季秋花山養老宴圖〉, 《愛日堂具慶帖》, 1519년, 견본담채, 27.3×21.1cm, 한국국학진흥원

[도 12] 〈濟州養老〉, 《耽羅巡歷圖》, 김남길, 지본채색, 55.0×35.0cm, 1702년, 제주시청

기 계회도의 한 형식과 상통한다. 〈환아정양로연도〉와 〈단성연회도〉의 원본은 오삼도의 작품이지만 세전서화첩에서는 구도, 시점, 묘법, 필치, 분위기 등에서 공통점을 발견하기 어려워 이 둘은 다른 화가에 의한 작품으로 여겨진다.

조선시대 지방의 양로연은 주縣·縣의 수령이 주관하도록 『경국대전』에 법제화되어 있고 의주는 『국조오례의』에 규정되어 있다. 안동부사 이현보李賢輔(1467~1555)가 주인이 된 《애일당구경첩愛日堂具慶帖》의 〈기묘계추화산양로연도己卯季秋花山養老宴圖〉와 (도 11) 제주목사 이형상李衡祥(1653~1733)이 베풀었던 〈제주양로濟州養老〉는 의주에 따라 격

식과 질서 있는 양로연의 모습을 보여주며(도 12), 같은 시기 계회도나 궁중기록화의 형식에 입각하여 그려졌다. 〈단성연회도〉의 화가는 이와 같은 양로연도 혹은 계회도의 형식을 알고 있었던 것 같으며 떠들썩하고 흥겨운 분위기

[도 13] 〈伴鷗亭泛舟圖〉,《豊山金氏世傳書畫帖》

[도 14] 〈泛舟赤壁圖〉,《豊山金氏世傳書畫帖》

와 함께 태평성세임을 강조한 〈해영연로도〉와 〈환아정양로연도〉의 화가는 이에 대한 이해 기반이 없었던 것 같다.

　　세전서화첩에 실린 나머지 8점의 연회도는 모두 친목을 도모하기 위한 연회를 그린 것이다. 그중에서 1565년 3월 26일 김농의 동향 친구인 이복원李腹元이 김농 및 이웃 고을의 수령들을 초대하여 낙동강 가의 반구정에서 뱃놀이한 사실을 그린 〈반구정범주도伴鷗亭泛舟圖〉와[37] 1611년(광해 3) 정인홍鄭仁弘(1535~1623)의 탄핵을 주장하는 상소를 올렸

던 김봉조와 영남 유생들이 그해 7월 16일 강성江城(일명 赤壁)에서 동유同遊한 사실을 그린 〈범주적벽도泛舟赤壁圖〉는 선유도船遊圖이다(도 13, 14).[38]

　　거칠고 날카롭게 각진 바위로 묘사된 적벽, 녹색과 담갈색의 선염, 뭉툭한 중간 먹의 윤곽, 피마준과 호초점의 애용이 특징인 〈범주적벽도〉는 참석자들이 탄 배를 강조한 반면 준皴을 거의 쓰지 않고 선염으로만 단순하게 표현한 산, 단일한 점묘로 이루어진 수지법, 멀리서 부감된 시점이

37· 同遊한 사람들은 당시 龍宮縣監이던 金農과 주관자[主翁] 이복원을 비롯하여 安東縣監 徐兪, 榮川郡守 李希得, 豊基郡守 裴三兪, 義城縣令 金大鳴 등 6명이었다.

38· 6월 4일 첫 번째 상소를 시작으로 다섯 차례 상소하였으나 받아들여지지 않았으므로 몇몇 동지들과 답답함과 울분을 벗어버리고자 모인 것이다. 이 때 모인 사람들은 權濤(1557~1644), 權溓(1569~?), 權濬(1578~?), 朴文柍(1570~?), 李屹(1557~1627), 權克亮(1584~1631) 등 16명이었으며 鵝州 申亨甫는 참석하지 못한 아쉬움을 편지로 대신 전달하였다.

특징인 〈반구정범주도〉는 주변의 지세를 강조하
였다. 두 그림은 '선유'라는 공통된 제재 안에서
형식과 화풍을 달리한 개성이 다른 두 화가의 솜
씨를 볼 수 있는 경우이다. 작은 점묘로 표현된
〈반구정범주도〉의 나무 묘법은 〈단성연회도〉의
나무와 동일하여 이 두 작품은 같은 화가의 그림
일 것으로 추정된다.

　　　이 두 점의 선유도는 지방의 사가에서 자
신의 집안이 세거해 온 일대를 묘사했다는 점에
서 고성이씨 집안에 전하는《허주부군산수유첩
虛舟府君山水遊帖》과 잘 비교된다. 이 화첩은 1763
년(영조 39) 허주虛舟 이종악李宗岳(1726~1773)이 17명
의 친인척들과 함께 낙동강 반변천半邊川을 따라
주유하며 그 연안의 12명승을 선유도 형식으로
그린 것이다.[39] 반구정은《허주부군산수유첩》에
서도 선유의 종착지로서 마지막 장면 〈반구관등
伴鷗觀燈〉에 등장한다(도 15). 반변천과 낙동강의
다른 지류가 합류하는 곳(일명 瓦釜灘)에 위치한
반구정은 1560년에 이종악의 조상인 이굉李肱이

[도 15] 〈伴鷗觀燈〉, 《虛舟府君山水遺帖》, 1763년, 지본채색, 35.0×25.0㎝, 임청각

39 · 한국정신문화연구원 편, 『虛舟 李宗岳의 山水遊帖』(이회, 2003) 참조.

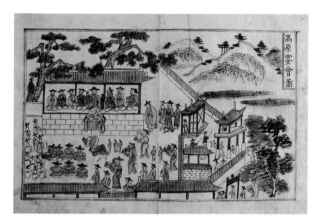

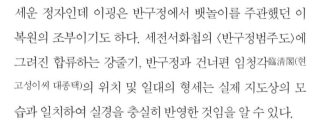

[도 16] 〈高原宴會圖〉,《豊山金氏世傳書畫帖》

[도 17] 〈矗石樓宴會圖〉,《豊山金氏世傳書畫帖》

세운 정자인데 이굉은 반구정에서 뱃놀이를 주관했던 이복원의 조부이기도 하다. 세전서화첩의 〈반구정범주도〉에 그려진 합류하는 강줄기, 반구정과 건너편 임청각臨淸閣(현 고성이씨 대종택)의 위치 및 일대의 형세는 실제 지도상의 모습과 일치하여 실경을 충실히 반영한 것임을 알 수 있다.

김농은 부친 김의정의 뜻을 따라 다섯 차례나 조정의 부름을 사양하고 벼슬에 나가지 않았으나 집안이 어려워지자 1562년 봄 함경도 영흥의 준원전濬源殿 참봉으로 나아갔다. 마침 고원군수高原郡守로 있던 친구 사구思懼 이흔李

忻이 이 소식을 듣고 베풀어 준 연회를 그린 것이 〈고원연회도高原宴會圖〉이다(도 16).[40] 친구의 부임을 축하하는 사적인 친목 연회인 셈인데 이흔은 작별할 때 "유연풍취遊宴風致"를 그려 후일 서로를 생각할 때 쓰고자 하였다. 북이 매달린 누각과 홍살문으로 보아 연회의 장소는 고원군의 관아 건물인 듯하다.

〈촉석루연회도矗石樓宴會圖〉는 1624년(인조 2) 8월 경상감사 이민구李敏求(1589~1670)가 김경조를 비롯하여 도내道內의 사우士友 15명을 초대하여 진주의 촉석루에서 베푼 연

40· 이 연회에는 영흥부사 崔濚, 함흥판관 金翰臣, 구산현령 德翁, 고원훈도 宋瑾, 이흔의 자제 李曄, 사위 尹祥, 유배 중인 李挺秀 등이 참여하였다.

[도 18] 〈甘露寺宴會圖〉, 《豊山金氏世傳書畵帖》

려였다는 점에서 특별한 그림이 〈감로사연회도甘露寺宴會圖〉이다(도 18). 김간이 황산찰방黃山察訪으로 봉직 중이던 1712년(숙종 38) 9월 3일 같은 도道의 수령들이 밀양密陽에 있는 감로사에 모여 시로써 뜻을 창서暢敍하였던 일을 그린 것이다.[42] 밀양부사 이현보(1679~?)의 제의로 화승에게 석별하는 모습을 그리게 하여 다시 모이기 어려운 아쉬움을 달랬다고 한다.

〈고원연회도〉, 〈촉석루연회도〉, 〈감로사연회도〉가 지방 수령들이 관내에서 벌인 연회였다면 다음에 살펴 볼 〈학사정선회도鶴沙亭仙會圖〉, 〈분매도盆梅圖〉, 〈죽암정칠로회도竹巖亭七老會圖〉는 관직과 상관없이 취미가 같고 뜻이 맞는 사우들과의 친목 모임을 그린 것이다. 〈학사정선회도〉는 김응조가 자신이 경영하던 안동의 학사정사鶴沙精舍에서 1660년(현종 1) 10월 초에 배푼 사우들과의 모임을 그린 것이다(도 19).[43] 이 날 참석한 친구들은 나이는 서로 다르지만 하루 동안만큼은 유격청절幽隔淸絶한 풍광 속에서 신선의 기분을 누렸다는데 이 모습을 그림으로 그려 제명하고

회를 그린 것이다(도 17).[41] 당시 화사畵師에게 "누대형승樓臺形勝"과 "인물진영人物眞影"을 그리게 하여 각 1폭씩 나누어 주었고 그림 끝에는 부친의 성명직함과 함께 참석자들이 제명하였는데 아마 좌목을 갖춘 계축 형식이었을 것으로 생각된다.

경상도 지역의 수령들로 구성된 지방관의 연회라는 점에서 위의 두 그림과 공통되지만 원본을 그린 화가가 승

41 · 참석자는 감사 이민구, 진사 李昌運, 진사 琴是諧, 형조정랑 權斗南, 생원 閔希顔, 찰방 金大振, 안동판관 辛曔, 생원 韓元進, 찰방 邊孝誠, 삼가현감 金孝建, 진사 權點, 생원 鄭俀, 생원 金慶祖, 진사 朴㯫茂, 흥해군수 洪寶 이다.
42 · 同遊한 자들은 김간 외에 梁山郡守 韓沃, 慶州府尹 權以鎭, 仁同府使 羅學川, 河陽縣監 李復仁, 自如察訪 趙彦臣, 密陽府使 李玄輔, 軍威縣監 李鐵徵, 彦陽縣監 成起寅 등으로서 이들은 모두 중앙 정계에서 밀려난 남인들이라는 동류 의식을 가지고 있었다.
43 · 학사정사는 1634년 안동 학산의 북쪽 沙川 위에 지은 정자로서 鶴山과 沙川을 합쳐 붙인 이름이다.

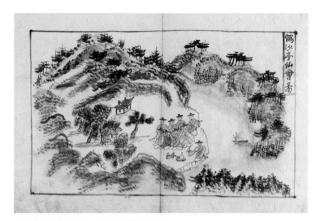

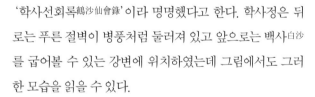

[도 19] 〈鶴沙亭仙會圖〉,《豊山金氏世傳書畵帖》

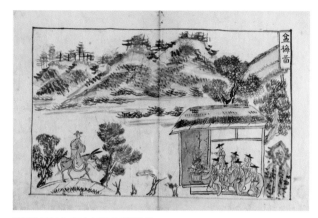

[도 20] 〈盆梅圖〉,《豊山金氏世傳書畵帖》중

'학사선회록鶴沙仙會錄'이라 명명했다고 한다. 학사정은 뒤로는 푸른 절벽이 병풍처럼 둘러져 있고 앞으로는 백사白沙를 굽어볼 수 있는 강변에 위치하였는데 그림에서도 그러한 모습을 읽을 수 있다.

김대현의 막내 아들 김숭조는 매화를 무척 좋아하여 자신의 초려草廬에 분매를 가꾸었다. 매년 12월 꽃이 피면 이름난 운사韻士들과 이를 감상하고 분매도를 그리기도 했다고 한다. 〈분매도盆梅圖〉는 김숭조의 집에서 벌어진 상매賞梅의 장면을 그린 것이다(도 20). 〈죽암정칠로회도〉는

1724년 봄 김간이 그의 여섯 친구들과 죽암정사竹巖精舍에서 가진 칠로회의 모임을 그린 것이다(도 21).[44] 당시 72세의 김간이 가장 연장자였다. 이 자리에서 63세의 안연석安鍊石은 친구들을 한사람씩 생각하면서 지은 시七懷詩를 보이며 화답해 줄 것을 청했다. 나학천羅學川은 이 칠회시를 손수 써서 상자에 보관하고 있다가 1726년 봄 양산현감으로 있을 때 첩으로 만들어 참석자들에게 나누어 주었다고 한다. 이 세 점의 연회도는 주변 경관에 많은 비중을 두고 그려졌는데 특히 〈죽암정칠로회도〉의 배경에서는 지도식

---

44 · 權斗經(1654~1725), 李栽(1657~1730), 羅學川(1658~1731), 趙德鄰(1658~1737), 安鍊石(1662~1730), 李浹 등이다.

[도 21] 〈竹巖亭七老會圖〉,《豊山金氏世傳書畵帖》 중

으로 산세를 처리한 점이 주목된다. 그리고 연회 주관자의
신분, 연회의 성격과 설행 장소 등이 그림의 형식 결정에
중요한 요소가 된다는 점을 상기시킨다.

2. 전별과 창의를 그린 기록화

이 항목에서는 조선에 왔던 중국 사신의 전별을 그

린 그림, 중국 사행의 출발을 기념한 그림, 병자호란과 이
인좌의 난 때의 의병활동을 그린 그림 각 2점씩을 살펴볼
것이다. 〈천조장사전별도天朝將士餞別圖〉는 1597년 정유재란
때 증원군을 이끌고 총독으로 파견되었던 명나라 병부상
서 형개邢玠와 관련 있는 그림 두 점으로 이루어져 있다. 형
개는 고국으로 떠나기 이틀 전인 1599년 4월 13일 자신들
을 2년 동안 보좌해준 도감 낭청 이하의 관련 관리들에 대
한 치사를 하였다.[45] 특히 1598년 7월부터 지응색支應色으
로 일했던 상의원尙衣院 직장直長 김대현에게 '공화자工畵者
김수운金守雲'이 그린 전별도와 김대현이 부탁했던 '유연당
悠然堂', '소오헌嘯傲軒' 등의 시를 기념으로 선사하면서 각
별한 고마움을 전하였다.[46]

3면에 걸친 〈천조장사전별도〉는 '연조문延詔門; 迎恩
門'을 통과한 왕의 대가大駕가 교룡기와 노부의장, 취악대를
앞세우고 관사에 앉아 있는 형개와 전별하기 위해 가고 있
는 모습을 행렬도 형식으로 그린 것이다(도 22). 중국 측에
서 주문한 그림인 만큼 내용과 구성에서 모두 형개가 중심

---

45 · 이에 앞서 명 군문은 3월 1일 형개와 선조가 작별하는 모습[老爺與國王相別圖]을 그린 화축을 접반사에게 보여주며 자손에게 보물로 전승시키고 싶다며 화면 윗부분에 표제, 화면 아래에 선
조의 題와 安寶, 여러 大夫의 글 등을 요구하였다. 이튿날 접반사는 세 가지 표제를 제시하며 하나를 택하게 하고 黃籤 위에 '朝鮮國王繪頌凱旋圖' 라 써서 완성된 그림을 주었다. "中軍令河
旗牌爲貴 示一畵軸於接伴曰 此乃老爺與你國王相別圖 雖非著實之事 欲以此傳寶於子孫 你須啓知 上一面書擧轍泣別四字爲標題 且於其下面切要國王所題或文或詩 其末亦當安寶 其後以諸
大夫能文者繼之 翊日接伴使持畵軸謂中軍曰 上面所題 或以武暢四海 或以功德極藩 或以再造藩邦 三號中擇可書之 黃籤上書朝鮮國王繪頌凱旋圖"《豊山金氏世傳書畵帖》. 이 기사는 김대현
과 직접적인 관련은 없지만 외교적인 차원에서 조선과 중국의 회화교류의 일 양상을 알 수 있는 자료이다.

46 · "軍門使旗鼓 招支應色金大賢使之前曰 數年同苦一心相敬久而難忘 今當遠別耿耿懷想雲嶽迷茫 使貴國工畵者金守雲繪 贈餞別幅 庸寓吳月之思 堂詠亦奉呈"《豊山金氏世傳書畵帖》.

[도 22] 〈天朝將士餞別圖〉,《豊山金氏世傳書畵帖》

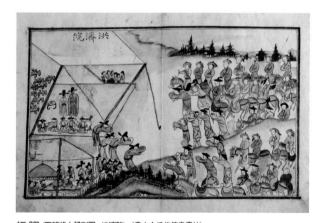

[도 23] 〈天朝將士餞別圖 - 洪濟院〉,《豊山金氏世傳書畵帖》

을 이루고 있다. 이 그림에서 주목되는 부분은 '海鬼'와

'猿兵三百'이라고 쓴 깃발인데 이는 임진왜란에 포르투갈
[波浪國] 군인과 여진족 출신 투항자들로 구성된 군인들도 참
전했음을 의미한다.[47] 제목이 쓰여 있지 않은 다른 한 점의
그림은 4월 15일 홍제원洪濟院에서 있었던 친림상마연親臨上
馬宴; 餞慰宴의 모습을 그린 것이다(도 23). 왼편의 임시 막차
에 미리 선조가 자리하고 있고 말을 타고 도착하는 형개의
모습이 그려져 있다.

　　〈가도도假島圖〉는 1623년(인조 1) 11월 문안관問安官으
로 임명된 형조정랑 겸 지평 김영조가 재진사齎進使 이안눌
李安訥, 접반사接伴使 윤의립尹義立(1568~1643), 종사관從事官 이
민구李敏求(1589~1670)를 수행하여 압록강 하구 철산 앞바다

47 · 『宣祖實錄』 31년 5월 26일(庚戌); 한명기, 『임진왜란과 한중관계』(역사비평사, 1999), 129~130쪽. 猿兵은 獐子를 의미하는 것으로 보인다.

[도 24] 〈椵島圖〉, 《豊山金氏世傳書畵帖》

의 가도椵島에 주둔하고 있던 명나라 도독都督 모문룡毛文龍 (1576~1629)을 만난 사실을 그린 것이다(도 24).[48] 이들의 일정 중에서 1624년 2월 3일 거행된 아문衙門에서의 접견과 관사에서의 주찬酒饌 의식이 한 화면에 나란히 그려졌다. 이안눌은 2월 5일 돌아오는 길에 '일행 중의 공화자行中有工畵者'에게 그림 세 폭을 그리도록 하였고 이를 삼사三使가 각각 소장하였던 것이다. '일행 중의 공화자'란 수행화원이었을 것이 분명하다. 북벽에 홍금단령紅錦團領을 입은 자

가 모문룡이며 동벽에 재진사와 접반사, 서벽에 종사관 김영조가 의자에 앉아 있다. 인가人家가 많은 시정市井, 도읍 같은 성곽, 아문 서쪽의 문선왕묘文宣王廟, 매우 높고 뿔이 좁은 중국의 모제帽制, 조선 측에서 올린 예단禮單의 표현, 관사의 동·서 협실夾室에 꽉 찬 미희들, 그 주위의 금자금장金字錦障 장식, 말총으로 수염을 달고 분장한 배우[戲子] 등의 세부 묘사는 그림에 관한 화첩의 기록과 일치한다. 이러한 설명적인 묘사로 볼 때 화가는 원본을 보고 그렸다기 보다 김중휴가 수집한 기록에 의존하여 당시의 모습을 재현한 것으로 생각된다.

중국 사행의 출발을 기념한 그림 중의 하나인 〈조천전별도朝天餞別圖〉는 1619년(광해 11) 5월 신종황후神宗皇后 탄일을 맞아 사행하였던 사은겸천추사謝恩兼千秋使 일행을 그린 것이다(도 25). 김수현은 상사上使 이홍주李弘胄(1562~1638), 서장관書狀官 김기종金起宗과 함께 부사副使로 임명되었다.[49] 사신 일행은 5월 17일 조정에 숙배한 뒤 길을 떠나 임무를 마치고 11월 30일 홍제원에 도착하였는데 이 그림은 5월 17일의 전별 장면을 그린 것이다. 같은 주제의 〈항해조천

---

48 · 金榮祖, 『忠窩先生文集』 卷6 年譜(『韓國歷代文集叢書』 2222, 경인문화사, 1997, 414쪽); 1621년 11월 이후 모문룡이 가도에 주둔하게 된 경위와 명나라 및 후금과의 외교 양상에 대해서는 한명기, 앞의 책, 265~301쪽.

49 · 이 연행에 대해서는 이홍주의 『梨川相公使行日記』가 전한다. 林基中 編, 『燕行錄全集』 10(동국대학교출판부, 2001), 12쪽 참조. 당시 김수현의 정식 품직명은 折衝將軍行虎賁衛司果知製敎 였으며 수행화원은 前司果 鄭瓊(1594~?, 延日人)이었다.

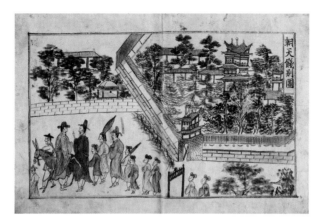

[도 25] 〈朝天餞別圖〉, 《豊山金氏世傳書畫帖》

[도 26] 〈航海朝天餞別圖〉, 《豊山金氏世傳書畫帖》

전별도航海朝天餞別圖)는 1633년(인조 11) 세자책봉주청사世子
冊封奏請使의 부사로 임명되었던 김영조가 뱃길로 사행을 떠
나는 모습을 그린 것이다(도 26).[50] 이 사행은 추봉사은사
追封謝恩使ㆍ동지사冬至使ㆍ성절천추진하聖節千秋進賀를 겸한
것이었는데 상사는 한인급韓仁及(1583~1644), 서장관은 심종
명沈宗溟이었다. 이들은 5월 28일 사폐辭陛하였으며 10월 23
일 복명復命하였다.[51]

두 사행전별도使行餞別圖는 〈조천전별도〉는 육지에
서, 〈항해조천전별도〉는 물가에서 작별하는 모습으로 그림
으로써 육로와 해로라는 사행 여정의 차이만은 뚜렷하게
나타내었다.[52] 두 그림은 화면 한 쪽에 떠나온 도성 혹은 부
성府城(혹은 邑城)과 성문을 배치하고 그 옆에 인물들의 이별
장면을 그렸다는 점에서 형식이 동일하다. 뱃길로 떠나는
경우에 타고 갈 배와 물가 배경을 집어넣는 것만 다를 뿐 이

---

50 · 해로를 통한 사행의 시기는 1621년(광해 13)부터 대명외교가 단절된 1737년(인조 15)까지 17년간이다. 航海朝天使行과 朝天圖에 대해서는 정은주, 「뱃길로 간 중국, 갑자항해조천도」, 『문
헌과 해석』 26(태학사, 2004 봄); 정은주, 「陸軍博物館 所藏 《朝天圖》 硏究」, 『학예지』 제10집(육군사관학교 육군박물관, 2003), 47-85쪽; 최은정, 「甲子(1624年) 航海朝天圖 硏究」(서울대학
교대학원 석사학위논문, 2005) 참조.

51 · 『仁祖實錄』 11년 5월 28일(己未) 및 10월 23일(壬午); 金榮祖, 『忘窩集』 卷之六 附錄 年譜(『韓國歷代文集叢書』 2222, 420~421쪽) 참조.

52 · 두 그림에 표현된 전별의 지점을 확실히 알 수는 없지만 〈조천전별도〉의 배경은 의주성 밖이며 〈항해조천전별도〉는 통상적으로 연행사 일행이 배를 타는 旋槎浦가 아닐까 추정해 본다.

러한 전별도의 화면 구성은 1624년의《갑자
항해조천도甲子航海朝天圖》제1장면〈선사포
旋槎浦〉, 해로로 중국에 갔던 조선 사신들이
귀국하는 모습을 그린〈송조천객귀국시장
宋朝天客歸國詩章〉, 사행전별은 아니지만 규장
각 소장의〈동문송별도東門送別圖〉(1682년 행
사) 등 17세기의 전별도에서 공통적으로 발
견된다(도 27, 28, 29). 그중에서〈송조천객
귀국시장〉은 1621년에서 1637년 사이 어느
때인가 해로로 사행하였던 사신이 중국 측
으로부터 선사받은 대폭의 전별도이다. 조
선에 유입된 이 같은 중국화가의 전별도가
17세기 조선의 전별도 형식을 성립하는 데
에 적지 않은 영향을 미쳤을 가능성을 생각
해 볼 수 있겠다.

　　의병활동을 주제로 한〈과천창의도
果川倡義圖〉와〈무신창의도戊申倡義圖〉는 소재
면에서 전혀 다르다. 1636년 12월 병자호란
이 일어났을 때 과천현감이던 김염조는 조
경趙絅(1586~1669)과 죽음을 맹세하고 격문을
써서 많은 의병을 일으켰으며 관악산에서

[도 27]〈旋槎浦〉,《航海朝天圖》, 지본담채, 41.0×34.0㎝, 국립중앙박물관

[도 28]〈送朝天客歸國詩章〉, 明代후기, 견본채색, 103.6×163.0㎝, 국립중앙박물관

그림으로 기록한 가문의 역사 :: 조선시대『풍산김씨 세전서화첩』연구

[도 29] 〈東門送別圖〉, 1682년, 지본채색, 47.3×1048.0㎝, 규장각

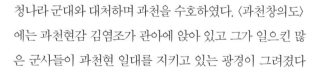

[도 30] 〈果川倡義圖〉,《豊山金氏世傳書畵帖》

[도 31] 〈戊申倡義圖〉,《豊山金氏世傳書畵帖》

청나라 군대와 대처하며 과천을 수호하였다. 〈과천창의도〉에는 과천현감 김염조가 관아에 앉아 있고 그가 일으킨 많은 군사들이 과천현 일대를 지키고 있는 광경이 그려졌다

(도 30). 이야기의 중심이 되는 주인공을 화면의 한쪽에 치우치게 놓고 2단 혹은 3단의 산수 안에 '之'자 구도로 인물을 배치하는 방식은 고려대학교박물관 소장의 《북관유적

도첩北關遺蹟圖帖》과 매우 유사하다(도 32). 〈과천창의도〉나 《북관유적도첩》 모두 일종의 전쟁기록화로서 화첩에 이야기를 전개하는 방식에서 공통점을 보여 흥미롭다.

〈무신창의도〉는 1728년(영조 4) 3월 15일 이인좌가 난을 일으켰다는 소식을 들은 김간이 21일 새벽 직접 지은 통문通文을 발송하여 향중鄕中의 선비를 불러들임으로써 의병단 조직에 힘썼던 사실을 그린 것이다(도 31).[53] 이 그림에는 3,400여명에 이르는 의병단, 400여필의 군마, 무기 등을 갖춘 후 26·27일 양일간 진장陣場에서 훈련하는 모습이 그려졌다. 출병은 이튿날인 3월 28일이었다. 마상무예 및 마상재馬上才를 지켜보고 있는 대장 이하 군집한 의병들을 화면의 상·하단에 배치한 방식은 행렬도의 일반적인 형식과 유사하다.[54] 〈무신창의도〉의 원본은 당시 한 유생의 건의로 부리府吏 중의 공화자工畵者에게 의병단의 충의忠義를 그리게 하여 모든 장관將官들이 나누어 가졌던 그림이다. 애초에 그려진 원본과 현재의 〈무신창의도〉의 상관관계를 말하기 어려우나 그림의 내용은 관련 기록을 전적으로 반영하고 있다. 교전해보지 못하고 해산 명령을

[도 32] 〈夜戰賦詩圖〉,《北關遺蹟圖帖》, 지본채색, 31.0×41.2㎝, 고려대학교박물관

53 · 김간의 아들 김서한도 통문을 지어 道內에 발송하였으며 의병단의 都書記를 맡았다. 이외에도 서기에 金瑞一, 사병司兵에 金瑞龜, 管糧都摠에 金瑞圖 등 풍산김씨 일가 여러 명이 의병단 조직에 참가하였다.

54 · 마상무예로는 馬上月刀, 馬上鞭棍, 騎射, 馬上雙劍, 騎槍이 그려졌으며 마상재로는 馬上立과 馬上倒立이 그려졌다. 이에 대한 자세한 내용은 任東權·鄭亨鎬 共著, 『韓國의 馬上武藝』(한국마사회 마사박물관, 1997) 참조.

받은 의병단의 기백을 진습陣習하는 장면을 통해 보여주려 한 점, 의병장義兵將을 중심으로 부장副將, 좌방장左防將, 우방장右防將, 참모參謀, 서기랑都書記 등 깃발에 쓰인 글씨를 통해 의병단의 규모와 조직 구성을 표현한 점 등은 관련 기록을 참조하여 그린 인상이 짙다. 〈과천창의도〉 역시 관련 기록을 통해 알 수 있는 정도만큼만 묘사되어 있어 세전서화첩의 화가는 자신이 경험하지 못한 사실을 김중휴가 수집 · 정리한 기록을 바탕으로 재구성한 예가 많았음을 짐작할 수 있다.

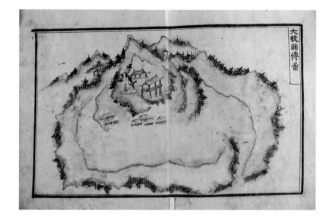

[도 33] 〈大枝賭博圖〉, 《豊山金氏世傳書畵帖》

3. 산도 · 정사도 · 유거도

이 서화첩에는 길지의 형국을 그린 산도山圖의 성격을 가진 그림, 은거하는 선비의 거처를 그린 유거도幽居圖, 후학을 양성하는 정사를 그린 정사도精舍圖 등으로 분류할 수 있는 그림이 6점 포함되어 있다. 이들은 제재의 성격상 주인공의 행적에 얽힌 이야기의 전달보다는 실경의 재현을 위주로 한 그림들로서 표현 형식이 풍수도風水圖 개념과 밀접하게 연관되어 있으므로 따로 묶어 살펴보려는 것이

다.[55]

김휘손이 1507년 선영을 마련하게 된 동기를 말해주는 그림인 〈대지도박도大枝賭博圖〉는 대지산의 가장 높은 봉우리인 성주봉聖住峯, 원효와 의상이 가사를 걸어 두었다는 소나무 두 그루, 이 자리에 창건된 선유암仙遊庵과 유의암留衣庵 등 김희손과 관련된 고사의 중요 제재를 풍수 개념을 따른 산도의 형식 안에서 다루었다(도 33). 회룡고조回龍顧祖의 형국이라는 이곳의 풍수가 잘 묘사되지는 않았지만[56] 대지산의 산세는 주산主山과 현무정玄武頂을 중심으로 좌청룡과

55 · 실경산수와 풍수 개념의 밀접한 관계에 대해서는 박은순, 「16세기 讀書堂契會圖 연구: 風水的 實景山水畵에 대하여」, 『美術史學硏究』 212(1996. 12) 참조.

56 · 回龍顧祖穴에 대해서는 정경연, 『정통풍수지리』(평단, 2003), 400쪽 참조.

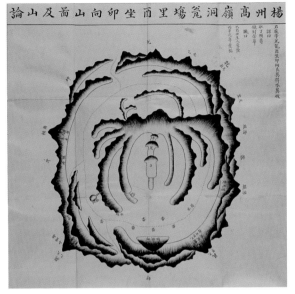

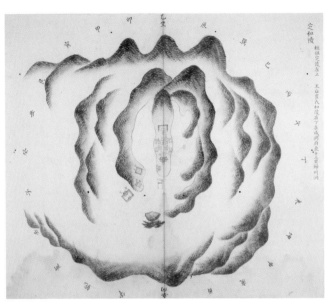

[도 34]《楊州高嶺洞瓮場里山論》, 金遠鳴 등, 지본필사, 80.0×59.4cm, 장서각

[도 35]〈定和陵〉,《北道各陵殿圖形》, 1797년, 지본채색, 51.2×59.0cm, 장서각

우백호의 유맥流脈이 명당을 에워싸듯 둥글게 뻗어 있다. 김휘손은 당시 이 땅의 원소유자로부터 대지산과 함께 산도를 함께 받았으며 별도의 그림 한 폭도 선사받았다고 한다. 그때 김휘손이 받았다는 산도는 〈양주고령동옹장리산론楊州高嶺洞瓮場里山論〉이나《북도각릉전도형北道各陵殿圖形》과 같이 풍수에 입각한 형세도 형식이었을 가능성이 크다(도 34, 35).

김의정의 유거지를 그린 〈잠암도潛庵圖〉도 중앙의 주산과 현무정에서 뻗어 내린 맥이 유거지를 둥글게 두 겹으로 감싸 안는 형세를 보여준다(도 36). 멀리 조산祖山이 이어지고 안산案山까지 포치된 전형적인 길산吉山의 모습이다. 원래 유거지나 정사는 풍수적인 조건이 좋은 곳에 세워지기 마련이므로 유거도나 정사도에 풍수개념이 적용되는 것은 서로 표리 관계를 이룬다. 〈잠암도〉에서도 실경보다 풍수개념을 더 강하게 읽을 수 있다.

[도 36] 〈潛庵圖〉,《豊山金氏世傳書畵帖》중

[도 37, 38] 〈深川艸廬圖〉, 〈檜谷精舍圖〉,《豊山金氏世傳書畵帖》

김경조는 의령현감으로 재직할 때인 1636년 병자호란이 발발하자 관찰사와 함께 출병하였으나 왕이 항복하였다는 소식을 듣고 군대를 해산하고 귀향하여 '학가산鶴駕山 뒤의 심천구장深川舊庄'에 은거하였다. 또 그는 풍산 낙동강 연안 회곡檜谷의 자연을 좋아하여 1640년 학사學舍를 지어 직접 자손들과 후진을 양성하였다. 〈심천초려도深川艸廬圖〉와 〈회곡정사도檜谷精舍圖〉는 이러한 김경조의 은거처를 묘사한 것으로 같은 성격의 두 그림은 화첩을 펼쳤을 때 좌·우 면에 나란히 그려져 있다(도 37, 38). 학가산 뒤에 있는 심천구장을 표현하기 위해 근경에 크게 포치된 학가산, 그 너머의 심천구장, 김경조의 초려와 멀지 않은 곳에

나란히 위치한 동생 김응조의 소정小亭 등의 구성은 실경이나 풍수의 개념보다는 그림과 관련된 기록을 설명적으로 표현한 느낌이 짙다. 〈회곡정사도〉는 〈심천초려도〉와 시점과 구성방식은 다르지만 낙동강 연안이라는 지리적 위치를 하단의 수평선과 두 척의 돛단배로 강조하였다.

김시침金時忱(1600~1670)과 관련된 〈명옥대도鳴玉臺圖〉는 실경이 가장 많이 가미된 그림이라 생각된다(도 39). 화면 중앙의 명옥대와 층암에서 떨어지는 폭포, 그 왼편의 새로 건축한 창암정사와 건너편의 수각水閣 등을 같은 높이의 시점에서 나란히 그렸으며 암자의 공사를 자원하여 주관했다는 승려 보명普明 등 승려들도 표현하였다. 〈창송재도

[도 39] 〈鳴玉臺圖〉, 《豊山金氏世傳書畵帖》

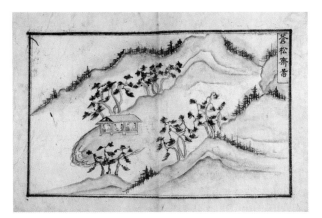

[도 40] 〈蒼松齋圖〉, 《豊山金氏世傳書畵帖》

蒼松齋圖)는 수백 그루의 소나무에 둘러싸여 있다는 창송재 김서한金瑞翰(1686~1753)의 거처이자 유거지를 그린 것이다(도 40). 그는 생원시에 합격한 후 벼슬에 나가지 않고 당파를 피해 낙향하여 후학을 기르는 데에 힘을 기울인 인물이다. 왼쪽으로 쏟아질 듯 경사진 산세와 낭떠러지 같이 돌출된 바위 위의 창송재는 어색한 공간 안에 놓여 있다.

　　16·17세기의 실경이 많이 참조된 유거도·정사도인 〈사계정사도沙溪精舍圖〉(1609년), 이신흠李信欽의 〈사천장팔경도斜川庄八景圖〉(1617년경), 이징李澄의 〈화개현구장도花開縣舊莊圖〉, 전충효全忠孝의 〈석정처사유거도石亭處士幽居圖〉 등에 비하면 〈대지도박도〉, 〈잠암도〉, 〈회곡정사도〉 등은 실

경의 비중은 작고 풍수개념이 한층 강조되었다(도 41, 42). 화가는 원본 없이 가보지 못한 장소를 전적으로 기록에 의존해서 그려야 했으므로 실경 표현에 한계를 드러낼 수밖에 없었으며 때로는 〈창송재도〉처럼 애매한 공간처리를 할 수밖에 없었을 것이다.

4. 인품을 칭송하는 고사화

　　이 항목에 해당되는 그림들은 김양진의 선정善政을 기린 〈완영민읍수도完營民泣隨圖〉(1521년), 김창조의 강방정직한 성품을 말해주는 〈제좌명적도帝座冥籍圖〉, 김서운金瑞雲

[도 41] 〈花開縣舊莊圖〉, 이징, 89.0×59.0㎝, 견본수묵, 국립중앙박물관

[도 42] 〈石亭處士幽居圖〉, 전충효, 17세기, 견본담채, 131.5×81.3㎝, 박주환 소장

[도 43] 〈完營民泣隨圖〉, 《豊山金氏世傳書畵帖》

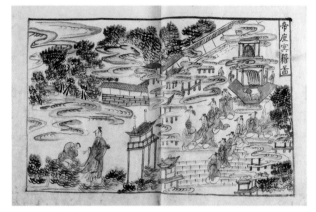

[도 44] 〈帝座冥籍圖〉, 《豊山金氏世傳書畵帖》

(1675~1743)의 지극한 효성을 드러내는 〈치자래도雉子來圖〉
(1724년), 김유원金有源(1699~1758)의 청렴결백함을 그린 〈한
진읍전도漢津泣餞圖〉(1729년), 김연조의 총명한 자질을 나타
낸 〈성학도聖學圖〉(1601년) 등이다. 김양진을 제외한 세 명
은 개인적인 영달보다는 부모 봉양과 올바른 성정을 지키
는 일을 더 중요하게 여겼으며 김서운과 김유원은 끝내 출
사하지 않았다는 공통점을 지닌다. 또 〈제좌명적도〉를 제
외하면 애초에 원본이 그려졌던 경우인데 주인공들이 제
작을 주관하거나 관여하지 않고 모두 선사받은 경우라는
특징이 있다.

　　〈완영민읍수도〉는 김양진이 전라감사를 그만두고

돌아올 때 그의 선정과 은혜를 잊지 못한 그 지방 선비와
백성들이 수십 리를 울면서 전송했다는 고사를 그린 것이
다(도 43). 이들은 또 가시歌詩를 지어 송덕頌德하고 전별하
는 광경을 그려 본가에 보냈는데 그림은 임진왜란 때 유실
되었다고 한다. 〈제좌명적도〉는 김창조의 부친이 꿈에 나
타나 명적冥籍에 미리 정해져 있던 그의 성품과 운명을 예
시하였다는 고사를 그린 것이다(도 44). 그는 워낙 성품이
강방정직剛方正直하고 청백淸白하여 많은 일화를 남겼는데
이 고사도 그 중의 하나이다. 상제上帝가 사는 청도淸都에
신선들이 나란히 시좌한 가운데 부친에게 절하는 김창조
가 보인다. 꿈속임을 말해주는 상서로운 서운이 화면 전체

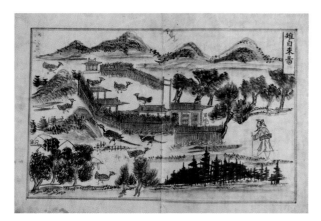

[도 45] 〈雉自來圖〉, 《豊山金氏世傳書畫帖》

[도 46] 〈漢津泣餞圖〉, 《豊山金氏世傳書畫帖》

에 스며있고 향안香案 위에는 명적이 펼쳐져 있다.

　　〈치자래도〉는 1724년(경종 4) 영좌嶺左 안렴사 박문수 朴文秀(1691~1756)가 김서운의 지극한 효성에 꿩이 저절로 날 아든다는 소문을 직접 목도한 후 이에 감동하여 「치자래설 雉自來說」을 짓고 〈치자래도〉라는 그림을 그려 김서운에게 보내준 사실에서 유래한다(도 45). 김서운은 과거를 단념 하고 오직 부모 봉양에만 힘썼던 인물로 '부모가 살아계심 을 기뻐하면서 노쇠함을 두려워한다'는 뜻의 희구재喜懼齋 를 호로 사용하였다. 그가 1749년(영조 25) 사헌부 지평으로 증직된 것도 지극한 효행을 평가받은 것이다.

　　〈한진읍전도〉는 김유원이 경서에 밝고 문장에 뛰

어났음에도 불구하고 복시覆試에서는 계속 낙방하였던 연 유를 설명해준다(도 46). 김유원은 1726년 복시에서 80세 넘은 노유老儒와 동점이 되어 다시 제술製述로 성적을 가름 하게 되었는데 그는 노인에게 답안의 초草를 주고 그냥 돌 아왔다는 것이다. 결국 노인은 과거급제한 뒤 한강까지 따 라와 백세토록 잊을 수 없는 기념물로 '상별도相別圖'를 건 네주며 은혜에 보답하였다는 내용이다. 그림에는 배가 떠 있는 한강 가에 김유원과 그를 좇아온 노인이 작별하는 장 면이 그려져 있다. 같은 물가를 배경으로 한 〈항해조천전 별도〉와 비교해 보면 좌우만 바뀌었을 뿐 같은 구도이지만 〈한진읍전도〉의 표현이 훨씬 단순하고 세부 묘사가 적다.

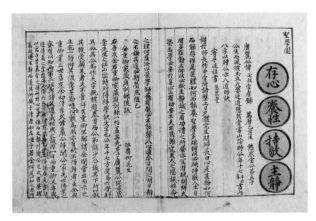

[도 47] 〈聖學圖〉, 《豊山金氏世傳書畵帖》

김대현의 다섯째 아들 김연조와 관련된 〈성학도〉는 도식圖式이다(도 47).[57] 김연조는 어려서부터 총명하고 성품이 방정하여 많은 어른들의 주목을 받고 기대를 모았지만 아깝게도 29세의 젊은 나이에 세상을 떠났다. 〈성학도〉는 1601년 산음현감으로 부임한 부친 김대현을 문안하러 왕래한 김연조에게 부친이 "存心, 養性, 持敬, 主靜"의 여덟 글자를 내려줌으로써 인도지결人道之訣을 보여주었던 사실을 나타낸 것이다. 이 글자는 산음지방 사람 오익헌吳翼軒의

글씨로 장첩되었고 『정훈첩庭訓帖』이라 하여 가장되었다. 당시 17세에 불과했던 김연조의 뛰어난 자질에 대한 부친의 평가와 기대를 보여주는 대목이다.

Ⅳ. 《풍산김씨세전서화첩》의 회화적 특징과 의의

1. 화가

《풍산김씨세전서화첩》에 수록된 그림들은 1507년 경부터 1749년경까지 있었던 사건이나 행사를 두 명의 화가가 1860년대 초(1863년 이전)에 한꺼번에 그린 것이다. 대부분 원본이 그려졌던 경우지만 이 서화첩의 제작 당시 화가가 참조할 만한 범본으로서의 원본(혹은 이모본, 개모본 등) 유전상황에 대해서는 일체 언급이 없다. 두 차례 전란으로 인한 서화류의 산실과 폐해가 심했던 상황을 감안하면 이 서화첩을 그린 화가는 애초에 그려진 원본을 거의 참조할 수 없었던 예가 더 많았을 것이며 혹 참조했다 하더

---

57 · 조선시대에는 문장 외의 이와 같은 圖解된 형식의 것을 도식이라 불렀고 그림의 범주 안에서 이해하였다. 예를 들어 儀軌의 文班次圖와 그림이 모두 「圖式」의 항목 안에 편집된 것과 같다. 따라서 〈성학도〉는 오늘날의 시각에서 본격적 회화는 아니지만 이 글에서도 그림으로 분류하여 살펴본 것이다.

[도 48] 〈乙丑甲會圖〉, 1697년이후, 20.8×20.5㎝, 마본채색, 죽림영당관리위원회

[도 48] 〈甘露寺宴會圖〉, 《豊山金氏世傳書畵帖》

의 기록과 그려진 내용을 분석해 보면 대부분의 그림은 화가가 기록을 바탕으로 재구성한 것임을 알 수 있다.

이 세전서화첩에서 언급된 원본의 화가는 김수운과 오삼도 두 사람이며 그 외에는 화공畵工, 화수畵手, 화사畵師, 공화자工畵者라고만 기록되어 있다.[58] 한 가지 특기할 점은 〈감로사연회도〉의 경우 화승畵僧에게 주문하였다는 기록이다. 지방에서 제작된 기록화로서 화승이 필자인 그림은 1686년 청주 지역의 동갑생同甲生 11명의 모임을 그린 〈을축갑회도乙丑甲會圖〉가 있는데 이 경우 인물의 배치와 자세,

라도 후대의 이모본이나 개모본이 상당부분 차지했을 것이라 생각된다. 앞 장에서 여러 번 언급했듯이 세전서화첩

58 · 金守雲이 의궤나 『근역서화징』에는 '金水雲'으로 기록되어 있다.

의습 처리에서 불화의 양식이 차용되었다(도 48).[59] 그러나 〈감로사연회도〉에서는 왼편에 감로사로 보이는 절이 배치된 점, 연회를 보조하는 사람들이 모두 승려인 점을 제외하면 불교회화와의 관련성을 찾기는 어렵다.

　　　김수운에 관해서는 『근역서화징槿域書畫徵』「대고록待考錄」에 이름이 기재된 정도이며 그 외에는 알려진 인적 사항은 거의 없다. 다만 그가 17세기 초반에 도감에 차출되었던 사실을 알 수 있는 정도이다. 김수운은 1600년 의인왕후빈전혼전도감懿仁王后殯殿魂殿都監 1방에서 일하였으며 1605년 호성선무청난공신도감扈聖宣武淸難功臣都監에서 공신들의 초상을 그렸다. 또 1616년에는 동국신속삼강행실찬집청東國新續三綱行實撰集에서 정본서사전후화원正本書寫前後畫員으로 일했다는 기록이 의궤에 나온다.[60] 1605년의 의궤의 명단에는 화원과 사화私畫가 명확히 구분되어 있는데 김수운은 이징, 이정李楨, 이언충李彥忠과 함께 사화로 참여했던 것이다.[61] 이는 김수운이 〈천조장사전별도〉를 그릴 당

시 도화서에 소속된 화원이 아니라 그림 뒤의 기록이 전하는 대로 '공화자', 즉 직업화가였으며 1616년 즈음에야 화원의 신분이었음을 말해준다. 도화서나 관아에 소속되지 않고 자유롭게 활동하던 직업화가인 '사화원私畫員(私畫)'의 존재는 16세기 전반의 실록에서도 확인된다.[62] 17세기 초반 만해도 국가의 회사에 도화서의 화원과 그림에 능한 사화가 함께 차정되었던 사실은 도화서의 인적 규모나 인력 동원체계가 18세기와는 많이 달랐음을 시사한다.

　　　오삼도는 단성(산음) 지역에서 활동한 직업화가私畫(혹은 方外畫師)였다는 사실 이상의 정보를 알기 어렵다. 지방에는 관청에 소속된 상태이거나, 혹은 자유롭게 일했던 직업화가들이 많이 있었을 것이며 이들도 여가 시간에는 그 지방 사대부들의 회화 수요에 부응하였을 것이 분명하다. 이름을 알 수 있는 지방의 화사가 그린 작품으로는 이형상李衡祥(1653~1733)이 주관하여 제주목濟州牧 소속의 김남길金南吉이 그린 《탐라순력도耽羅巡歷圖》가 있다(도 12).[63] 《탐라순

---

59 · 을축갑회도에 대해서는 尹軫暎, 「〈乙丑甲會圖〉 硏究」, 『美術資料』 69호(국립중앙박물관, 2003), 69~8쪽.

60 · 朴廷蕙, 「儀軌를 통해서 본 朝鮮時代의 畫員」, 『미술사연구』 제9호(1995), 221~222쪽.

61 · 이징도 처음부터 정식 도화서 화원은 아니었던 것 같다. 이징도 1605년 공신도감에서 김수운과 함께 畫像色으로 일했던데 함께 私畫로 기록되어 있으며 1609년 영접도감의궤에도 이징은 '代行員役' 이며 '非本署畫員' 이라고 부기되어 있다.

62 · 『中宗實錄』 28년 7월 13일(甲寅), 安輝濬 編著, 『朝鮮王朝實錄의 書畫史料』(韓國精神文化硏究院, 1983), 125쪽.

63 · 《耽羅巡歷圖》에 대해서는 洪善杓, 「《耽羅巡歷圖》의 기록화적 의의」, 『朝鮮時代繪畫史論』(文藝出版社, 1999), 483~494쪽 참조. 41면에 달하는 《탐라순력도》의 그림은 김남길이 10여 일간 그린 것으로 추정되는데 이에 견주어 볼 때 세전서화첩의 제작 기간도 크게 다르지 않았을 것이라 생각된다.

력도》는 제주도의 사정을 잘 아는 화가가 직접 보고 들은 일을 그린 것이기 때문에 사실적인 세부 묘사에 훨씬 충실하며 현장감의 전달도 한층 생생한 편이다.

2. 화풍

《풍산김씨세전서화첩》은 편찬자 김중휴가 살았던 안동 지역에서 활동하던 두 명의 직업 화사가 그린 것으로 판단된다. 그 이유는 묵법과 필법, 산수 양식에서 두 종류의 매우 다른 특징이 뚜렷하게 감지되기 때문이다. 하나는 피마준과 미점, 호초점 등 잔붓질을 많이 가하여 산의 질감과 괴량감을 표현하는 데에 힘쓴 반면 다른 하나는 윤곽선을 따라 가해진 가벼운 선염만으로 산의 형태를 간략하고 깔끔하게 표현한 것이다. 묵법 보다는 필법에 치중한 전자는 31점의 그림 중에 21점이 포함되며 나머지 〈칠송정동회도〉(도 6), 〈단성연회도〉(도 10), 〈반구정범주도〉(도 13), 〈천조장사전별도〉 중 홍제원 장면(도 23), 〈가도도〉(도 24), 〈대지도박도〉(도 33), 〈심천초려도〉(도 37), 〈회곡정사도〉(도 38), 〈창송재도〉(도 40), 〈한진읍전도〉(도 46) 등의 10점은 후자에 속한다. 전자의 수지법에는 짧은 선과 크고 작은 점묘가 주로 쓰였으며 산 능선 언저리에는 정선鄭敾 화풍의 T

자형 소나무 묘법이 애용되었다. 대부분 피마준과 호초점으로 처리된 부드러운 산세가 즐겨 그려졌지만 암벽을 그릴 때에는 〈범주적벽도〉나 〈명옥대도〉에서처럼 울퉁불퉁하고 각진 필선을 사용하기도 하였다. 산수를 제외한 나머지 부분에도 같은 표현 습관이 적용되어 전자의 그림들은 세부 묘사가 많고 전체적으로 활달한 분위기를 자아내지만 세부 묘사를 많이 가하지 않은 후자의 그림들은 차분하고 정돈된 분위기를 준다.

양로연을 그린 그림인 〈환아정양로회도〉와 〈단성연회도〉, 선유를 주제로 한 〈범주적벽도〉와 〈반구정범주도〉가 보여주는 구도, 시점, 인물 · 산수 · 건물의 묘법의 차이를 비교해보면 전혀 다른 두 사람의 필치를 한눈에 알 수 있다(도 9와 10, 도 13과 14 비교). 또 후자에 속하는 그림에는 분홍이나 밝은 황색 같은 전자의 그림에는 사용되지 않은 색이 쓰였으며 구도나 이야기를 구성하는 방식이나 구도에서 중앙 화단에 한층 가깝다.

이 서화첩에서 먼저 주목되는 특징은 관사館舍(公廨)에서 행해진 행사도의 경우 화면의 중심이 아닌 좌반부에 건물을 배치하여 한쪽으로 치우친 구도를 즐겨 쓴 점이다. 〈동도문희연도〉, 〈해영연로도〉, 〈환아정양로회도〉, 〈고원연회도〉, 〈촉석루연회도〉, 〈천조장사전별도〉의 홍제원 그림 등에서 볼 수 있듯이 화면 좌반부에 행사의 광경을 그리고 성곽, 성문, 홍살문 등으로 관내임을 표시하는 것이다(도 2, 8, 9, 16, 17, 23). 이는 17세기 후반의 사궤장도첩賜几杖圖帖이나 방회도첩榜會圖帖 같은 사가행사도士家行事圖에서 많이 사용된 형식이다.[64]

양식적 특징으로는 거의 모든 그림에 두루 사용된 기법이 신분의 중요도에 따라 인물의 크기에 차등을 두는 것이다. 근경과 원경의 구분 없이 주인공이 포함된 부분을 가장 크게 그리고 나머지 부분은 근경일지라도 작게 묘사하였다(도 30 〈과천창의도〉). 이는 고대 인물화의 큰 특징이기는 하나 조선시대 기록화에서 거의 사용되지 않았다. 19세기 전반 중앙의 화단에서는 근대원소의 기법을 어렵지 않게 적용할 수 있는 시기이지만 이 세전서화첩에는 원근에 대한 고려가 없거나 인물과 사물간의 비례가 임의적으로 설정되어 있는데 이는 지방 회화의 특징으로 해석된다(도 19 〈학사정선회도〉, 도 21 〈죽암정칠로회도〉). 그리고 공간에 대한 인식 역시 매우 초보적이어서 지면地面이 모호하거나(도 40 〈창송재도〉), 일관된 시점에 의한 건축 표현이 서투르다(도 8 〈해영연로도〉, 도 25 〈조천전별도〉).

특히 인물의 겹친 표현은 매우 작위적이어서 오히려 그 효과를 반감시킨다(도 43 〈완영민읍수도〉). 따라서 전체적으로 화면은 입체감이 결여되어 있으며 평면적이다. 또한 명암에 대한 관심은 아직 찾아볼 수 없으며 건물의 축대나 담장을 쌓은 벽돌이나 인물의 의습선에서 약간의 형식적인 음영이 미미하게 발견되는 정도이다(도 9 〈환아정양로연도〉의 석축, 도 17 〈촉석루연회도〉의 악공 의습). 채색은 적색, 청색, 녹색, 황색 등이 주로 사용되었으나 〈천조장사전별도〉의 홍제원 장면이나 〈단성연회도〉에는 선명한 분홍색과 밝은 노랑색이 사용되었다(도 23, 10).

이와 같이 중앙 화단에서 화원에 의해 제작된 기록화와 비교하면 《풍산김씨세전서화첩》은 낮은 회화수준을 보여주지만 민화에서 볼 수 있는 솔직하고 친근한 묘사와 계산되지 않은 즉흥적인 표현을 느낄 수 있다. 〈동도문희연도〉, 〈환아정양로연도〉, 〈단성연회도〉, 〈범주적벽도〉, 〈고원연회도〉, 〈완영민읍수도〉 등의 세부에서 특히 그러한 특징을 느낄 수 있으며 이는 무명의 지방화사가 그린 작품의 매력이라 할 수 있겠다(도 2, 9, 10, 14, 16, 43).

---

64 · 박정혜, 앞의 논문(2002); 박정혜, 「조선시대 賜几杖圖帖과 延諡圖帖」, 『美術史學研究』 제231호(한국미술사학회, 2001. 9), 41~75쪽.

3. 가전화첩

현재 조상의 사적事跡을 담은 가전화첩으로는《애일당구경첩》,《의령남씨가전화첩宜寧南氏家傳畵帖》,《대구서씨가전화첩大邱徐氏家傳畵帖》등이 알려져 있다. 전자가 개인적인 차원에서 만들어졌다면 후자의 두건은 훨씬 확대된 집안 차원에서 제작되었다는 점이 다르다. 농암 이현보 종가 소장의 문적文籍에 포함되어 있는《애일당구경첩》의 그림 세 점은 모두 이현보의 부모 봉양 및 효성과 관련된 전별연, 양로연, 헌연獻宴을 내용으로 한다.[65] 이현보의 아들이 양로와 관련된 부친의 행적을 모아 전승시킨 화첩이란 점, 지방의 연회를 보여준다는 점, 당시의 원본이 아니라 후대에 일괄 제작되었다는 점에서《풍산김씨세전서화첩》과 상통한다.

의령남씨 가전화첩은 태조의 궁궐 밖 가행駕幸, 중종의 서연관에 대한 사연賜宴, 명종의 서총대 시예試藝, 선조 때의 경수연慶壽宴, 영조의 경복궁 구기舊基에서의 진작進爵 등으로 구성되어 있으며 대구서씨 가전화첩은 중종의 서연관 사연과〈남지기로회도南池耆老會圖〉,〈왕세자입학도王世子入學圖〉로 이루어져 있다.[66] 대부분이 집안의 행사 보다는 조상이 참여한 국가행사나 왕이 내려준 사연을 주제로 한 그림들이라는 점에서《애일당구경첩》과는 차이가 있다. 의령남씨와 대구서씨의 가전화첩이 중앙의 관료로서 왕을 가까이 보필하며 은총을 입은 조상을 강조하였다면《풍산김씨세전서화첩》은 조상의 인품과 도덕, 학문적인 측면을 부각시키기 위한 소재 위주로 꾸며진 점, 세거지인 경상도를 배경으로 한 고사에 치중한 점에서 차별된다. 특히 220여년에 해당되는 10대에 걸친 조상들의 행적을 방대하게 수록하였다는 점에서 현존하는 어느 가전화첩보다 특별하다. 의령남씨 가전화첩이 대소종가에 분장되었고 대구서씨 가전화첩이 1930년대에는 석판인쇄로 다량 출판되었던 것과는 달리《풍산김씨세전서화첩》은 여러 본이 동시 제작되어 집안에 분급되지는 않았던 것 같다.

---

65 ·《애일당구경첩》에 대해서는 박은순,「聾巖 李賢輔의 影幀과『影幀改摹時日記』」,『美術史學硏究』242·243(한국미술사학회, 2004. 9), 225~252쪽 참조.

66 · 의령남씨와 대구서씨의 가전화첩에 대해서는 朴廷蕙,「朝鮮時代 宜寧南氏 家傳畵帖」,『미술사연구』제2호(미술사연구회, 1995), 23~49쪽 참조.

V. 맺음말

《풍산김씨세전서화첩》은 풍산김씨 집안의 역사와 조상의 이력이 담긴 그림들을 모은 기록물로서 족보와 문집이 글로서 다하지 못한 부분을 사진 앨범처럼 시각적으로 보완하여 19세기 중엽(1863년 이전) 후손에 의해 편찬된 것이다. 수록된 인물의 범위는 편찬자 김중휴의 직계 조상 중심이지만 여기에는 청백리로 존경받는 김양진과 17세기 전반 가문을 크게 일으킨 김대현의 여덟 형제가 포함되어 있기 때문에 결과적으로는《풍산김씨세전서화첩》은 가문의 역사 보존에서 더 나아가 가문의 명예를 존속하고 위상을 제고할 수 있는 내용이 갖추어져 있다.

김중휴는 이 세전서화첩을 제작할 때 조상과 관련된 그림의 존재 여부에 기준을 두고 출발한 것이 아니라 직계 조상을 중심으로 인물의 수록 범위를 먼저 정한 뒤에 관련 기록을 찾아 정리하고, 관련 그림의 여부를 확인하는 순서를 거쳤다고 보았다. 그 결과 화가는 대부분 그림의 원본보다는 김중휴가 수집·정리한 기록을 바탕으로 이야기를 재현한 것으로 파악되었으며 이는 기록과 그림의 대조를 통해서도 짐작되었다. 또 그림의 배경은 중앙에서 멀리 떨어진 집안의 세거지가 강조되는 지역성이 특징이었는데

이는 편찬자를 포함하여 풍산김씨 집안의 인물들이 학문적으로는 이황에게 맥이 닿아있는 남인으로서 정치적 영달보다는 상대적으로 고향에서 학문과 교육에 전념할 수밖에 없었던 시대상황이 반영된 것이었다.

이 세전서화첩에는 지방 관아에서 행해진 행사, 혹은 지방관이 주관한 의례적인 행사, 지방관들의 친목 행사 등을 포함한 지방 사족들의 연회도가 가장 많은 비중을 차지하였다. 또 중국사행이나 중국사신의 접대 같은 현존하는 예가 많지 않은 외교 관련 기록화가 포함되어 있어 눈길을 끌었다. 또 의병활동을 주제로 한 창의도는 전쟁도의 일부로서 평가 가능하였다. 특히 〈동도문희연도〉는 18세기 후반 이후 평생도의 구도나 일부 도상과 상통하였으며 〈조천전별도〉와 〈항해조천전별도〉는 17세기 전반에는 성립되었다고 여겨지는 전별도의 한 형식으로 그려진 경우였다. 그러나 이 세전서화첩의 그림들은 대부분 원본이 그려졌던 당시의 행사기록화의 전형적인 구성과 형식에서 벗어나 있었는데 이는 19세기에 일괄 제작되었을 뿐 아니라 지방화사에 의해 그려졌기 때문으로 생각된다. 한편 주인공의 유거지나 정사를 그린 그림들은 산수의 비중이 많은 그림으로서 비교적 주변의 지리적 형세가 많이 반영되었다고 생각된다. 그러나 실경을 감안하더라도 풍수적인 개념

에 입각하여 좋은 위치임을 강조하는 보수성을 강하게 보였다.

《풍산김씨세전서화첩》의 그림은 산수 및 인물 묘사와 설채 기법 등에 의해 두 명의 화가가 그린 것으로 판단되었으며 양식적인 측면에서는 김홍도의 영향을 강하게 받은 화원들의 화풍이나 남종화풍이 지배하던 19세기 전반 중앙 화단의 회화 경향과는 무관한 모습을 보여주었다. 이 점 역시 중앙 화단과 지방 화단과의 차이 혹은 격차를 시사하는 부분이다.

사화私畵로 출발하여 화원이 되었다고 생각되는 김수운과 단성 지방의 지방화사인 오삼도라는 두 화가에 대한 정보를 얻을 수 있었다. 17세기 전반 국가의 회화 업무에 사화가 참여한 것은 실력과 능률을 앞세우는 도화서의 개방적인 인력동원체계를 보여주거나 아니면 충분한 화원 인력을 확보하지 못했음을 보여주는 것으로 해석되었다. 또 〈감로사연회도〉의 경우 불교회화가 아니더라도 화승이 일반 회화에 대한 주문에 응한 것을 보면 지방에서는 직업 화사와 화승이 회화 수요의 일부를 공유하였음을 알 수 있었다.

무엇보다 《풍산김씨세전서화첩》의 의의는 31장이라는 일련의 그림을 통해 세거지를 배경으로 한 지방 사족의 역사를 알 수 있으며 아울러 19세기 전반 중앙화단과는 다른 지방화단의 존재와 그 특징을 가늠해 볼 수 있다는 점에서 찾을 수 있겠다.

〈참고문헌〉

『國朝五禮儀』, 『槿域書畵徵』, 『東國輿地備考』, 『朝鮮王朝實錄』.

국립국악원 편, 『조선시대 음악풍속도 1』, 민속원, 2002.

金奭欽, 『豊山金氏世譜』, 충주, 1935.

김원재 등편, 『豊山金氏世譜』, 영주: 유연당, 1960.

金在億 編, 『豊山金氏 虛白堂世蹟』, 안동: 大枝齋所, 1999.

朴銀順, 「16세기 讀書堂契會圖 연구: 風水的 實景山水畵에 대하여」, 『美術史學硏究』 212, 한국미술사학회, 1996.

_____, 「聾巖 李賢輔의 影幀과 『影幀改摹時日記』」, 『美術史學硏究』 242 · 243, 한국미술사학회, 2004, 225~252쪽.

朴廷蕙, 「朝鮮時代 宜寧南氏 家傳畵帖」, 『미술사연구』 제2호, 미술사연구회, 1995, 23~39쪽.

_____, 「儀軌를 통해서 본 朝鮮時代의 畵員」, 『미술사연구』 제9호, 1995, 221~222쪽.

_____, 「조선시대 賜几杖圖帖과 延諡圖帖」, 『美術史學硏究』 제231호, 한국미술사학회, 2001, 41~75쪽.

_____, 「16 · 17세기의 사마방회도」, 『미술사연구』 제16호, 미술사연구회, 2002, 297~332쪽.

손태도, 『광대의 가창문화』, 집문당, 2003.

안동대학교 안동문화연구소 편, 『안동지역 주요 동성마을의 전통과 정체성』, 기초학문육성연구사업 발표요지집, 국립안동대학교, 2005.

安輝濬 編著, 『朝鮮王朝實錄의 書畵史料』, 韓國精神文化硏究院, 1983.

尹軫暎, 「〈乙丑甲會圖〉硏究」, 『美術資料』 69호, 국립중앙박물관, 2003, 69~88쪽.

_____, 「朝鮮時代 契會圖 硏究」, 韓國精神文化硏究院 한국학대학원 박사학위논문, 2004.

林基中 편, 『燕行錄全集』 10, 동국대학교출판부, 2001.

任東權 · 鄭亨鎬 共著, 『韓國의 馬上武藝』, 한국마사회 마사박물관, 1997.

정경연, 『정통풍수지리』, 평단, 2003.

정은주, 「뱃길로 간 중국, 갑자항해조천도」, 『문헌과 해석』 26, 태학사, 2004 봄.

_____, 「陸軍博物館 所藏 《朝天圖》 硏究」, 『학예지』 제10집, 육군사관학교 육군박물관, 2003. 47~85쪽.

최은정, 「甲子(1624年) 航海朝天圖 硏究」, 서울대학교대학원 석사학위논문, 2005.

韓國精神文化硏究院 편, 『虛舟 李宗岳의 山水遊帖』, 이회, 2003.

한명기, 『임진왜란과 한중관계』, 역사비평사, 1999.

洪善杓, 「《耽羅巡歷圖》의 기록화적 의의」, 『朝鮮時代繪畵史論』, 文藝出版社, 1999, 483~494쪽.

『선비, 그 멋과 삶의 세계』, 한국국학진흥원, 2002.

[논문]

조상의 덕을 기리다, 풍산김씨 세덕가

조상의 덕德을 기리다, 풍산김씨 세덕가世德歌

김미영 | 한국국학진흥원

1. 혈통의 역사를 기록해둔 세덕가

세덕世德이란 대대로 쌓아온 조상의 덕화德化를 일컫는다. 덕화에는 충忠·효孝·열烈과 관련된 실천적 행위가 포함되어 있으며, 이를 수행한 인물의 전기적 사실을 기록해둔 것을 세덕가라고 한다. 세덕가는 덕업의 성취도와 상관없이 득성得姓 시조로부터 입향 시조를 거쳐 작가의 선대 조상까지의 행적을 수직적으로 기술하는 것이 보편적 형태이다. 이런 점에서 세덕가는 자신과 조상의 혈통적 연결고리를 밝혀둔 약식 족보라고 할 수 있다.

세덕가는 유교적 전통과 종족의식이 강한 동성마을에서 주로 전하는 것으로 알려져 있으며, 사대부 가사 중에서도 교훈가사로 분류되고 있다. 특히 여타 가사와 달리 자료가 희귀한 탓에 국내에 소개된 적이 거의 없으며 김인구의 연구가 유일하다. 김인구에 따르면[1] 1980년부터 3년에 걸친 전국 단위의 조사를 실시한 결과 총 14편의 세덕가[2]를 확인하였고, 이 가운데 9편의 작품[3]을 수집했다고 한다. 또한 이들 대부분이 영남 특히 안동지역에 집중해있다는 지적을 덧붙이고 있는데, 이는 안동지역의 강한 유교적 성향을 드러내는 것으로 이해할 수 있다.

5편의 세덕가[4]를 분석한 김인구에 의하면 이들 모두 1910~1950년 사이에 작성된 것으로 드러났다.[5] 이에 대해

---

1 · 김인구, 「世德歌系 歌辭에 관한 고찰」, 국어국문학회, 『국어국문학』 84집, 1980, 257쪽.
2 · '문소김씨세덕가' '광산김씨세덕가' '진성이씨세덕가' '전주류씨세덕가' '가세영언' '풍산김씨세덕가' '안릉세덕송' '안릉부덕송' '한양조씨세덕가' '울산이씨세덕가' '남양홍씨세덕가' '의령남씨세덕가' '의성김씨세덕가' '안동권씨세덕가'
3 · '문소김씨세덕가' '광산김씨세덕가' '진성이씨세덕가' '전주류씨세덕가' '가세영언' '안릉세덕송' '안릉부덕송' '한양조씨세덕가' '안동권씨세덕가'
4 · '문소김씨세덕가' '광산김씨세덕가' '진성이씨세덕가' '전주류씨세덕가' '가세영언'

김인구는 일제 침략에 저항하는 민족주체의식에서 발단되었다고 지적한다. 즉, 주권상실의 충격에 대항하여 비록 나라는 잃었지만 정신만은 빼앗길 수 없다는 생각에서 자신들의 뿌리를 재확인하고 이를 후손들에게 전승하고자 했던 것이다. 이러한 사실은 김인구가 분석한 5편의 세덕가 작가의 대부분이 독립운동에 직·간접적으로 관련되어 있다는 점에서도 입증된다. 특히 세덕가는 평소 족보를 접하기 힘들고 또 한문을 알지 못하는 부녀자들에게 가문의 역사를 알리기 위한 목적에서 작성된 것으로 알려져 있으며, 이런 까닭에 대부분 언문 형식을 띠고 있다. 이런 점에서 세덕가는 족보의 국문표기화 실현으로 평가받고 있기도 하다.

세덕가는 크게 범문중형汎門中型과 직계손형直系孫型으로 구분된다.[6] 범문중형이란 시조로부터 입향조까지는 직계로 내려오다가 입향조부터는 방계의 혈족들을 모두 포함하는 것이고, 직계손형은 시조로부터 작자의 선대 조상까지 직계로만 내려오는 경우인데 직계손형이 보다 일반적이다. 범문중형 세덕가는 주로 큰 업적을 남긴 현조顯祖를 중심으로 기술되기 때문에 족보로서의 기능보다는 가

문인물사로서의 역할이 강한 편이다. 즉 현조 중심의 기록에서는 누락되는 조상이 많은 탓에 세보世譜로서의 구실을 제대로 하지 못하는 것이다. 이에 비해 직계손형 세덕가는 생전에 이룩한 덕업과 상관없이 계보에 입각하여 기술하고 있으므로 족보로 활용함에 있어 손색이 전혀 없다.

세덕가는 크게 서장, 본장, 종장으로 구성되어 있다. 서장에서는 성씨의 역사적 유래와 가문의 일반적 전통을 기술하고 있으며, 본장에서는 득성 시조를 비롯한 역대 조상들의 행적과 덕업을 칭송하고, 종장에서는 조상들의 위업을 계승하여 자긍심을 가지고 종족간의 결속을 도모하라는 내용을 담고 있다. 이 글에서는 오미동 풍산김씨 가문에서 전해 내려오는 세덕가를 중심으로 시조 이래의 세계世系를 재구성하고, 이에 바탕 한 가문의식을 살펴보고자 한다.

2. 스물다섯 분의 조상이 등장하는 풍산김씨 세덕가

풍산김씨 세덕가를 지은 사람은 26세世 김병철金秉

---

5 · 김인구, 앞의 논문, 258쪽.
6 · 김인구, 위의 논문, 258쪽.

喆(1881~1951)이다. 김병철은 15세世 김봉조金奉祖(1572~1630, 호는 학호(鶴湖))의 후손인 부친 김낙청과 모친 축산전씨竺山全氏 사이에서 3남으로 태어났으나, 김영조金榮祖(1577~1648, 호는 망와(忘窩))의 후손인 김이락金履洛에게 양자로 갔다. 이로써 김병철은 원래 오미동에 기반을 둔 학호공파鶴湖公派에 속해 있었으나 양자로 들어감에 따라 망와공파忘窩公派에 속하게 되고, 근거지 또한 봉화 오록리로 바뀐다. 김병철은 당대에 손꼽히는 한학자였으며 숭조의식도 각별한 것으로 전한다. 1951년 숨을 거두었고 전배위 의성김씨, 후배위 인동장씨와 함께 봉화 오록리에 잠들어 있다.

　　세덕가는 김병철이 40살 되던 해인 1920년에 작성되었다. 시조 김문적에서 15세世 김영조를 거쳐 25세世인 자신의 부친까지 총 25명의 직계조상의 내력을 기록하고 있는 이른바 전형적인 직계손형 세덕가이다. 즉 시조에서 14세世까지는 풍산 오미동과 혈통을 같이 하지만, 팔련오계인 15세世부터는 차남 김영조로 갈라져 별도의 파派에 속하게 되는 것이다. 따라서 여기서는 시조를 기점으로 분파가 이루어지는 15세世까지의 인물을 중심으로 살펴보고자 한다.

1) 오미동에 정착하다

어화 후생들아	우리세덕 들어보소
신라의 종성으로	풍산에 이관하니
판상사공 큰 문호를	좌윤공이 중흥하사
여조麗朝에 현달하나	보첩이 소략하니
사적을 어이아랴	아조我朝로 이를진데

　　세덕가의 서문 부분이다. 풍산김씨의 연원에 대해서는 명확히 알려진 바가 없고, 신라의 김씨가 여러 고을에 흩어져 살다가 시조 김문적金文迪이 풍산백豊山伯에 봉해짐으로써 풍산을 본관으로 사용하기 시작한 것으로 전한다. 김문적은 고려 고종 때의 인물로 판상사判相事를 역임했으며, 그외 묘소 등의 행적은 전하지 않는다. 기록에 따르면 김문적의 증손자인 4세世 김연성金鍊成에 이르러 경주에서 풍산 석릉촌으로 이거하면서 오미동에 별서를 두었다고 한다. 이후 5세世 김합金盒, 6세世 김윤견金允堅(김합의 3남), 7세世 김안정金安鼎 등은 고려 시대에 벼슬을 하게 되면서 개성에서 살았던 것으로 전한다.

　　풍산김씨 중흥 인물로 묘사된 좌윤공은 7세世 김안정이며 허백당 김양진의 고조부이다. 김안정에게는 아들 형제가 있었는데, 오미동 풍산김씨는 차남 8세世 김자순金子純(1367~?)의 후손이다. 이로써 김안정은 오미동 풍산김씨에게 있어 혈통적으로 중흥 인물이 되는 셈인데, 묘소는 경기도에 위치하고 있다. 그의 아들 김자순은 고려가 멸망하고 조선이 건국되자 개성에서 한양으로 이주하여 장의동에 정착한 것으로 전한다. 이후 김자순은 형 김자량이 왕자의 난에 연루되어 목숨을 잃자 화를 피하기 위해 별서가 자리한 오미동으로 옮겨와서 살다가 그곳에서 눈을 감는다. 묘소는 오미동에 자리하고 있다. 김중휴가 지은 『세전서화첩』을 보면 "병조판서공(김자량)께서 불행하게 유배지에서 사사賜死되니 직장공(김자순)께서는 안동 옛집에서 화를 피하다가 별세하였다."고 기록되어 있다.[7] 또한 『추원록』에서도 "직장공은 형 자량께서 왕자의 난으로 별세하고, 공公은 옥사에 연루되어 풍산 오미동의 별서에서 숨을 거두시니, 마을 서쪽에 장사지냈다."고 밝히고 있다.[8] 이로써 오미동 정착 인물은 김자순이 되는 셈이다.[9]

17대조 참의공이 　　　　조생사세弔生辭世 하신 후에

숙부인 춘천박씨 　　　　가업을 경기經紀할세
시비侍婢의 능력으로 　　재목을 운치運置하야
한양의 장의동에 　　　　대가를 지으시니
적년신근積年辛勤 하신 것이　자손번영 못할손가

참의공은 9세世 김종석金從石(1409~1439)으로 김자순의 아들 형제 중에서 차남으로 태어났다. 김종석은 아들 김휘손金徽孫이 2살 되던 해에 31살의 젊은 나이로 숨을 거두었다. 묘소는 경기도 양주에 자리한다. 부인 춘천박씨는 홀몸으로 외아들을 키웠을 뿐만 아니라 장의동에 커다란 저택을 세운 것으로 전한다. 1497년에는 손자 김양진이 대과에 급제하는 영광을 누리기도 했으나, 그로부터 6년 후인 1503년 90살의 나이로 세상을 뜬다. 한편 1520년 김양진이 전라도 관찰사가 되면서 증조부인 김자순은 통훈좌통례, 조부 김종석은 통정병조참의, 아버지 김휘손은 가선대부 이조참판으로 증직되기도 한다. 춘천박씨의 묘소는 예천 호명면 직산에 자리하고 있는데, 이곳은 오미동에서 약 2㎞ 거리에 위치한 풍산김씨의 선산先山이다. 따라서 이로 볼 때 김자

---

7 · 김철희 역, 『世傳書畵帖』, 22쪽.
8 · 金應祖, 『追遠錄』, 上卷.
9 · 김재억 편, 『虛白堂世蹟』, 47쪽.

순이 세상을 뜬 후 춘천박씨는 아들을 데리고 서울 장의동에 기거하다가 노후에 오미동으로 옮겨온 듯하다.

16대조 참판공이	유덕유위有德有爲 하심으로
채참판 남정승이	비갈碑碣에 찬양했다
정부인 여흥민씨	명문세벌 생장生長하니
판추공 증손이요	동지공 영녀令女시라

참판공은 10세世 김휘손金徽孫(1438~1509)으로, 2살 때 아버지 김종석을 여의고 어머니 춘천박씨 슬하에서 자랐다. 평소 그는 후덕한 인품으로 주위로부터 많은 칭송을 받아왔는데, 벼슬 역시 효렴孝廉[10]에 선발되어 군수를 역임하였다. 부인 여흥민씨는 경기도 여흥의 벌족 출신 민효열閔孝悅의 딸이다. 1509년 김휘손은 군수로 재임하고 있던 진산(지금의 금산)에서 질환으로 갑작스런 죽음을 맞이하는데, 72살의 나이였다. 그가 숨을 거두자 아들 김양진은 오미동으로 시신을 운구하여 예천 호명면 직산에 안장하였다.

15대조 허백당공	정직무사正直無邪 하신고로
소인에게 제함擠陷되어	동국명현 사적 중에
청백재상 네 글자로	만세유전萬世遺傳 하셧더라
정부인 양천허씨	찬성공 증녀시오
장사랑공 영녀시라	

허백당虛白堂은 11세世 김양진金楊震(1467~1535)의 호號이다. 김휘손과 여흥민씨 사이에서 장남으로 태어나 1489년 진사시에 합격하고 1497년 31살의 나이로 문과급제를 하였다. 이후 여러 벼슬을 두루 거치고 1504년 홍문관 부수찬으로 재직하고 있을 당시 연산군이 그의 어머니인 폐비 윤씨의 묘호廟號를 추존하려고 할 때 이를 반대했다는 이유로 예천으로 귀양갔다가 중종반정으로 풀려난 적도 있다. 허백당이라는 그의 호號처럼 40년에 걸친 오랜 벼슬생활을 하면서 선정을 베푸는 덕치가로 명성이 높았다. 때로는 자신의 녹봉을 털어 백성들의 가난을 구휼하기도 했는데, 이로써 중종 시절 청백리로 추대되었다.

중종이 재릉齋陵을 참배하러 송도로 가실 때 김양진은 동지중추부사로 유도재상留都宰相(수도를 지키는 재상)이 되었는데, 숙위를 대비하기 위해 병환의 몸에도 불구하고 입

---

10 · 효행이 깊고 청렴한 사람을 특별히 임용하는 제도

궐하며 입직入直하던 중에 병이 더욱 깊어져 하는 수 없이 자택으로 돌아왔다. 그리고는 얼마 지나지 않아 숨을 거두었다. 69세의 나이였다. 묘소는 예천 호명면 직산에 자리하고 있으며, 사림의 공의에 의해 불천위로 지정되었으며, 묘소 아래에 대지재사大枝齋舍를 지어 영구히 모시고 있다. 예천 감천면에 위치하고 있는 물계서원勿溪書院에 배향되어 있다. 부인 양천허씨는 장사랑 허서許瑞의 딸이다.

14대조 잠암공은	두문자정杜門自淨 3백년에
대신이 연주筵奏하여	이조판서 증직되고
문정공 시호내니	효릉명절孝陵名節 거룩할사
정부인 안동김씨	판서공 애녀시오
청음공淸陰公 존고尊姑시라	부덕婦德이 현철하사
무속을 거절하니	규문이 엄숙하다

잠암潛庵은 12세世 김의정金義貞(1495~1547)의 호인데, 유경당幽敬堂이라고도 한다. 1495년 아버지 김양진과 어머니 양천허씨 사이에서 장남으로 태어나 1516년 진사시에 합격하고 1526년에는 문과급제를 하였다. 9살 되던 해에 어머니 양천허씨가 세상을 떠났는데, 어린 나이에 예를 갖추어 상喪을 치르느라 몸져누웠을 정도였다고 한다. 대과

에 급제하여 수찬 등의 벼슬을 두루 거치고 1531년 정언正言으로 재직하던 중 김안로의 모함에 의해 파직되는 불행을 겪기도 한다. 이를 계기로 그는 고향 오미동으로 내려온다. 그러다가 1537년 김안로가 사사賜死되자 2년 후인 1539년 공조좌랑에 기용되면서 벼슬길로 다시 나가게 된다.

1545년 종부시 첨정으로 있던 중 인종이 갑작스럽게 승하하자 병을 핑계 삼아 오미동으로 내려와서 모든 교유를 끊은 것으로 전한다. 당시 그는 오미동에 머물면서 호를 유경당에서 잠암으로, 오릉동五陵洞이라는 마을 이름을 오묘동五畝洞으로 바꾸었다. 또 외아들에게 장차 벼슬을 하지 말고 농사나 지으라는 뜻에서 이름을 농農으로 개명하기도 했다. 53살 되던 해인 1547년 오미동에서 눈을 감았으며, 예천 호명면 직산에 잠들어 있다. 1863년 철종 때 정간공靖簡公이라는 시호를 내려 받았으나 1865년 고종 시절에 문정공文靖公으로 바꾸었다. 부인 안동김씨는 안동 소산동 출신으로 부친은 김번金璠, 조부는 김영수金永銖, 증조부는 김계권金係權이다. 안동김씨 서울 장동파를 이룬 청음 김상헌의 대고모大姑母이기도 하다.

13대조 화남공은	음직蔭職에 출신하사
강인불굴 하신고로	관직3품 뿐이더니

망와공 추증으로 　　　승정원 좌승지라
숙부인 안동권씨 　　　사복재思復齋 후손이요
첨정공 영애시라

　　화남華南은 13세世 김농金農(1534~1591)의 호이다. 아버지 김의정과 어머니 안동김씨 사이에서 외아들로 태어났다. 벼슬길에 나가지 말고 농사나 지으라는 아버지의 유계遺戒를 받들어 평생 과거시험에 응하지 않았다. 음직으로 여러 관직에 임명되었으나 매번 사양하다가 만년에는 집안이 곤궁하여 하는 수 없이 준원전 참봉으로 나가게 되었다. 이후 정릉 참봉·사헌부 감찰 등을 역임하였다. 1576년 예천 용궁현감으로 재직할 당시 장남 김대현을 시켜 종택을 지금의 영감댁 자리에서 현재의 곳으로 중수·이건하도록 명하기도 했다. 1591년 58살에 눈을 감았으며 묘소는 예천 호명면 직산에 자리하고 있다. 부인 안동권씨는 권일權鎰의 딸로 사복재 권정權定의 후손이다.

12대조 유연당공 　　　위불만덕位不萬德 무삼일고
정부인 전주이씨 　　　효령대군 후예시오
부윤공 손녀시라 　　　적덕루인積德累仁 몇 백년에
불식기보不食其報 하셨으니 　　여경餘慶인들 없을소냐

8형제분 탄생하니 　　　거룩할사 문장학행
오계팔련 장할시고 　　　오미동 빛난이름
사각賜閣하사 정표旌表하니 　　해동海東의 고양리高陽里라

　　유연당悠然堂은 14세世 김대현金大賢(1553~1602)의 호號이다. 아버지 김농과 어머니 안동권씨 사이에서 장남으로 태어났다. 1582년 생원시 합격을 했으나 벼슬길에 나가지 않고 오미동에서 영주로 이주하여 집을 지은 후 '유연당'이라 이름 짓고 이를 자신의 호로 삼았다. 임진왜란이 일어나자 향병을 모아 의병활동에 가담했는데, 당시의 전란으로 오미동 종택이 소실되는 아픔을 겪기도 했다. 1598년 예빈시 주부主簿를 역임하고 다시 영주로 돌아왔다. 그리고 1600년 장남 김봉조에게 소실된 오미동 종택을 중건하도록 했으며 1601년에는 산음(경남 산청군) 현감으로 부임하였다.

　　1602년 오미동에 자리한 조상들 묘소에 가토加土를 하고 산음 관아로 돌아와서는 병석에 눕게 되었다. 그러면서 스스로 회복할 수 없음을 느꼈는지 주변 사람들에게 마지막을 알리는 편지를 보낸다. 그리고 나서 얼마 후 관아 뒷산에서 큰 바위가 굴러 강물로 떨어졌는데, 이를 지켜본 사람들 모두 불길한 징조라고 입을 모았다. 며칠 후 50살의 나이로 산음 관아에서 숨을 거두었다. 묘소는 예천 호명면 직산에 위치하고 있다. 부인 전주이씨는 이찬금李纘金의 딸이다. 김대현은 향도사림의 공의에 의해 불천위로 추대되어 현재 오미동 종택 가묘에 모셔져 있다. 또 오미동에 위치한 추원사追遠祠에 팔련오계의 자제들과 함께 주향主享되어 있으며 영주의 구호서원鷗湖書院에 배향되어 있다.

2) 팔련오계를 배출함으로써 명성을 드높이다

11대조 망와선생	광해조 음절이요
인조조 명신이라	병자년 호란胡亂만나
대사헌 승군할때	남한산성 시석矢石중에
직언감간直言敢諫 하셨으니	유방백세遺芳百世 거룩할사
오호라 존주대의尊周大義	정동계鄭桐溪 김청음이
이에서 더할소냐	영주의 유연당은
분파하신 구택舊宅이요	동편에 정당두칸
선조의 장구소杖屨所라	7형제분 기실문자記實文字
사적이 소연昭然하다	정부인 문소김씨
청계공 손녀시오	학봉선생 계녀시라
후배위 안동권씨	충재선생 증손이요
석천공 차녀시라	

망와忘窩는 15세世 김영조金榮祖(1577~1648)의 호이다. 아버지 김대현과 어머니 전주이씨 사이에서 차남으로 태어났으며 팔련오계 주인공 가운데 한 사람이다. 김대현은 아들 9형제를 두었는데, 8남 김술조金述祖는 1611년 안동 낙동강에서 뱃놀이를 하다가 배가 뒤집히는 바람에 혼인도 하기 전인 17살의 젊은 나이에 요절하였다. 김술조를 제외한 나머지 8형제는 모두 사마시에 합격했으며 그 가운데 5형제(김봉조·김영조·김연조·김응조·김숭조)가 문과에 급제하자 인조는 이들 가문을 '팔련오계八蓮五桂'라고 칭하면서, 마을 이름을 오미동五美洞으로 하사한 것으로 전한다. 또한 인조는 경상감사에게 마을 어귀에 '봉황려鳳凰閭'라는 문을 세우도록 명했는데 현재 봉황려는 전해지지 않고 유래를 적은 기념비만이 서 있다. 인조가 봉황려를 오미마을 어귀에 세우도록 명한 까닭은, 예로부터 길조로 여겨져 온 봉황은 새끼를 낳으면 반드시 9마리를 낳는다고 한다. 이처럼 김대현의 아들 9형제를 길조인 봉황의 9마리 새끼에 비유했던 것이다.

장남 김봉조金奉祖(1572~1630, 호는 학호(鶴湖))는 서애 류성룡의 문하에 들어가 수학했으며 임진왜란 당시 곽재우 장군과 함께 큰 활약을 펼치기도 했다. 1600년 아버지 김대현의 명을 받아 임진왜란 때 소실된 종택을 중건한 후 영주에서 오미동으로 돌아왔다. 1601년 진사시에 합격하고 1613년에는 문과급제를 하였다. 그해 사도시직장에 임용되었으며, 이후 성균관전적·사헌부감찰 등을 거쳐 1616년 경상도 단성현감에 부임했으나 광해군의 횡포로 2년 후에 벼슬을 버리고 오미동으로 돌아왔다. 인조가 즉위하고 1623년 경상도사 겸 춘추관기주관에 등용되었으나 누명을 쓰고 잠시 동안 금부에 갇히는 불행을 겪기도 한다. 이를 계기로 그해 10월 서원현감에 임명되었으나 사양한 것으로 전한다. 이후 다시 익산군수·사헌부지평·성균사예 등을 역임하였다. 김봉조는 류성룡의 가르침을 받은 인연으로 병산서원을 창건할 때 주도적 역할을 담당하기도 했다. 아버지 김대현이 세상을 뜰 때 김봉조는 31살이었으며 막내 아우 김숭조는 겨우 5살이었다. 이때부터 아버지를 대신하여 아우들을 가르치고 잘 이끌어 팔련오계를 배출하는데 견인적 역할을 수행하였다. 1630년 59살되던 해에 한양에서 숨을 거두었다. 묘소는 원래 예천 호명면 직산에 위치하고 있었으나, 약 190년 후인 1822년에 예천군 지보면 마전리로 이장하였다. 후손들의 세거지는 풍산 오미동이다.

차남 김영조는 세덕가를 지은 김병철의 직계 조상으로서, 오미동에서 분파하여 영주에 터를 잡은 후 현재 그 후손들은 봉화 오록리에 살고 있다. 서울 장의동(지금의 청운동)에서 태어나 6살 때 아버지 김대현을 따라 영주로 내려왔다. 어느 날 학봉 김성일이 사신으로 일본에 갔다가 영주에 들렀는데, 김영조가 "선생께서 이번에 왜인들을 경복敬服시켰다는데, 후생들이 본받음이 될까 하여 그 내용을 알고자 합니다."고 하니, 김성일이 기특하게 여겨 일본 기행문인 『해사록海槎錄』 3권을 건네주었다고 한다. 이에 김영조는 그 자리에서 책 3권을 단숨에 읽은 것으로 전한다. 이것이 인연이 되어 훗날 김성일의 사위가 된다. 1601년 생원시에 합격하고 1612년 문과급제를 하여 승문원 정자正字에 임명되었다. 1616년 광해군 시절 선무랑에 올라 암행어사의 신분으로 여섯 차례에 걸쳐 전국의 민정을 두루 살피고 다녔다. 그러다가 광해군이 영창대군을 가두어 죽이고 인목대비를 유폐하는 등 시국이 어수선해지자 벼슬을 버리고 영주로 돌아와서 약 10년간을 묻혀 지낸 것으로 전한다. 1623년 광해군이 물러나고 인조가 즉위하자 성균관직강이 되어 다시 벼슬길로 나가게 되었다. 특히 그는 병자호란을 비롯하여 시국이 어지러울 때마다 이에 맞서는 상소를 올리거나 벼슬에서 물러나는 등 강직한 성품을 지닌 것으로 알려져 있다. 세덕가의 "오호라 존주대의 정동계 김청음이 이에서 더할 소냐"[11]라는 대목 역시 이러한 그의 인품을 잘 묘사하고 있다. 1648년 72살에 숨을 거두었으며, 묘소는 영주시 부석면 보계리에 위치하고 있다. 향도사림의 공천에 의해 불천위로 추대되어 봉화 오록리에 자리한 가묘에 모셔져 있다. 부인 의성김씨는 청계 김진의 손녀이면서 학봉 김성일의 둘째 딸이다. 후손들은 봉화 물야면 오록리에 세거하고 있다.

3남 김창조金昌祖(1581~1637, 호는 장암(藏庵))는 1605년 진사시에 합격했으나 정국이 어수선해지자 영주로 돌아와서 은둔생활을 보냈다. 이후 1635년에 청암도찰방이 되었으며, 1636년 병자호란이 일어나자 자신의 녹봉을 털어 의병들에게 군량미를 제공하기도 했다. 그리고는 다시 벼슬을 버리고 영주로 돌아오다가 병을 얻어 전라도 광주에서 눈을 감았다. 57살의 나이였다. 후손들의 세거지는 봉화 물야면 오록리이다.

4남 김경조金慶祖(1583~1645, 호는 심곡(深谷))는 1609년

생원시에 합격했으나 벼슬길에 나가지 않고 고향에 머물면서 학문에만 전념하였다. 그러다가 1629년 내시교관을, 1633년에는 의령현감을 역임하였다. 1640년 충청도 이산현감으로 부임했으나 4년 후에 사직하고 풍산 회곡동에 전답을 마련하여 두 아들에게 각각 나누어 준 후 자신은 그곳에 정사精舍를 짓고 후진 양성에 힘을 쏟았다. 1645년 63살의 나이로 눈을 감았다. 묘소는 풍산 오미동에 자리하고 있다. 후손들의 세거지는 풍산 오미동이다.

5남 김연조金延祖(1585~1613, 호는 광록(廣麓))는 1610년 진사시에 합격하고 1612년 문과급제를 하여 권지승문원 정자正字에 임명되었다. 그러나 김연조는 대과급제를 한 이듬해 입술에 자그마한 종기가 생긴 것이 화근이 되어 29살의 젊은 나이에 갑작스런 죽음을 맞이한다. 그가 숨을 거두는 날 어머니 전주이씨가 찾아오자 "불초한 자식이 불행하게도 이렇게 되었으니 불효가 극심합니다. 너무 애통해 하시지 마시고 이 자식의 마음을 위로해 주옵소서" 하고 눈물을 흘렸다고 한다. 묘소는 예천 호명면 직산에 있다. 후손들은 예천 감천면 벌방동에 세거하고 있다.

---

11 · 정동계(鄭蘊, 1569~1641)는 병자호란 때 청나라로부터 임금이 수치를 당하자 분함을 이기지 못해 할복자살을 시도한 인물로서 이 사건을 '정동계의 도사복(刀事腹)' 으로 칭한다. 김청음(金尙憲, 1570~1652) 역시 병자호란 때 최명길이 항복 문서를 작성하자 이를 찢으면서 통곡을 했는데, 이 사건을 '김청음의 열서곡(裂書哭)' 이라고 한다.

6남 김응조金應祖(1587~1667, 호는 학사(鶴沙))는 1613년 생원시에 합격하고 광해군의 횡포를 피해 과거를 포기하고 있다가 인조가 즉위하는 1623년에 문과급제를 하였다. 곧바로 승문원 권지부정자에 임명되었으며 1625년에는 교수教授를 거쳐 병조좌랑이 되었다. 이후 1629년 성균관직강을, 이듬해에는 병조정랑을, 1631년에는 전라도 흥덕현감을 역임하였다. 1633년 경상도 선산도호부사로 임명되었으나 이듬해 벼슬을 버리고 영주로 돌아와서 정자를 세워 '학사정鶴沙亭'이라 이름 짓고는 학사를 자신의 호로 삼았다. 이후 사헌부지평·인동도호부사 등을 역임했으며 1641년 벼슬길에서 물러나 고향의 학사정사鶴沙精舍로 돌아왔다. 1643년에 종부시정·홍문관부수찬을 거쳐 1651년에는 승정원 동부승지를 역임하였다. 1652년 밀양도호부사에 부임했으나 5달 만에 사직했으며, 이듬해 1653년에는 담양도호부사를 거쳐 1655년 좌승지, 1656년에는 예조참의에 올랐다. 1658년에는 형조참의에 임명되었으나 사양했으며, 1659년 공조참의로 임명되어 한양으로 가던 중에 효종이 승하했다는 소식을 전해 듣고 영주로 돌아온 후 벼슬길에 나가지 않았다. 1667년 81살의 나이로 눈을 감았다. 묘소는 안동 북후면 석탑에 자리하고 있다. 사림의 공의에 의해 불천위로 추대되어 봉화 오록리에 자리한 종택의 가묘에 모셔져 있

다. 후손들의 세거지는 봉화 물야면 오록리이다.

7남 김염조金念祖(1589~1652, 호는 학음(鶴陰))는 1635년 생원시에 합격하여 과천현감에 임명되었다. 김염조는 재종 숙부인 김수현에게 양자로 갔으며, 묘소는 경기도 파주시 법원읍 가야리에 위치하고 있다.

8남 김술조金述祖(1595~1611)는 1611년 안동 낙동강에서 뱃놀이를 하다가 배가 뒤집히는 바람에 혼인도 하기 전인 17살의 젊은 나이에 요절하였다. 묘소는 광석산의 허백당 김양진 계하에 자리하고 있다. 매년 묘사를 지낼 때마다 문중의 젊은제관들이 제를 올려주고 있다.

9남 김숭조金崇祖(1598~1632, 호는 설송(雪松))는 5살 때 아버지 김대현을 여의고 맏형인 김봉조의 보살핌 아래 성장하였다. 1624년 진사시에 합격한 후 대과를 목표로 성균관에서 수학하던 중 1626년 어머니 전주이씨가 작고하자 과거시험을 포기하고 오미동으로 내려왔다. 3년상을 마치고 다시 한양으로 올라가 1629년 문과급제를 하였다. 인조가 김숭조의 단아한 행동을 눈여겨보고는 조상과 세거지 등을 물었는데, 이들 8형제의 활약을 듣고는 '팔련오계지

미八蓮五桂之美'에 견주어 '오미동五美洞'이라는 마을 이름을 하사했다. 이때부터 '오묘동五畝洞' 대신에 '오미동'으로 부르게 되었다. 1629년 승문원권지 부정자副正字에 임용되었으며 1632년에는 승정원주서 겸 춘추관기주관이 되어 인조의 은총을 받았는데, 갑자기 천연두에 걸려 35살의 젊은 나이로 한양에 자리한 자택에서 숨을 거두었다. 묘소는 풍산 오미동에 위치하고 있다. 후손들의 세거지는 풍산 오미동이다.

김대현의 9형제 중에서 8남 김술조는 17살에 요절하고, 나머지 8형제 모두 사마시에 합격했으며, 이 가운데 5형제는 문과급제를 하였다. 오미동 풍산김씨는 이들 8형제가 다져 놓은 기틀을 바탕으로 확고한 세력을 형성하게 된다. 8형제의 후손들은 크게는 허백당 문중에 속해있지만, 이들의 활약에 힘입어 다시 분파를 하게 된다. 현재 오미동에는 장남 김봉조, 4남 김경조, 9남 김숭조의 후손들이 세거하고 있다. 김봉조의 혈통은 오미동 풍산김씨의 큰 종가인 유연당 종가로 이어지고 있으며, 후손들은 학호공파를 이루고 있다. 김경조의 혈통은 죽봉 종가로 이어지면서

심곡공파를 형성하였다. 죽봉竹峯은 김경조의 증손자인 18세世 김간金侃(1653~1735)의 호이다. 김간은 1693년 사마시에 합격하고 1710년에는 문과급제를 하였다. 1701년 김장생의 문묘 배향을 반대하는 상소를 올린 이유로 2년 동안 광양에 유배되었으며, 1728년에는 이인좌의 난이 일어나자 류승현柳升鉉(1680~1746, 호는 용와(慵窩))을 장수로 삼아 의병을 일으켜 큰 활약을 펼치기도 했다. 사림의 공의에 의해 불천위로 추대되어 오미동에 자리한 죽봉종택의 가묘에 모셔져 있다. 후손들은 오미동에 세거하면서 심곡공파를 이루고 있다. 차남 김영조, 3남 김창조, 6남 김응조의 후손들은 봉화 물야면 오록리에 세거하고 있으며, 5남 김연조의 후손들은 예천 감천면의 벌방동에 살고 있다.

3. 풍산김씨 세덕가의 몇 가지 특징

지금까지 알려진 세덕가는 주로 부녀자들을 대상으로 작성된 것이 대부분이다.[12] 그래서인지 서두 부분이 '어화 딸네들아'·'누의와 여아들아' 등으로 시작되는 것이 일

---

12 · 김인구, 앞의 논문, 259쪽.

반적 경향이다.[13] 반면 풍산김씨 세덕가는 '어화 후생後生들아'로 시작되는데, 이로 보아 남녀후손 모두를 대상으로 삼고 있음을 알 수 있다. 실제로 현재 풍산김씨 문중에서는 이 세덕가를 문중청소년교육에 활용하고 있기도 하다.

아울러 여타 가문에 비해 풍산김씨 세덕가는 비교적 간결한 편인데, 곧 조상들에 대한 칭송은 극히 절제하고, 대신 혈통의 연원을 밝히는 내용이 주를 이루고 있다. 이수봉에 따르면[14] 세덕가는 영웅서사시의 변형된 가사, 곧 가문서사시라고 한다. 그만큼 조상들의 치덕을 기리고 찬양하는 내용이 상당 부분을 차지하고 있기 때문일 것이다. 이에 비해 풍산김씨 세덕가는 조상의 덕업을 칭송하는 주관적 기술보다는 생전의 행적을 간략하게 소개하는 정도에 그치고 있다. 그리고 조상들의 행적 중에서도 묘소의 위치와 기일忌日 등을 첨가하는 일반적 경향과 달리 이를 생략하고 있으며, 반면 부인들의 혈통적 내력을 소상하게 밝히고 있다. 이는 조상의 치적을 드러내는 과시적 목적보다는 혈통의 근원을 후손들에게 상세히 알려주는 교훈적 목적을 중시한 결과로 보인다. 흥미로운 점은 풍산김씨 세덕가에서는 거론되는 조상마다 '15대조 허백당공'이라는

식으로 몇 대조라는 사실을 명확히 밝히고 있는데, 이는 여타 가문의 자료에서는 거의 나타나지 않는 독특한 형식이다. 비록 작가 중심의 세대世代이기는 하지만 이를 통해서도 약식 족보 혹은 세계世系로서 기능하는 풍산김씨 세덕가의 교훈적 면모를 엿볼 수 있다.

세덕가는 교화적 특성이 두드러진 작품이다. 유교의 오륜사상에 기초한 조상들의 덕업을 계승하여 이를 후손들에게 전승하는 것을 궁극적 목적으로 삼고 있는 것이다. 세덕가에 등장하는 인물들의 유형은 실로 다양한데, 김인구에 따르면 청렴하고 고고한 인품을 지닌 '은거거사형', 절차탁마하여 학문적 성취를 이룩한 '도학문장형', 고관명신으로서 국난에 목숨을 바치는 '충의보국형', 정론을 주장하다가 유배되는 '지절의기형', 부모형제를 위하여 목숨을 바치는 '살신효우형', 남편의 죽음을 뒤따르는 '열부정절형', 어버이에 효성하는 '효녀효부형' 등이 있다. 풍산김씨 세덕가에서 주로 등장하는 용어는 '덕德'·'문장文章'·'청백淸白'·'직直'·'은隱' 등이다. 이 중에서 특히 '덕'에 관한 칭송이 두드러지는데, 이는 외형적 성취보다는 내면적 인격 완성을 중시한 결과로 보인다.

13 · 김인구, 『世德歌系 歌辭에 관한 研究』, 단국대학교 석사학위논문, 1980, 69쪽.

14 · 이수봉, 「가문소설연구」, 『東亞論叢』, 동아대학교, 1978, 232~233쪽.

［影印］

世傳書畫帖

世傳書畫帖

影印本

二

世傳書畫帖

287

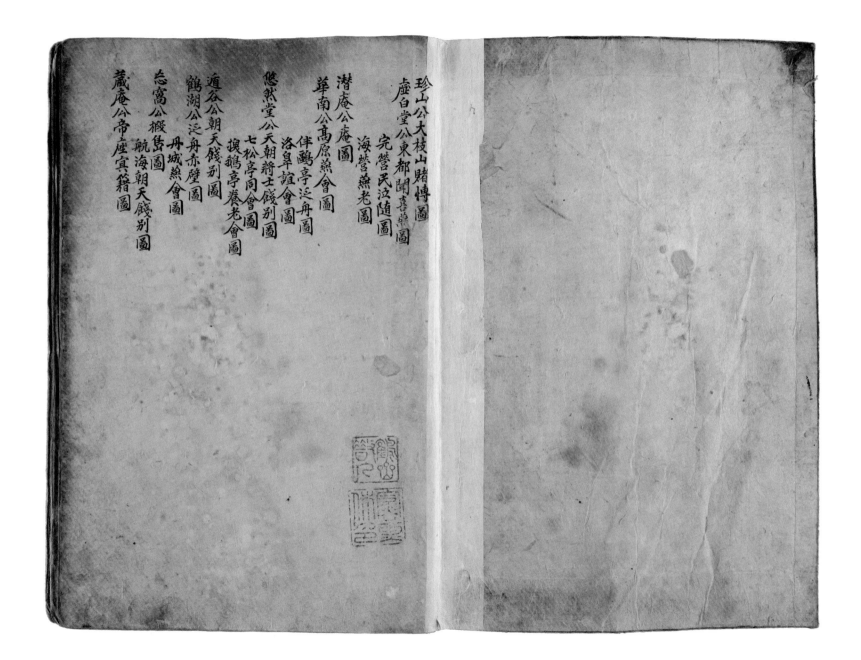

珍山公大枝山賭博圖
虛白堂公東都聞喜讌圖
完營民泣隨圖
海營讌老圖
潛庵公庵圖
華南公高原讌會圖
伴鷗亭泛舟圖
洛皐讌會圖
悠然堂公天朝將士餞別圖
七松亭同會圖
摠鵝亭養老會圖
遯谷公朝天餞別圖
鶴湖公泛舟赤壁圖
丹城讌會圖
忘窩公榠島圖
航海朝天餞別圖
藏庵公帝座宜籍圖

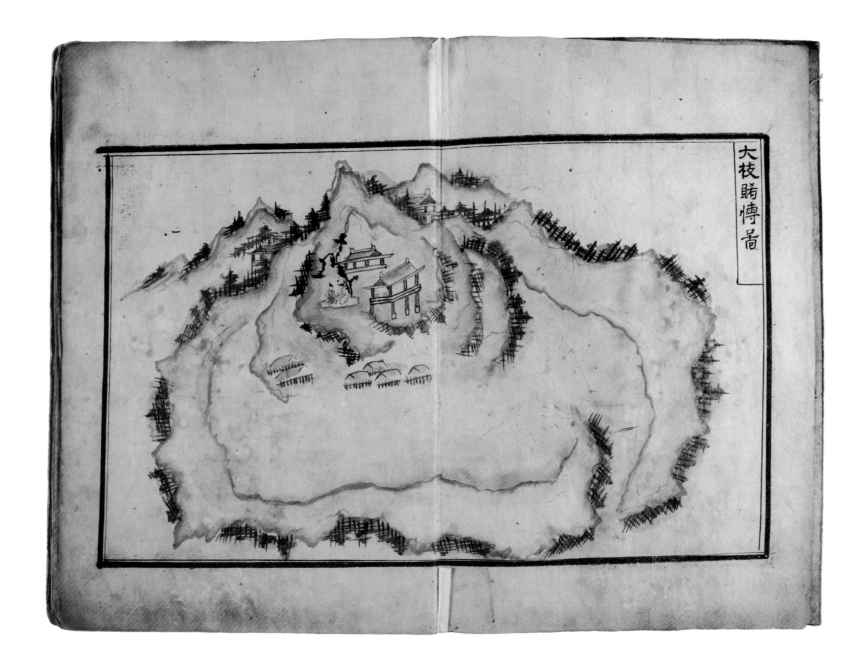

豐山金氏世傳書畫帖

珎山公諱　微孫字子美　正統戊午生　正德己巳卒 武宗
皇帝四年歲　中　宗大王四年

公生二歲考參議公早世且債家業不幸受

後　命祖直長公避裾安東舊庄即別世公無兄弟伶仃孤 中判大

露能自樹立成大儒以行誼開於國驪興閔榮判孝悗

生之以女妻之選孝廉官至郡守洗從祖考之宪盈啓從氐
子

大諫公與子盧白公之文學宦本不隆聲纓世德實本於公

大諫公所撰墓碼曰公為人和易謹厚平居怕怕然

涵盧洪文匡公臨民政先慈恕如恐傷人

與物無忤荏官...怕怕然

五美洞舊名五陵洞勝園初自鷄林移居于豐山縣石陵村

有別業於五陵洞至潛庵公遭乙巳弓劍之慟無意仕宦命

正德丁卯 中宗大王二年 公出監河陽省掃前知之鎮鎮日晉候来徑恕請

有朴姓人以世富名且有推數前知之鑑鎮日晉候来徑恕請

賭傳渠則以大枝山十里局為賢公則無物可對以所蘗一匹

白騾為信初若戲場纏一局朴姓人若故負自懷中出一幅山

圖擘進辭不得遂為公廛世冠廛之藏

名子華南公以農字攺村名曰五詠　仁廟朝雪松公 潛庵公之

五里門刻揚鳳凰門三字 公本同胎九兄弟以鳳凰一生九子取義云

朝古例　贈悠照堂公吏曹參判　命改洞名五美令道臣

序居第八　登第以五棣聯桂謝　恩日自　上用國

曾孫於八祖兄弟第八

有此山枝枝麓麓各生龍虎向陽成面多有名穴而真守至今不
之主一坏塚其將待鎮稲主人徹人閔人不少未見若進勝主實是此山

別欲作一幅畫庸表永世不忘之誼芊文圖上

大枝山盖自鶴駕流脉到沙川之邊逶迤而北又逶而東與鶴駕相對

故術士輩以為回龍顧祖形峰之最高者曰聖住武傳元曉義相
分占峯之南北而居二釋修道既成掛袈裟松樹去云 嵩沙所撰
山內有五馬寺 新羅古刹 從先祖南赫正字鎮 醉題寺壁曰霜露不
堪今日慕水邱曾見昔時童山川如昨人空老醉酒春風意不窮
記仙遊留衣二庵事 出悠然堂集

先塋之山名曰廣昔元曉義相分占其最高峰南北巖底而
居移錫之日掛袈裟松樹而去其徒即其地祠二蘭若以寓遷
慕之思北即廣后南曰袈裟巨里盖因其實而號以諺說也廣
石俯臨醴泉之境而清曠何嘗花樹山之勝而幽靜可
愛不肖省墓之餘未嘗不逍遙於慨甫風樹之感超然物外
之志雖累日淹留常有不足之恨而宜欲因此遺世獨立也第
嫌寺名之尚帶慶俗改廣石曰仙遊庵袈裟巨里曰留衣庵云

大枝齋舍壁上題 悠然堂

落日深山獨倚樓天涯心事正悠悠臨行不覺重回首霜露丘
原又一秋

仙遊庵 悠然堂

仙爲何年住此山至今遺躅想雲壇春歸花落渾無賴千丈巖
高井水寒 有聰明泉

留衣庵 悠然堂

洛水花山眼底明昔人衣鉢此留名缾今歲上蒼髥老月掛踈
枝丈室清

次 西崖柳先生

依舊山前夕照明留衣人去只留名想應宴坐觀空日巋得飛
花滿太清

東都問喜宴圖

虛白堂公諱楊震字伯起　成化丁亥生

嘉靖世宗皇帝丙戌中宗大王二十一年公以弘文副提學陞於金安老以先是公

在政府安老爲揆辭連亭故事新換辭八則浮白以固之安老方學養生不飲酒公强之使敏己挾嫌公爲諫長又極論金禧第宅踰制靖之禧安老子也安老用是尤大憾屢積公至是亦補外

出補東都長子潛庵公諱義

觀察使藏世讓晉州牧使尹世豪呈州牧使李潤慶善呈山府使

太斗南義城縣令李貴宗孫慶席即三月二十七日也

貞時登別試文科新恩政聞喜宴邀知舊蔡正字賜樂給由榮覲于晦齋李先

所蓋異數也虛白公大誠除南祩正字賜宰同慶守先生退居林泉預會焉李尚書斿首蔡絲議紹權李承旨

潛庵公將榮覲南下作春風辭以寓思親悳關之意

春風起方零雨霏鵝著柳芳鴈北歸蘭茅强芳百草芳思美

人芳結中腸滄孤燈芳棲洞房明發贈芳渡漢江白雲遠芳心

送玉堂金正字　晦齋李先生

降計前程方問幾驛　六字鈌薄遠邊方嶺雲陽

方幾回腸春花蕚方將坼房別恨多方深如江心緒亂方無由

高談劇方玉屑霏觥籌亂方容欲歸林盤空方酒不芳望嶺南

宴罷未義有玉署催　命虛白公和春風辭以贈

難降衝泥淳芳授古驛南路永方義御落回首長安方山藏陽

嶺外風烟偶其遊離愁段段蘂江頭翶翔瑞世君如鳳浩蕩忘

機栽似鷗彩舞南州春正富丹心　北闕藏鸞道朝　天若賜

蒼生問饑癢連年太牢流

到年良驛有詩　潛庵

東望幾回思白雲南来擕自德　明君情懷似淡湯湯水歧路

東西摠不分

九

完營民泣隨暮

세전서화첩

280

虛白堂公松

正德庚辰中宗大王以大憲為南京所攎補湖南伯香朝之痾瘼十五年

尚多未革宫隸之侵漁列邑黜陟吏之橫斂民間至猝難捄舉

海諸境通租累鉅萬苞不經征斂從而蝟毛民無資生之望舉

咸荷瑹而立公下車巡宣之日大有澄清之志攬轡受訴來得

公正或疏顧蕩滌減或揖俸蹋俾無一夫不獲廣詢一道年高

每月朔輒遺米肉繁綿招集各邑士夫子弟曰講小學心經四

子等書苟有才學出類者孝友出天者輒以文學行誼額子

朝雖細民輿擯以孝友聞讚以酒食賞以布帛奬勸之或掖危

西復其身旋其門土俗善淫論之以禮義民習好玟曉之以忠

信一年風化丕變事之若神明仰之如父母及其解歸境之大

夫士父子兄弟祖孫咸錢千郊車馬數十里營下興民泣漆而

隨者殆十萬八公善諭送之其後三十餘人有願為奴隸至者

諭不去責不去公踐俱眼惡仍居墓下不得已載門中奴婢案

世世僕後於門內 英廟辛壬年間門長老一員祠議燒案云

公自營迻歸之日見騎來批鬃有駒隨後招家僮閭來時無此

駒歸路忽有之得非産於全營耶曰然公曰若補則出亦全

營之物吾問取去繫樹而來家僮閭命舉去繫于東門外柳樹

來時人營之喜喬春擯郁民立生祠其地云

公之歸後湖之大夫士從遊之人莫不去思圖畫錢別樣付之

本第多有歌詩頌德而龍蛇亂離之後俱不傳

虛白堂公衍

選

中廟己丑春自錦營移海節黃童宵所擄擅十年之內不得一日
安於朝廷而公一心撫摩政若春和燠勵永藥竟以凊白吏入

公在海營值大歉賑濟之暇大設養老宴閭大小民人癃疾未
參者賜來肉鳩杖年高赴會者使子弟各一人侍坐堂上凡
民燕毛堂下說聲樂歌詠聖德實太平勝事也及暮而退各起
舞蹲蹲公亦答舜以錢營中觀感者繪畫以傳盛蹟

暘谷書

世讓頓首兄外弟長懸今十閱春秋白首相憐重合無期追念　經
幄罷遇不無悵恨于中即今朝著文象非薑桂而可一日留厠閭宣
播德業頻倍於邇勉留此縮首日吉苟全性命不覺健羨世讓

年來所遭言之齒酸何必無益續貂近日秋蟬歸心溯水即欲
養閒林泉隨分飲啄以終餘日而非徒許圖半生無一椑補黃宵
標榜便作坑坎進退維谷未決去就奈何奈何以兄蘊抱落拓蕭
臯壼非盛世之欠曲廢世儒既不得有補於立朝無寧施之
於民社略伸所學也有人來自兩湖傳兄之治蹟振古罕有不
勝栢悅濟白之選固非仰賀與厚之朝夕書筵講明正學勳華之理庶
是可慰也得與厚之選固非仰賀與厚之子孫亦宣非遺安之誤耶
或復見吾庸是願蹤蹤涵虛文字一經滄桑聞無餘存浩歎何極兄
近或有本家人相對否有便示及為望

嘉靖乙未九月十六日公卒于京第享年六十九　時
以同知中樞府事為留都宰相備宿　　中廟辰諡
衛力疾入直仍轉劇施弟卒　　　海陵宰松都公

潛庵公諱義貞字公直　弘治乙卯生虛白堂公長子

正德乙丑　中宗大王二十四年公以弘文著作無

仁宗大王毓德春邸聖學日躋公沃贊　世子侍講院司書時
膚敏為　進中第一

仁廟虛心傾納禮遇遇隆擎盛名之下猜謗隨起為權奸金安老

朴洪鱗輩所忤退居豐山別墅積十餘年癸卯與金河西麟厚

同被　召為　經筵官兼帶　書筵乙巳七月初一日遭清讌樓

下同極之變
中宗甲辰十一月十五日昇遐位　翌年七月朔日遭棘禍于景福宮之清讌樓下小
仁宗二十日乙卯即
寢時春坊舊僚河西金文文正己作六月出遞
宰玉果公不忍遠離獨慶京第遭此極變

息交以死自誓著詩文以寓悲哀之懷即製進轓詩及古意義相磨之
號慟隕絕稱病還鄉杜門

夕溫飽偶吟無題閒皇天答皇天昂三諫袞尹氏讀元后傳等篇無

非出於憂傷惻怛之至意隱狀有發雅雛騷之遺響

自乙巳秋後至慟彌中不欲與人唱酬而惟河西金文正乃道義相磨之

經帷同僚也落落湖嶺恨不得末化前相對敘蘊復和玉堂前韻寄之

日普年曾厠玉堂其許金蘭許國身風兩無端中德起傷心存者

兩三人河西又贈述懷曰為報花山金學士向來環坐競何言吾名軟熟

空潮諸君托香貢巧避論又曰　經帷論思須用力中堂遠慮壁縣

雙鷹呼小史傳鸚鵡醉倚南牕睨晚江

公不接外人久矣一日退陶先生來訪公強起酬酢接先生實譬甚勤閒公

近日所制公出示慈詩十韻先生感而次日世事多擾撼人心若未強來

時之何物得廢必銷腸境逆偏知亂情辛便自長尋思羈枕桃夢怙

悵別蓮餰澤畔蔓感闉中錯恨狂
二句缺
貧窮無橫恣富貴亦

跳梁與樂成堅敵無悲鬱太陽寧從方外士脫略白雲鄉

公號本幽敬堂自謝世遯跡隊陷號潛庵不與世人相接只與退陶賜敘幽懷平

日相愛心人往往繪庵相傳以寓景慕之忱云

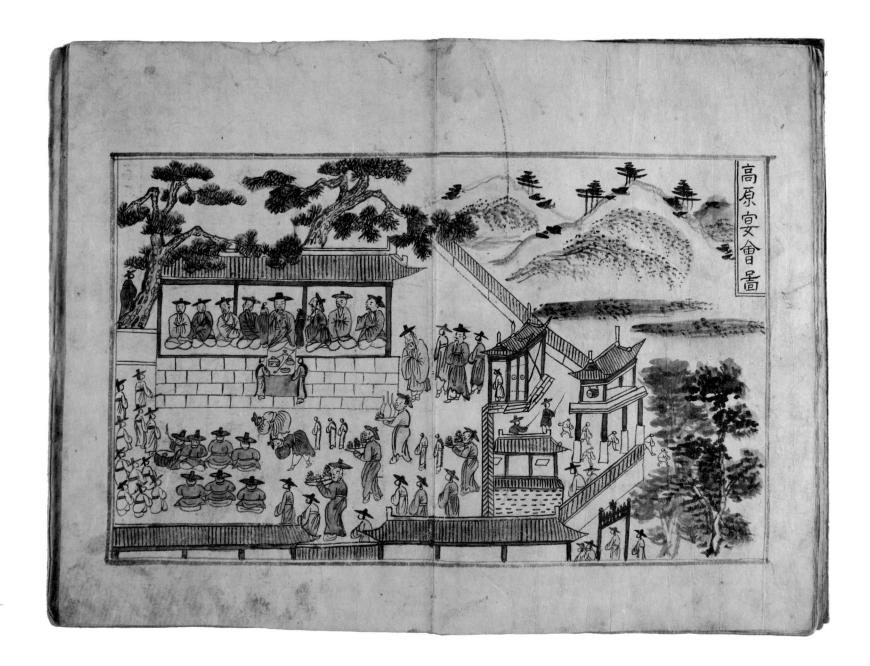

高原宴會圖

華南公諱農字明甫　嘉靖甲午生潛庵公之子潛庵公遺乙巳
襲廕以未報國士之遇爲平生之慟命名華南公以農字改洞名曰
五畂公軆先志五　徵不起晚以家貧親老屢勉出　肅淸源之命
隆慶壬戌春明宗十八年　大王公奉　淸源之命八北闕高原郡守李忤
公之友也聞公至設宴来邀八叅　初二日辭　陞行淸和節
宴會錄

高原守李扲思懼永興府使崔瀋彦深咸興判官金翰臣忠甫
龜山令德翁高原訓導宋璉重具思懼之瀧瞎景明玉卽尹
祥應和諭人李挺旁余亦叅
次崔府使韻　華南
浮生到底枉年華錯把無涯寄有涯賢主慣人春有脚枯腸漫
酒眼生花山川景致高談勝風物繁華舞袖斜莫遣西峰嘯半

日明朝弦矢奈愁何
又次前韵
遨頭行樂趁芳華羅幕圍春廢水涯爲挽嘉賓飛玉盞欲消
春暴擁金花但教進上杯心凸莫怕山頭日脚斜四美已成宜
酩酊傾扶寧問夜如何
又絕句
天時人事巧難辦爲向樽前畫日迷莫帳吾人無事飲明花紅
白柳高低
夜宴壁京樓　華南
綠陰將月上欄干八在高樓夜氣寒長遼一聲出寂寂江風吹
水落虛灘
翌日別進思懼繪遊宴風致庸替日後相思之面

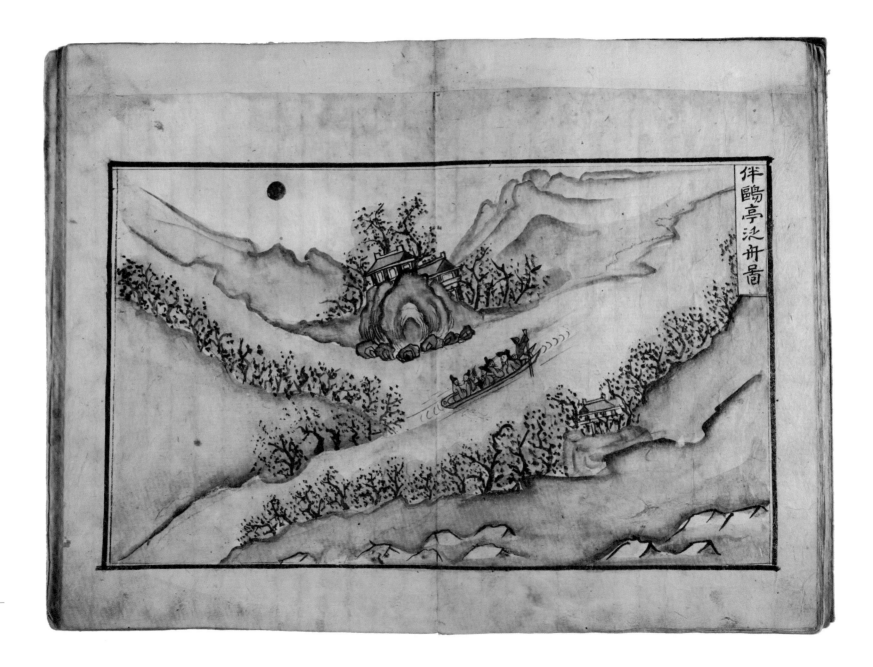

華南公於

隆慶乙丑宰竺山同鄉士友李復元攜亭於洛水上號伴鷗蓋江

山十里間闔萬户而其為址清爽幽閴足可為高士棲息之形勝

也楓錦桃漲之節廬有泛舟會賞之約適簿牒少暇貽書示日

樂聞而與隣近知舊宇宰友期同會卽暮春念六也

同遊錄

安東縣監徐　益君受

榮川郡守李希得德甫

豐基郡守裴三益汝友

義城縣令金大鳴聲遠

龍宮縣監金　農明甫

主翁李復元貞而

次汝友韻　華南

厭却山中首荷籃春風柔櫓泛空寒登舟始覺行身易下陸

須知淡世難別後江山誰更記醉餘詩句莫要着東華塵土

迷人眼整借繩床語夜閴

草遲　華南

草遲輪蹄少松門壓翠煙禽呼驚日曙花笑喜春妍亂水

如爭地高山欲挂天幽人無簡事㠝桃夢猶圓

翌日貞而固請留連重泛而緣各有邑務叙別亭下留約八月

既望貞而招工畵者追後繪送泛舟樣以表他日不忘之誼其

縋卷可掬

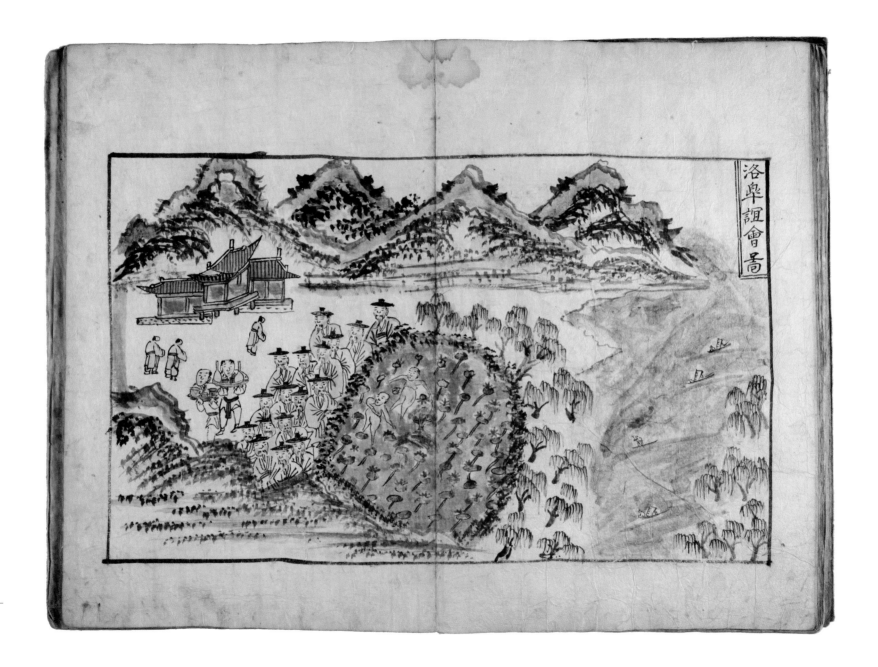

馬逢攝提格姑洗庚辰世會錄

座目

閔辰瑞　雲卿甲子　此會卽
正德丙子武生進同年八家子弟也
鄭　銓　衡仲庚午　華南公早抱穹壤之慟莫禁風
裴天錫　景受辛未　樹之感貽書郷内同志七家作
裴天佑　景養丙子　是會名曰世會乃
張壽禧　祐翁丙子
韓　佑　君卿丙子
鄭　鈞　平仲丁丑
鄭　鎰　公仲辛巳
裴天桂　景支辛巳
趙景淵　彦愚辛巳　嘉靖甲寅維夏始于洛皐淵榭

趙景參　曾叔甲申
琴應恍　子振丙戌
琴應林　子成丁亥
琴應南　子和壬辰
趙景思　嗣聖壬辰
金　農　天民甲午
趙景商　季文己亥

序

微我無酒斯其解憂之資不如友生式開脅樂以燕戲讌
不專於賭博團藥亦在於範規初宣出於勉旃竟自成於偶
爾第以心存感慕志切誠先人齋欋同科分阮倫於兄弟
後裔咸居一境情豈啻於友朋肆以無前之儀庸遂激来之

舉斯蓋生一國不易處一時亦不易於一鄉心相孚猶
難道相孚亦猶難於相得常於相避近之際亦有促
之時謂不可不賞心始落望飛之議匪徒事從逸樂終有促
非拘戀於及哺何辜于天既失所怙之望我思不遠猶含是悼
膝之遊也如此素志之多達君丹枕之暴熱茲宣有係於他故莫
之悲心如結芳樂不遑也又況大人八年涉喜懼體尚安康
盡往謂焉旦客素宛者與生者縱異撫育之恩吾翁即乃倫
何殊緋班遂合敷人心響宛同一家之風陳壼設饋薦誠呈懇
于時風盈北閣月滿前塘蓮浦傳書竹塢送響問金鵰之易夕
擎華燭以代輝戠杯觥之交飛迭舞蹈之相蹶冀此景之未晏
庶斯樂之長憶好事應自多魔世情頻見少吉翻乎雲霰手雨
舉世皆默側目仇及目親通俗儻是勿沾沾而後智惟功功而

求仁願以蘭亭之盛覽期致香山之耆老廢小愆謝小過是于
所祈来不拒去不進於人亦美君母訶之不必歸情而
矯人何須假皖而衍語但所謹者葷其遇其善先也君子之
交有厭初克厭終展実犬人之友下以持立世之遺體上以慰在
天之先靈式相好而終年無相猶堂徒為哺啜而已抑亦
是勉勵也哉孳乃考依行縱著箕裘之業無淪肴以敗庶勉暴
棄之識盡其言永思其父甲寅四月金辰謹序
頃蒙許臨又寄佳什不勝感激之至無以為答敢把數句荒
詞拜奉天民世文無示祐翁諸位以博一粲
吾人戴葵倫禀自降衷初乾坤統綱常亙古無盈虛呼嗟民德
薄親愛反相踈姜被冷似鐵無人味不如幸茲厚同年大義存
緒餘燁燁五君駕飄飄縣褓裙不遺先世分提壼諭節盧時

當夏之孟雲物繞山居紅稀綠已暗詩料此中儲琭重掃廳楹
促膝忘甫子薄薄酌村醪談園蔬談心攄孤懷夕照映郊
墟琪詫此日會偶然樂只且更荷瓊琚報主復滿紙書十年伏
沉痾斗覺吟後除君今抱大材宣宜縮窮廬聖代方側席勉旃

惜居諸
敬次
北谷聾叟

先君肇有分縣芳丙子初迷茲牛馬走音聞歲月虛山川區隅
闊兩階躝跡跡誰云敬父軌我心遠爍如顧子心錐拙良知自
有餘吁嘿道若海磅礴為襟裾邪容終食遽投童等遽廬阮云
無恩義詐令終居居擬慤綵衣進盤實主飲儲薄物難梅誠誰
或敢侮子尊同北海崖節功南砌疏陪話出萬幸不覺月滿墟
喟予太倉稌不繫父母且今宵能少慰懷抱謹特書宣意高明

忘諸
幽敬堂牛馬走金農稿

照慈愛未全除瑗琚報末爪琬琰榮州閤勉哉更努力鄭重戟

又
人生有父子天開地闢初彝倫亙古今無盈亦無虛曖予遂天甚
醫年椿影踈皇皇更誰怙痛稟不如荄庭幽訓斷倚閽隻影
餘不感哀無聞寬涙滿襟戚戚誰與慶羞荒村一槩廬辛茲先
世諱丙子榜中居同榜苟我翁可攄腦中儲定省錐似異情歎盡
作弟兄不覺遽歸且其結金蘭契名蓋一紙書春秋修講信吾
在子聊將一器酒陳肴雜山蔬休嬈暮銀關映遠墟怡怡
㷀死後除傍人休謂此會罕里閭年年起進拜擬為歸寧
諸
鄭銓
有意結世會悲激建議初先人齊攉蓮未久北堂座共抱無涯痛

情同義難疎回頭枝上烏反哺我不如辛此琴大人康寧二有餘
儀刑儼若仙華進接古裾慇懃講厚分信宿返廬從容情更
功怊悵歡異居杯深情復深不盡杯中儲團欒慰孤懷歌詩爭
和予正值春雨後芳肥滿園蔬酬筆力健傾抱各呈書背癢得仙爪頭風
月送燈歡樂極只且來酬筆滿園蔬歡勝事傳鄉閭奉贈感祝　銘心敢忽諸佑
吾聞孔文舉獨往一場歡親容誰等如義當事如一非止敦緒餘
義交非疎跂又共登蓮榜禮初尚稱同門生此語信不虛釣父與上舍道
嘆余早孤哀難望老菜裾擎柏幾悲淚隻影守藥刑哀慕益
分相攜拜公居紺瞳肴饌俱野蔬怡怡累舉觴玉繩縈村墟忘歸鄭
起子盡酒各薦雍雅精星儲仍思先儀喜今講世
聽誨話疊疊樂只且況永驪目珠烟烟花歲書圭復實清越鄭

重情難除此舉世兩罕義縶勳州閭願言今日事永矢無改諸

　右張壽禧

慈德具五典天叙賦物初朋友亦居一以信宜以虛最宜相輔仁須
戒斁則疎兩以契金蘭情愛兄弟如同儕摠好學亦不廢三條欲
就箕裘業嫣他馬牛裾翰飛逐冥鴻不應茇草廬喜予生世何
論各異居有時得歡意開酒供飲儲托契然諸朋摠起子年
年佳節會釣鮮先世壓塵墟賴有琴上舍勸
合父母且貽我瑤琚韻永清邁古書圭玩至丹三沉痾忽全除欣
欲不知謝將欲拜門閭敢用堤鄙誠無示吾君諸

　　　　鄭鎰

人皆交際間疎靡不有厥初從來兊終信誓隆空朝為同胞友
暮作越人疎是身且不保後嗣將何如美哉世契會忠厚尚有餘
邀笑丙子年幾人縣襟裾浮世一夢過伊誰守舊廬何幸琴上舍

鶴髮山中居南星鍾仙壽天精能永儲先人錐已去遺體猶在子

秋社京黃雞春山撥芳蹝歸來鳳城曲佳景滿郊墟貽然拜華堂

獻酬漢樂且疊疊情不假相傳一札書清詩續古詞一吟麈麈

除高會擅當時勝事傾鄉閭願言森末席留連逴逴居諸

右裴三益

再步前韻答祐翁和章無柬天民案下一希笑擲

繾綣約來足丁寧不負初得交父子間若水淡淡虛寸心堅金石誰

論敦則踈逃來應有意相對更何如新篇抽袖裏滿腹情有餘圭

復不知波清颲颯襟裾地僻人來少春去久關爐何圖吾三友不期

會幽居一壺謀諸婦將山不廣儲良晤趣佳辰清語尚起子家

貧絕奢華杯盤冷冷草蔬雨霽惹山翠煙濃遠村墟此閒富野

趣酣興細對且無窮風月繞投拾詠自書吾狂老盍深逢君負

天民世愛謝奉

消除早晚荷辱召授開八高閣從容說平生敘畫無涯諸　北谷

天生德於君奇武哲人速道大難容世寸高坐招警三刖何足恠衆

楚亦苦咻遠尋遺山境飄暢物外遊山光濃欲滴澗水碧瓈瓈此

閒藏無畫詩思溢余裯滿腹明月珠寄來知難酬韻韻激世分句

句腔裡抽將龍蛇篋中環永玩傳世留珷玞側美玉多斷謝子投

世下伯材

得荷佳什兮惠開緘足知世恆珠重感愴交深交深聊撥十韻

敬次

短篇錄奉案下幸一笑擲

青山應無友孤月與之逺開佳一伽藍淡淡誰能警蝎來蝠蝠

夜幽聞病閒咮灑灑兩清絕夢魂月與遊驚肩青瑤鶀虬跡

凝瑪琉拜讀睞子閒清風褒衣裯餘香逗逯身悦悦浩難酬

天生大丈夫固是不虛生今看三玉樹曾佩食牛名丁寧神陰護

不負憂疾情李也吾最知幽蘭自播馨心懷潮海澗器字天風成

愧余蓬倚松蒼蠅效難聲以此情豈篤金蘭已結盟

再步生字韻拜寄天民一哂　伯材

滔滔大天地草草浮生十載磨刃鈍酸寒愧無名從古稀宮商祥不

何人辯物情魚喜知魚樂蘭悲蕙無馨知音從古稀宮商祥不

成鍾期去世久裁洋絕無聲對君付一笑胃忘歲晚盟

僕憒病已甚雖籍百扁鵲勢至難醫今幸得君類荷佳付之

再步盟韻拜瀆　上舍先執大人膝下　金農

寄生復清新慵病快痊無以為謝忝耻荒拙可笑可笑

嗟余鮮兄弟漂泊仗友生微惜仍玉樹曾囑孫敖名邦知叔向涙懍

灘司馬情懷懷我之懷寧嬈負龍襄褚紹元不孤穀臣托邛成

頭風翁甫痊十年痼痒抽朗吟罷月為雷起立　謝

未能還懇韻明月授

敬用述韻與之天民

吾子挺才調海內無人述志在樂山水應無發刻眉髻詩癖日益高　幽藪堂牛馬走金農　應南

誨人忿怒兩咻通來雙旬餘我且相追遊飛泉長浩浩石澗轉瑠璃

其間幾同樂清風簌人禍時吐璦珠才薄將何酬情面難禁

親愛心中抽平生矢每頁天日頭上留終始如驅蛩死生永不授

　奉天民世伯傳繁

敬步惠韻仰答厚望但詩不逮情語不補情是懼　金農

天錫薄吾祚踐跎度山生縱有三豚犬不教望何名誰識三遷感

徒懷欲壽情李兒雖志學無廢藪蘭馨遴近逢益友薰陶冀

養成蓬麻古有說知心在無聲珠重謝吾君區區恃世盟　伯材

賴兹魏公剖情保任家聲敬記先君碑敢背難壇盟

昔劉禹錫送同年之子張興詩曰道舊與撫孤悄默傷我神

依依見肯睫默默感悲辛永懷同年友追想出谷晨其感傷矣

友撫恒若子溫於言表今承先執大人之恩笑童劉公贈詩也慼

承撫古賢人恒友父子敷事詩韻為詩以仰答大人傳詩且以見志

寄天民世文

世下伯材

佳期喜頁人造物亦人魔好事約世會奈此計又差僧非恵遠儔境

殊虎溪涯酒熟山中晚其如托病何三笑與誰做感古空吟哦憑君話

寥懷夜光得廬荷

聞君等緣僧病虚擲夙計奔恍下山憾懷必多儂亦擬得一

場談笑預幸斯深終至於山可笑可笑

敬次

金農

魔非逐好事好事自尊魔一有風流意瓊箋輒見差近欲留話

本巧違恨無涯蒼茫何所春怊恨奈甫何思来倍恒默撲床空

吟哦開懷起長歎山雨亂跳荷

十載呻吟地三障自絶魔棠朝長浩浩霜刃凛姜姜已信山無畔

那知海有涯壯心隨慶碍風韻激来何撫卷慚空須憑欄謾賣哦

多情如有崇其奈悠悠荷荷

此来屢承華翰非徒致意精妍抑多鼓舞孚瑣屑旦白亮範不

勝感激但不復厚春將以何辭鐸農之不才難副搞子之義惶恐無

他也

拜謝天民

雙松下老人

大道源一本此心亘古今朋友亦主信堅確可斷金進思廿年舊老

去情益深對君如尊先依俙悦忽臨琅照語縱容擧措屈人欽得

交父子聞匪他尺牘帙夾薰六月天餐餾高山下林璵瑯每遺我鄉地壁

吐音中心以貺之感激滿沽襟

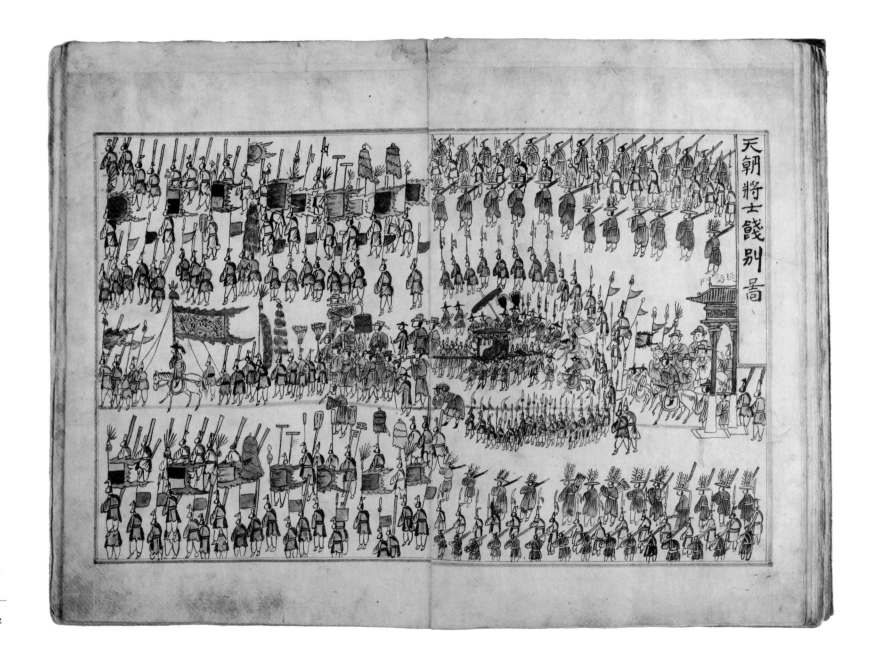

天朝將士餞別圖

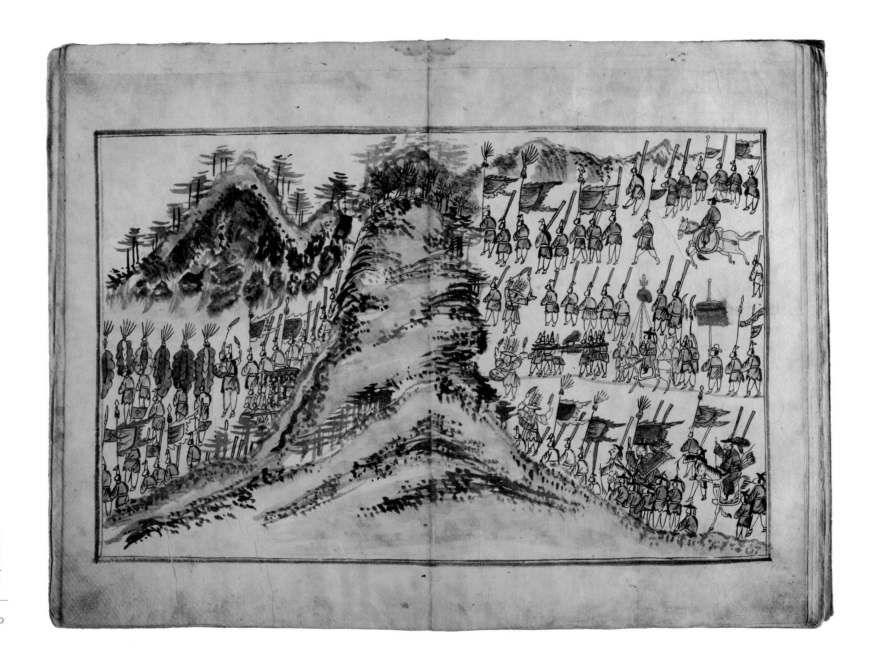

悠然堂公諱大賢字希之華南公之子 嘉靖癸丑生

萬曆戊戌 宣祖大王三十二年己亥 十月沿海倭寇悉撤歸 會釜山始撤弓西 關白秀吉斃 十二

月間四道諸將士咸聚京城翌年己亥三月將旋凱設宴於訓

鍊院大門書平倭盛宴廳事書策勳飲至 軍門卽兵部尚書 東日扶桑掛弓

日滄溟演息波經理以早朝蔡集日脯軍門至邢玠爲總督再

八月初三日到京城 鼓手優人作樂呈戲迎于街路旣到宴次 至是九朔將遞

誤關牌行五叩頭禮撫院府下至游擊都司分位東西

各作二行向軍門禮畢提督以上坐堂上中軍以下坐堂下令

武士騁才優兒較藝劉綎兵馬最精銳或并驅兩馬而迭騎或

翻身鞍上而踊躍爲足愈疾幻技妙猿跳兔擲烏駭歡注忱

惚不可正視旣嚴作樂談宴中軍請接伴使金睟副使盧稷曰

立軍門生祠又請立銅柱 其後剏大祠於太平館西祀邢軍門 玢楊經理鎬鄧書揚再造藩邦四

字銅柱文 禮曹判書沈喜壽撰

欽差總督經略兵部尚書無都察院右副都御史邢公受命東

征統領文武將吏水陸官兵十餘萬衆四路分進蕩平倭寇再

造朝鮮乃 萬曆二十六年冬十一月也國人感戴無已達生

祠於王京又立銅柱海上以勒成績公名玢號崑田辛未進士

山東菏澤都人形貌魁梧器字宏深望之凝黙可知其爲大人君

子云

中軍令河旗牌爲賁示一畫軸於接伴曰此乃老爺與徐國

王相別圖雖非著實之事欲以此傳寶於子孫徐須 啓知上

一面書轅泣別四字爲標題且於其下面功要 國王所題

或文或詩其末亦當安寶其後以諸大夫能文者繼之

翌日接伴持書軸謂中軍曰上面所題或以武略四海或以功德

極藩或以再造藩邦三號中擇可書之黃籤上書朝鮮國王繪

頌凱旋圖

接伴又謂中軍曰天朝將士暴露風雪勞苦萬端寡君以銀子

三十兩奉送大老爺前使之分給將士物薄慚恧

四月十三日軍門憲牌略曰欽奉 上命提兵東征駐節外藩將

及二載所賴朝鮮議政陪臣等官或獻納謀猷先裨安攘之計

或經營兵食深助戰守之資今毛事竣班師西旋各該陪臣均

應旗獎夭翼李元德馨才優承寧業懋經綸禮樂爲邦不異漢

唐之文物忠勤謀國可追種蠡之芳獻望重三韓名高百代金

命元盧稷棟樑臣攝社稷良臣兩載籌兵踐涉不辭於風夜一

心意難拮据卒底於昇平通官李海龍朴義儉接伴從事宗圻

奔走使車最補勞苦拮据王事頒有建白即中尹暉宗垓

金錫光南復始原夢寅金滿金大賢柳成民等服事兩年勞苦

可閔及通官鄭仁男等六貟外即全有鏧等二十名各賞紅布

銀花有差

軍門謂接伴曰諸都監即廳及各該官中畫心供職不怠者都

監廳酒色漢城叅軍金滿伺候內贍奉事金錫光盤膳及支應

色尚衣院直長金大賢俱於上年七月差下畫心服役至今不懈

司果宗垓蕭管工房求請之任繕工奉事魚夢軍專任工作非但

軍門使旗鼓招支應色金大賢使之前日數年回苦一心相敬父

衙門營繕及器其至於票下諸將官所用什物供辦少無

廖缺功勞甚多弄宜 啓知陞用

而難忘今當遠別煇煇懷想雲嶽迷范使貴國工畫者金守雲

繪贈餞別幅庸宮其月之思堂詠亦奉呈

不佞以司馬從東征貴亮極恒朝鮮即金君

大賢以其居之堂及軒并里中林泉泉霞居之美者請詠于不

倭時方克清大憨戎隙少暇聊援筆應之

悠然堂

獨抱悠然趣南山自在門會心成玩世得意已忘言幽迥松關

嘯傲軒

舒嘯東軒下殊為傲世情浮雲看變態翏拘本樂生種秫傍村

靜寒花菊圃蕃慶襟能拂拭栗里尙斯存

釀裁詩匪宿營蕪門千載後海國當尋盟

十景

霈然靈雨足當畬綠遍郊原物色舒自是化工端化育時論惠

澤更隨車　　　　南郊時雨

城西灘木蔚蒼蒼倦翼歸飛晩更怩應有鶴雛中托蹟萬年枝

上自相將　　　　西城歸鳥

翩翩仙馭欲凌霄盡日嵐光積翠遙佳氣渾侖紛秀色時聞子

晋夜吹簫　　　　鶴駕晴嵐

鵲立奇峯聳翠微通明待直亦依稀火雲觸石看膚會曾似排

空一振衣　　　　鵲峯夏雲

漁磯中砥介清流誰把綸向此投聞道客星占太史清風千

古在羊裘　　　　溪心垂釣

諸天花雨徹空臺不爲春風吹次開玄圃芳菲看纈錦靈範異

卉總瓊瑰　　　　至天肴花

海天飛雪晚儵儵竹嶺蔥籠積素逞爲阻灞橋驢芽穩獻詩歸

去踏瓊瑤　　　　竹嶺暮雲

峴山相望簡屏藩夜色涵虚帶月魂可是影流看倒景一池清

浸澈天根

藩峴見月

霜林葉葉見秋容鑷綜丹黄晚更穠應是施山逸步障何論金

谷錦重重

德山秋色

長松夾道立虬龍霜骨風鬣老氣雄獨守歲寒豎晚操不隨桃

松程晚翠

李競春容

萬曆己亥抄夏東征上騎都尉西吳宜黃養虚道人稿

十四日軍門回禮時旗脾鐵宮語譯官曰老爺欲觀東國之樂

政院啓知　御所茶罷　上請道爵又請陳樂　自亂後鄉

之言強頒行於是打鼓擊磬鼓瑟吹笙弄笛舞迭進而舞　前未嘗奏樂

軍門注目不撤宰臣在班行多鳴咽垂淚者既撤軍門賞樂工

等紅布有差

十五日軍門西轅將發三炮三吹二大幟啓程一書制閫六鎮

諸將官咸集　按察梁祖齡　王必迪　一書總鎮十省

勑署孫鑛
經署孫鑛
　麻貴　邢玠　郡督陳璘　提督董一元　劉綎
　　經理萬世德　布政王士琦
　總兵李如梅　祖承訓　副總兵張養蒙　牛伯英
吳廣　張榜　解生　楊登山　頗貴　游擊將陳寅　茅國器
陳蠶　許國威　楊鎬　高策　葉靖國　馬文呈　王國棟　師道立
傳良橋　彭信古　陳愚衷　李化龍　周嵩　安本立　周道立
李金　沈懋　王之翰　司懋官　福日昇　方時春　茶寬　葉邦榮　柴登科
梁天胤　葉思忠　姜良棟　王國運　秦得貴　郡三鄂　白斯清
張良相　吳宗道　閭際　周陞　中軍守備高凌翰　梁守忠　左維
盧世卿　茆邦孝　李香　中軍都司梁朝選　賈祥
敕吉　范世用　周以德　李應昌　沈太玄　鄒良臣
兵科給事徐觀瀾　禮科給事楊應文　張輔之　甲軍指揮周
楊初命　係將盧繼忠　旗牌崔卯應忠　彭友德　杜潛　梁材斷
韓初　係將陳繼忠　禮科給事楊應文　管糧軍楊汝德　張澤　周一梧
楊思　王修行　陳惟誤　史世用　潘嘉言　沈思賢　惠應春　胡澤
日本上使李宗城　即中陳登　旗鼓張次文　沈球　戴延春　陳遇文
端永　錢官王文憲　彭應文　薛蓁臣　楊應聘　曹學種
劉萬守　把總李樂　麻雲　張汝廉　蘆芳威　歐陽紹
李天常　王元周　副中陳遵　陳演　王世楊　徐中素　韓其濂
許守恩　蒲應官　陳天綱　楊紹祖　王應民　史銘　汪應楨
褚鐵官　王吉　尹應元　胡良重　楊嘉民　王世楊　韓起
李順　梅國蛟　王象乾　劉元霖　李植　楊應　通判閭良性　吳中道李龍
三百五十三員生還宛於島山之役者楊游擊萬金　攎參將賽　鄧僉事子龍

盧游擊得功

李總兵寧 方中軍時新 陳御史效 先於入城後 曾東蜀以

為身加以朝衣服面紗以為靈座從者皆白衣白帶兵死者三千餘人學馬葦墨

南北軍兵合馬步十四萬二千三百五名生覺

佛郎國海兔四名圍色鮮髮 恭種萬赤如氈亂毛能沉水鑿賊船者

荊楚青㯖三百名本楊鎬師彌來用花褥山戰大捷

南北兵盤䯲糧料軍資器械俱備自初到京城學宴罷

早朝 上躬臨訓鍊院誅上馬宴 自提督至游擊都司到京城學宴罷 誅下馬宴筊餉行又誅上馬宴

駿馬筊筤槍塞路車馬辟易 上韋文武百官追錢于弘濟院以 上軾

手沈㵎使詞呈李慶全等各製別章以贈天將奇其太神速請次琵琶

琶行誅其韻句之應口輒對天將疑其宿攢至商人婦字換以夫字呼

慶全應之曰傷時自古有志士恨別從來無文夫天將使家丁善讀

詩者和凱歌行吟焉

經略既過江以我國微弱難以自守連檄李提督承敕速向朝鮮六

月提督以左營都司賈祥為先鋒率兵千餘先渡江七月提督

領中軍都司梁朝選統沙兵千餘守備周以德統官兵三千中部

千總周晃領步兵二千五 百 游擊將軍李香領南兵三千五百劄

期渡江又檄天津督府票下中軍守備李應昌領水軍二千游

擊將軍耆都指揮僉事萬邦孚領水軍二千游擊將軍都指揮

僉事張良相領水兵一千五百游擊將軍都指揮僉事白斯清

領水兵一千五百都指揮使張榜領步兵四千五百游擊將軍兵

宗道領水兵二千 五百二萬四千 名 八分住要言慶提督住 王京居

中調度 皇帝文簽固金十萬兩爲犒賞資

白沙八中國見度支下記自玉燊祖總兵李提督之東征糧餉犒賞雜

費銀子三百四十萬兩糧米十三萬石又自倭寇八丁酉再搦徵浙陝

湖川貴雲緬南北兵救朝鮮通二十二萬二千五百餘人費糧銀五百

八十三萬二千餘兩交易米豆銀又三有萬兩本色糧米二十萬石

七松亭同會圖

七松亭同道會題名錄

同知金字顯字甫夫　東岡　星州
司評尹涉　字景楫　竹湖　龍宮
主簿黃奞柱字子建　農臯　豐基
主簿金行可字時晦　沙村　星州
引儀黃忱　字汝誠　錦軒　豐基
縣監都應宗字丕承　松溪　高靈
副宰金允明字守愚　二松　安東
參奉金滋　字志和　龜巖　高靈
宜長金大賢字希之　竹巖　安東
宜長郭守仁字景宅　瀼潭　咸昌
禁都權淳　字和甫　南谷　咸昌

別撿鄭樺　字直甫　晼悟　星州
奉事金錫光字慶遠　石潭　善山
洗馬金璥　字仲溫　松軒　尚州
參奉權裕男字順承　雙栢　星州

書題名錄後
予與志和慶遠直甫從事軍門之館服勞餘暇相興說
乾離之苦且日從嶺南仕洛中者有幾人裁盍以文約
會囑瑣尾之懷叙綢繆之情乎於是剋日通諭則携壺
樂赴同有後者乃七松亭舊基也把酒對月悲感係之
有淚無言悄然而罷戊戌十月十九日也竹巖謹跋

追序
嗚呼此録乃従高祖東岡先生宦遊洛城日興同道

諸賢設道會于七松亭而題名者卽 萬曆二十六年戊
戌十月十九日也得之於竹嚴金公後孫所距今百有九年可
謂邂逅矣悠乎而遺蹟宛然亦一奇事也所可恨者七松亭在京
城明禮坊後云云而徃事雲悠無跡憑問是則可惋也巳承
嘉權君賚甫甫懼夫舊蹟湮滅而無傳將作而垂後盖
其外先祖黃公亦在其錄中故也其用意亦勤矣因竊
伏念錄中諸賢俱以一世名勝同時同居一道同
羽儀於 王朝而公餘務閒之日接袂連袪肝膽相照舉
一觴相屬用一紙題名名賢巨卿錯落相望指點摩挲
可見嶺南之多賢而前輩風流亦可想見於百載之下矣
可敬可敬余因此而有所感矣嶺南士大夫之冀北也素
稱人材府庫 朝家所以待之者異於他道而自十餘年

來作一天荒之地殆無立朝之人噫今之嶺南異於古之嶺南
而然耶是未可知也賚甫欲使余題一語故道其感於中者以
歸之
　　丙戌孟秋下澣從玄孫通政大夫前戶曹參議知制 教
　　金聲久敬書于海村之八吾軒
宗人權賚甫以先董七松亭同道會題名錄見示竝攷其年代乃大明
神宗皇帝萬曆二十六年十月十九日也訣今己巳二百十有四年倪仰今古為之
興懷同會者凡十五人東岡金先生居其首其外亦皆一時名勝而其中黃公乃
賚甫外先祖也會一道諸賢同杯酒叙情素對此想見前輩風流竹嚴金
公為跋語題其後說出亂離後要余書一語謹識大暑
惋賚甫欲圖其蹟以垂諸後景象淒然有新亭之感亦足悲
上之三十七年辛卯三月日永嘉後人權斗經謹識

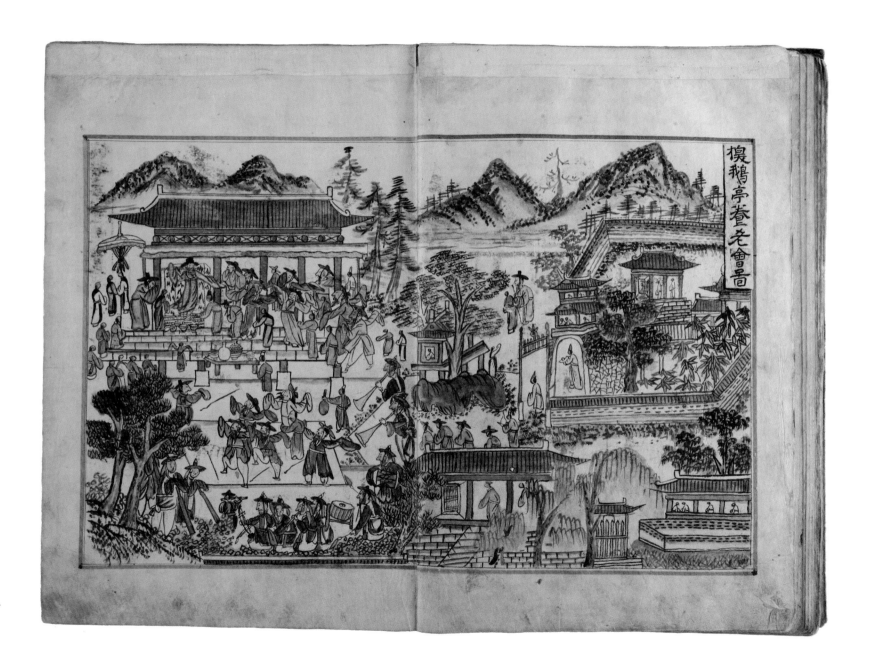

擺鵝亭耆老會圖

悠然堂公杕

萬曆辛丑春宣祖大王以邢軍門接待勞除山陰縣監縣新經八
年兵亂子餘遺民氣慘風俗乖殘孝忠禮廉等郞壞喪無餘時
諭曰禮義廉恥俱喪公下車初政掃學招境內士
子諭以孝悌敦恆之行勗以義理廉恥等事撫摩瘡殘袪藥徭
瘼無所不用其極闔境悅脈治化大行公餘挂笏愛鏡湖之勝
作攬鵝亭落成日廣韻邑中上下年滿七十者誤養老宴親與
為主客之禮陳聲藥以娛之且以鳩杖等物遍遺之諸老八醉
飽欣欣以次起舞自起舞人無不感歎至有密泣曰不圖
今日復見昇平故事无甚老亂不能赴宴者以鳩杖送資之其
等物遺之德溪吳先生肉夫人尚在世亦以米肉鳩杖綿
亂吳正言長以詩謝曰鳩杖扶身勝翁孫一時韻士多歌詠其

事命工畫者丹縣屬於山陰時吳三濤繪成宴老圖以傳勝會一
日夜月色如晝江水皎於公步出江上有一醉人大叫曰太守来子
時伯仲兩裔奉祖藥祖在側令下史推致公笑曰此乃太平氣
像勿問可也監司李公時藔以政績聞自 上特下陸敘之命
翌年壬寅三月十一日以微恙卒于官邑之士人權濤權溪朴文
橫諸人爭解衣斂之返喪之日小民自請肩攣直上来大民榮皆
進到三百餘里暮年之内仁化之浹髓推此可搁

　　贈行詩
撣送山陰軍歧頭柳色青君婦逢道士為請攬鵝經
　　　　　　　　　　大憲黃道　烏庵
　　又
神仙中人金察訪訪正馬遠作山陰縣一句缺
　　　　　　　　　　副學李埈　蒼石
金文正清陰詩老膾炙人口而今不傳
　　　　　　　　　出龕沙所撰行年紀

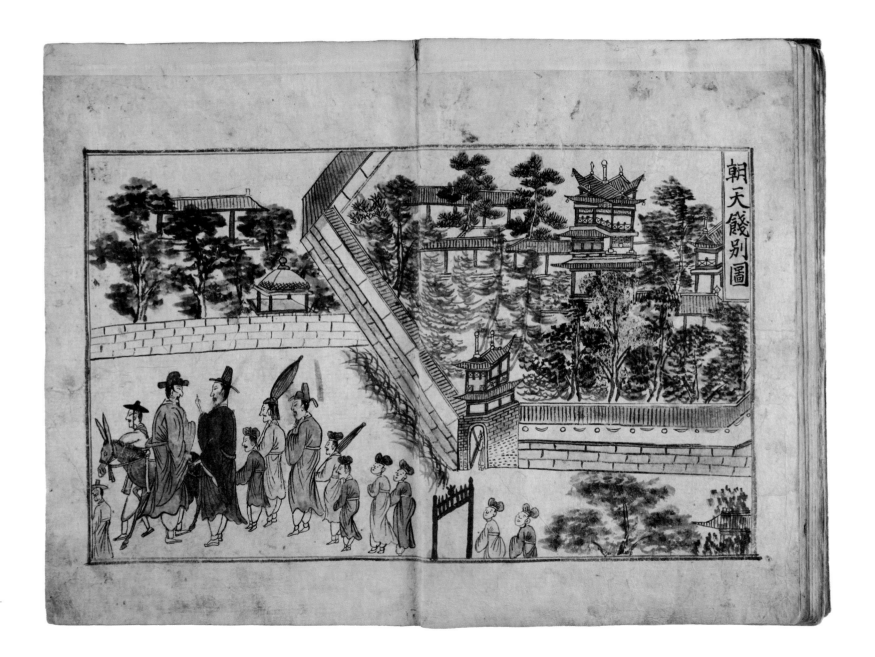

朝天餞別圖

遁谷公諱 壽賢 字廷叟 萬曆乙丑生 虛白堂曾孫弘文正

字西村公諱 鎮 子官左叅贊 諡靖憲公

萬曆己未公以子秋副使 上使李弘胄書狀金起宗赴京時中朝通使以難大異於

前自 上極選才學以送公卿大夫士俱出餞于江郊

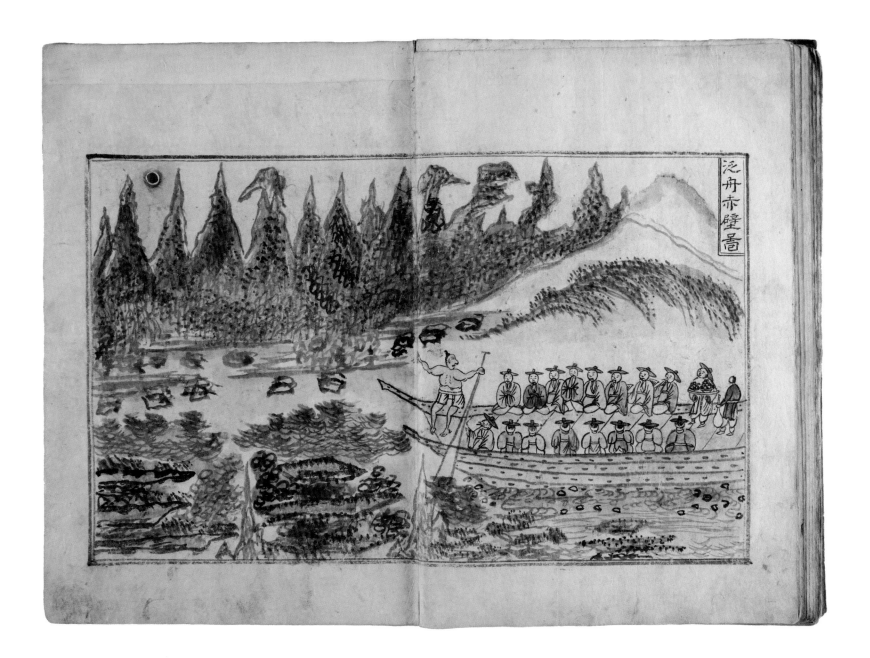

泛舟赤壁圖

鶴湖公諱悠然堂第一子　隆慶壬申生

萬曆辛亥[光海四年]公以鄭仁弘劾斥晦退兩先生爲嶺南辨誣疏頭

夏六月寧多士伏　閼疏曰伏以臣等自五賢臣從祀以來相率而

賀曰我聖上崇重正學使朝紳有所肅武使士子知所趨向使出

此而八彼者不敢異其議舉一世愚夫愚婦學知君君臣父

父子之道吾東方文明之治其庶幾乎不圖在今更化之日

鄭仁弘誠斥之說遠及於儒先之至於斯也仁弘次假山林之

名者也頃在　先王末年能言人所不能言以此名高一世位躋

貳公爲仁弘者誠宜開陳善道以報殊遇之萬一而曾無一言

及於君德之修否時務之得失及爲壽張詭話瀆擾聖聰欲以

閒殿下尊賢重道之盛心仁弘之心實所難測也仁弘自謂少師

曹植事有如一之義云甞則仁弘之師曹植師其道予如使師

其道也則曹植之與李滉書曰平生景仰有同星斗于天又曰

無路承教於獨立之地又曰先生身到上面又與李恒語曰景

浩學問吾輩不可論也默則知李滉之賢而尊李滉之道者莫

如曹植也今仁弘師之云而背其所信服之賢則仁弘之毀

李滉適所以毀其師也李滉之道之正曹植則信服之而仁弘

則斥之假下則尊尚之而仁弘則毀之然則仁弘非[但]得罪於

時其得罪於曹植亦大矣仁弘然後能知曹植與成運明

此豈仁弘所可知所可論者哉有直子默然後能知伯夷之清

柳下惠之聖而和而又有隘與不恭君子不由之說苟不及於

時中則其不能無偏者此古今聖人君子之所不得免者也朱

子之論周濂溪曰有仙風道氣論張橫渠曰高廋太高僻慶太

僻然而當時無異議後學愈尊仰不聞以是為二賢之累也今
觀李滉之所論亦不過許其高蹈而惜其偏處耳以此而目之
以詆毀則古之聖賢許多論人處安可指為詆毀而各為其師
者皆得以爭辨之子仁弘以李覯之毀孟子楊雄之論顏子擬
之於李滉臣等以為李仁弘以為李覯運擲孟子之論惠朱子之
論周張也而仁弘之譏誣李滉者則正其所謂李覯耳楊雄耳
臣等竊稽宗朝程顥張載朱熹諸賢守擊進士而卒傳孔孟之
道則發身科目烏足為賢者之累哉仁弘乃以舉與不舉為高
下焉不仕為優劣焉安引經書苟證其說思以惑天聰而
道其道嗚呼多見其不自量也仁弘嘗撰曹植之言曰近世以
君子自處者出處合宜藏乎無聞頃者惟景浩庶幾古人今復
以出處之未正為譏是何一人之言前後相懸謊辭幻說一至

此哉且李彥迪於丙午歲不容於時退在其家翌年寃讑之命
實與鳳城之疏同時彥迪之不為請救明矣玉堂之請劄適在
李滉自外初還之日而望日迁臣於楊前蓂離席請罪滉獨
確然不動及退乃控免本職此事顚末當在國乘非可誣也而
仁弘託以或者瞭昧之說周羅於二賢之間不有　先朝悔悟
之教而敢舉前日偶甫之　批欲使翻下疑貳者哉又以李滉之
私憤其愚弄一世為無人乎孰有加於仁弘者哉以李滉之
輕許後葦為疵昔孟子之於曹交勸之以堯舜之孝悌則如李
楨黃俊良力學而才高者其可不勉之以道學乎誤使李楨之
葦果如仁弘之所詆孔門之下尚有短喪者焉聚歛者焉小人
者焉又安得以是為其師也累哉君子自修之道不在於
妾御之賤而在我處之以禮而己李彥迪李滉在少時雖

嘗有賤妾而莊以薇之之道未嘗不盡則實非周行己酒席厲
目者所可擬議而仁弘欲攝捏二賢之說以為陷賢之
一陰其為計可謂憭矣至於李滉文學之著於外者道
德之積於中繼往開來功莫盛焉而仁弘至引王弼之事以報
其老莊之喻暗示以桀紂之無欲以焚威聽厚誣來世厥下
同之狀自然呈露於聖學高明之下矣臣等以顯蒙未學距瞻
試取李滉文集萬幾之暇一賜睿覽則李弘欺
人之居此未為遠也去賢人之世未為久也其為李滉曹植
成運雖不能無景慕之淺深而恨未及摳衣於其門者素矣及
今仁弘之割一播物論憤憒至使其師姓名狼藉於章奏以致
疵議之紛紜則仁弘之罪不專在於誣毀二賢而已也嗚呼二
匡之賢人無聞焉公論大定陞祀文廟已為百世之師範而仁

弘尚此排之斥之不遺餘力則誤有守道之賢復生於此時仁
弘未宛之前無非妒斥之日厥下雖欲得如二賢者而為國不
亦難乎大緊仁弘妨賢病國之罪豈非厥下之所當深惡而痛
斤者乎大緊仁弘稟性剛戾勾量褊狹苟有怨恨則雖在賢人
加諸膝苟異於己則進之若將墜諸淵小有怨恨則雖在賢人
君子必悍然抵排而不忌令之為此固非一朝一夕之故妒賢
念橫在肚裏藏臧而懷念者積有年紀而乃於召命之至肆其
偏詖之說特恩悼之兒詭訐厚鄰里之長老而生
驕於慈父母之為者此豈人臣事君之道或厥下若洞察邪正之
分明示好惡之公嚴加譴辭以斥其偏邪之見下其劄而火之於都
街則太陽當天萬目咸觀爭賀大聖人所為出尋常萬萬而今
乃不然政院論啟則批之以各有所見泮儒陳疏則責之以賢迫

君父至於大臣三司連章累牘而詑之詑之教不一而足逐使漢季
之禁錮宋末之捲堂復見於聖明之世而附會之徒告許容護嬉
嬉而竊覬此匪臣等之所以仰屋流涕而繼之以長痛者也匪等俱
以嶺外孤蹤誠微言賤固知不足以動殿下之聽而顧念匪等均受
東藝之天涵育栽模之化而值此危凸之會含黙而不言匪等之
自爲謀則得矣其於殿下休養之澤何慈敢裹足重繭濡血披
肝大聲以號其匪罪而不能自已焉伏願殿下惕然深思於改圖師大
舜之聖謨體展湯之無吝特下抑邪之敎以爲扶正之地焚其
而布告于中外擧其匪罪而議廢于廟堂以繼　先王重道之志
以答臣民憫鬱之情斯文幸甚國家幸甚
答曰省疏具悉甫等之意但人之所見各異論議殊塗自古然矣何必
眾攻羣味賀迫使之苟同匍等已各言其志勿爲更瀆退修厥身

二疏

伏以臣等甞聞公議即天道也天道不可違則公議亦不可違也是
以善爲國者畏公議如畏天天可畏則公議亦可畏也彼仁弘何人
不畏天道不恤公議外托尊師之名而陰濟娟賢之計如仁弘者不足
多責殿下從而右之使其氣熾盤張邪說肆行公議始發於政院
廟堂而不得行中發於玉堂臺閣而不見省以至太學再空而天
聽未回八路雲集而誠意莫達匪等不敢知殿下以爲公議不足恤
天道不足畏耶殿下私一仁弘而不知萬世之公議在於仁弘而不在於國
人耶殿下私一仁弘而不知自陷於萬公議亂國是之過擧殿下
之待仁弘則可謂至矣其於斯文何昨日伏覩聖
批有曰人之所見各異論議殊塗何必象攻羣味賀迫使之苟
同匍等之感至此而滋甚焉噫是非不兩存邪正不並行是非

兩存則是非者常屈邪正并行則邪者常勝正者常負
如楊墨之於斯道佛老之於吾儒亦不過所見各異論議殊塗
而其流之弊終至於無父無君中夏而左袵人類而禽獸為人
君者宣可任其論議之殊塗而不辯邪正之混淆乎此臣等之
所以眾攻群昧者誠出於不得已也而非欲賣迫仁弘使之與
我同耳祇願我殿下洞燭邪正之分明示好惡之公而已少正卯曾
之聞人也未有過惡著於天下而孔子裁之曰言偽而辯行僻而
堅為其詭行邪說足以亂天下故也仁弘早竊虛名晚蹈棠班
亦可謂今世之聞人而誣辭險行足以亂國家陷人心錐以殿下
之聖明亦未免墮落於圈套若使聖人復生於此時在所原
乎在所誅之乎今我殿下不惟不誅又罷孃之使公議遏絕之
氣消沮上自三公原任勳舊諸臣下至三司政院館學儒生織口

結吾袖手捫心以致姦宄虺蜮阿怪論逢蜇起至如朴乾甲本以無類
之徒偶占司馬之名而今者陳疏工辭悖語無所不至是必有流
繼祖借胡綵疏草誣論朱子之手段而殿下既示優容之意又有
未安之辭至使邪黨相與彈冠而慶多士直欲鑽地而八不容
國勢之抗搜欲定非是非於他日臣等穴鰌以為是非之定當在於百世
之下而第末知謂殿下何如主也臣等正為此懼觸冒嚴威披露
心肝區區願殿下廓揮乾斷恢張公議無執
前見痛斥邪論以扶正道以答興望　國家幸甚斯文幸甚
答曰爾等之論太過矣既已言其志退而修學業
三疏批曰三省陳疏其悉爾等之意但大辟念言殊非君子之爭予安能
無感每為瀆援退而求之
四疏批曰爾等尊賢衛道之誠不待屢疏而已知之矣但鄭䜣成有何私

懲於彼哉亦出於爲師辨明之誠而玖者語多不倫或肆忿言而妄

罵誶欲以多口取勝窮窺爲屑等惜之訖可休煩退而讀書

五疏批曰予意諭之盡矣爾等勿爲太煩各勉修已之學以卒衛道之

業

名濤居
丹溪　與兩從氏諸名勝趂旣望同會壁下

奉呈疏首行軒

士生於世不憚權奸不避腦箭扶正斥異辨一斯文上大樹立方

可謂眞養本賦不貽所學邦國賴而不止吾道絕而復穌是固

士事也士以名者豈不重且大耶邦剝否倻學出於嶠南惹虛

名蹟棠秩其徒定繁羅織士流勅焰熏天莫有誰何迆敢怙寵

路頭流擬初秋江城遊　一名赤壁　蓋暢敍煩襟也先貽書權上舍靜甫

疏屼五上竟未蒙　兌憂道傷時憤不自勝約與同志三四人遵

専慫搄擇我晦退兩先正同有紀極廟堂館學未免塞責袖手於

是吾南有金孝伯氏自少爲吾林冠晃多士推以爲疏頭公卽彈鈹奸

盧白堂先生之肖孫也亦與端屋柳先生之高第也傳襲學得餘

扶植士氣六月渡漢五上辨章其凜凜風節足補吾山頹有人寒老

之握手慰餞愚翁之贈言敍別豈不諳平日所守而熙耶天意莫

回公亦有跦一時吾道之厄運自一世斯文之公議自公倡其

爲樹立就有加於此哉北風凉南轅將旋約與同志擬新秋壁

江遊蓋暢敍幽懷也如享甫恭在縱遊後塵而適

遭重制未得縣袂於佳山韻水悵望仙帆只增景仰略敍衷懷庸

慰行李辛亥六月十九日鵝州申享甫拜手敬呈

與諸友作頭流之遊到雙溪夜飮權士任克亮前

盡日沿江路崎嶇訪寶林庭虛仍月入碑古見苦俟恋静僧眠

5

楊雲漈鶴在陰詩情坐披酒相對費孤吟

送洪叔京鎬還嶺外

俱爲千里客一笑偶然同世事吟哦裏交情氣誼中塵埃多感

慨歧路又西東握手忩言久浮雲蔽太空

七月旣望泛舟江城壁下

千載蘇仙赤壁一遊初秋旣望泛中流佳辰清興無今古月

江城名赤壁東溪諸公做蘇老壬戌之遊沿流上
下公興黙翁曰鵝亭舊事今日更續而眼中
不見吾翼承愀照下淚翼承吳公長
字時吳公言事得罪在謫所未還

色波光滿一舟

丹邱縣齋雨中次詩旨韻

瞍煙疎雨鎖孤城麈鳥時驚畫角聲邐迤空齋詩老到一床相

討十年情

次小有亭韻

夜一來過

無邊大野無邊水形勝南州第一家半世神遊曾未到朗吟清

龍湖玩月次朴君秀文横韻

四馬東歸客秋風山地過佳辰十五夜漁火數三家洞澈雲生

當江空月滿沙明朝歧路上回首意如何

三弟昌祖作艷瀨行遠呈盖欲遣歸也

雨息風顛灩澦灘孤舟無計渡狂瀾中流况復無維楫其奈危

機妙手難

留連數日公將還鄉靜甫君秀執手法黙曰歲暮南關重合

難期浮世此會圖畫傳後未知如何同遊名勝咸曰可遂使畫

手模得江城泛舟樣各上一幅

諸賢詩逸

同遊權黙庵漈東溪濤霜巖潘朴龍湖文横李蘆坡此
横東山克亮

世傳書畫帖 239

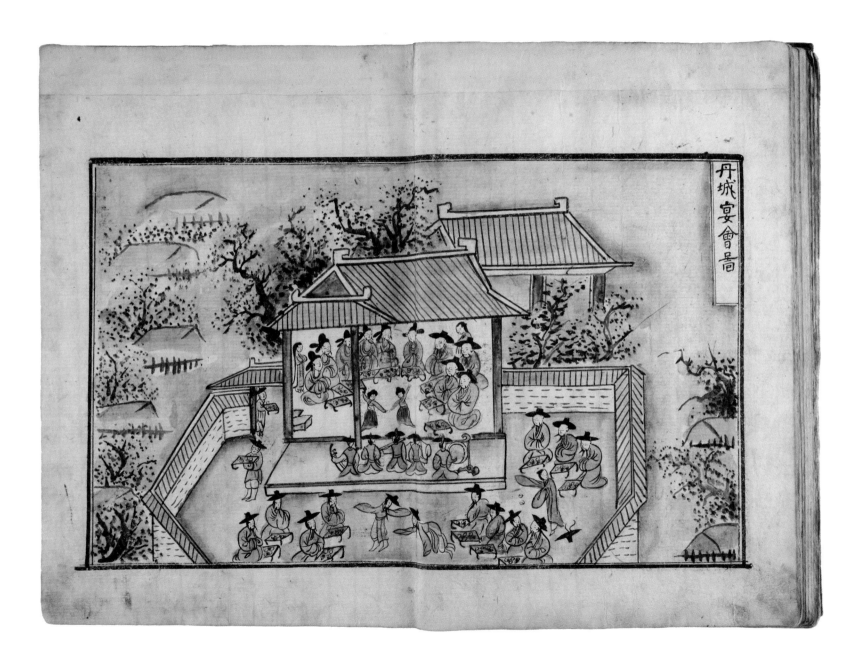

丹城宴會圖

萬曆丙辰〔光海九年〕鶴湖公除舟城縣曾於壬辰之後屬於山陰至是復設

未久將行大夫人誡之曰此縣乃汝父爺清德公再拜
受命益勵永藥居官樹摩一如愀然慎母忝乃爺之在山陰時〔述懷詩曰伯氏分憂地先君昔佩銅山官枝轍跡民帶恩隆止孝餘事移忠是乃功生祠遺愛在慎勿墮先風 聽理之暇八弟棠奉呈祖〕

約與邑中士友依鵝亭故事誤宴于縣之丹霄樓行大小民人

養老禮俱欣於和院或感舊流湧日幸少須史不死十五年來復見

先明府壬寅盛典〔懸黙堂設養老宴於撲鵝亭距今己十五年〕終日酣觴賦詩畫歡而

罷即暮春十二日也

原韻

次權靜甫〔濤〕春和詩韻

蓋興暇日越輕和湖上芳樽釀太和百里瘡痍猶溢目愧無嘉
政答春和〔權公以春和字分韻贈公四首詩蓋以公德政比春和也〕

芳洲花柳政爭春勝日端宜任賞春艫艟山梁非起興一年春

晝不知春

侯德和時春與和韶華形氣總為和仁風吹起同民樂江上清

蹲又一和

紅稀綠暗史尋春皀蓋榮臨春又春玉潤盃間春在是花叢何

必惜餘春

心和氣和又時和況值春和民亦和席上和容珍可戴田來位

育在中和

宴罷共三濤進前曰先明府曾於壬寅春誤此宴於山縣笑
身陪觀昇平盛事繪進宴會圖今於明府山宴以年七十猥
絲熱毛不徒前後惠涯之俠髓之餘感精錐
霧承眼雛花繢當更繪以進俾作傳世勝蹟撲筆繪上

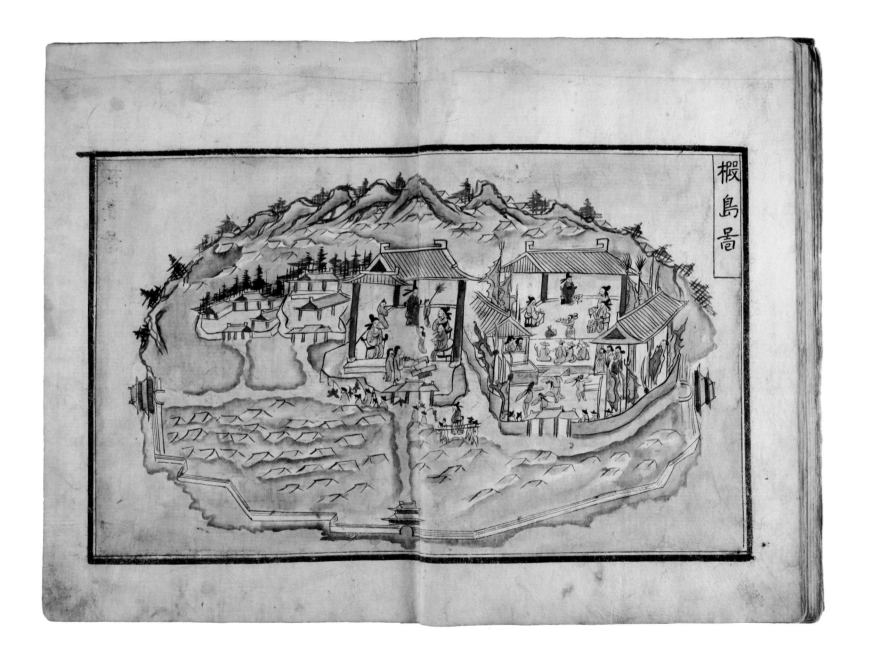

椵島圖

忘窩公諱榮祖悠然堂公第二子

萬曆丁丑生

天啓癸亥仁祖元年姜毛都督文龍安官人椵島與賈進使李

伴使尹義立從事官李敏求同役命發行有西征錄載文集

八徃蛇浦氷路未通渡涉極難具陳其意于留浦都司薛四教劉

即科等云今姑退去以待氷解

二月初二日登船辰時發艇未時到島泊椵島島東西三十里

人之家號補四十萬道路之人多有萊色遍山之高下皆唐

空家兩過市井宛然如都邑城郭都督遠之酒飯先是都督達文宣王

廟於衙門西岸是日行釋菜盧張威儀出來親察而歸都督立樻內南向三

使立樻外行再拜禮都督答揖引八樻內都督北壁兩使東壁公居壁

皆踞交椅都督紅錦團領玉帶紗帽坐定

各致辭都督叩頭仍及查文事都督極言用力之功兩使言莫非老爺

之德都督喜色即簽歷不掩盧良久辭退都督即臨館舍三使俱

冠帶立門外都督乘轎八門至廳事乃下其禮與衙門見

官時同茶禮後進酒饌都督各給禮單頻脫胖仍小帖見邀

禮單都督出門外祗送仍隨而八去視事大廳之東搆大屋

其制甚廣東西夾室各畜美姬左右掛金字錦障誤位與初

見時同交椅之前預說酒饌品極佳胖但或一物而陳二三器

其制未可知也設饌之外立珠絡燭籠各設三坐坐定進酒

每一杯進饌二品初以小銀杯行十餘巡後又以金鍾斟酒甚

大可容大鍾子酒則色甚赤味其五香故名五香酒頗似奉常

寺煮酒也初楚戲戲子呈戲技名目帖於都督前都督周視座

中後令呈戲戲子不著假面以五色畫於本面以馬驄作髻頭

驛掛於面上其形之〇可笑甚於我國之假面也其名目皆依古
今事蹟為之闘羽張飛睍眤烈之事過半矣日暮請都督
固挽徙徉黑又放各樣火或似葡蟲入不灼尤可怪或似牧丹或似竹林奇怪
難狀火燄甚盛而鎗觸入不灼尤可怪也初更末辭退
初四日回帖出來送名目皆告辭風勢不順不能登船初五日候
般泊于蛇浦日勢尚早馳到鐵山聞遞遠之亂方衝斥　上去
邪留公州不得已自黃州改先文取路載寧海州延安等地初
由木道赴　行朝亂即平二十一日　大駕將還都浮橋已成
漢江步渡浮橋俄而　大駕至祗迎于路傍庵從入城自
上親祭于　宗廟還宮後後　命

蛇浦元日 忘窩

逶遞行驛滿海城異方粃粆作新正山連遼薊頑雲黑路
接燈萊駿浪平靡鹽㪤容憚遠役倦遊還覺起鄉情黗
知溪友逢迎日村杏花飛酒滿瓶

次謝李東嶽安訥韻二首 忘窩

宇宙無窮際浮生幾日休東西迷道路五十開春秋麗石文
章逸荊州罷奬優陽春元寡和誰說少分留
日晚滄溟春霧消蒲帆高掛趂歸潮何時清洛江心雨獨
荷漁簑倚短梳

諸賢詩逸

初五日回棹時李東嶽行中有工畫者以東嶽命繪三幅進三
使前

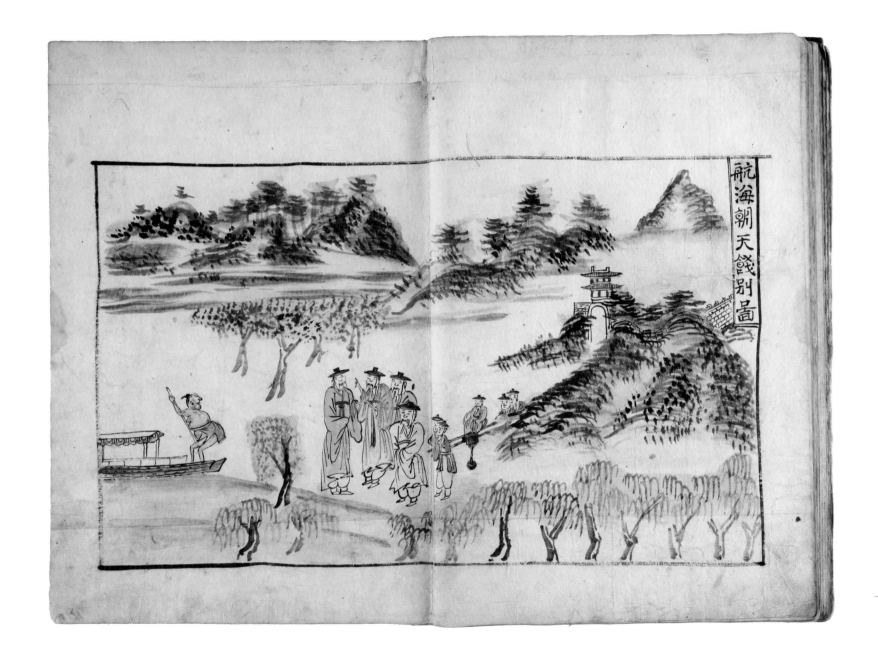

崇禎<small>毅宗</small>癸酉忠窩公以 世子冊封奏請副使無冬至 聖節使

與上使韓仁及書狀沈宗溟同受 命航海朝 天<small>時遼劉胡兵衝路由萊順口</small>

朝天送別錄

南紀無艱士東韓第一人承 綸凌渤海赴節賀 金尚容<small>仙源</small>

龍樓曉賀烟花鶴禁春賓誌應識石麒麟<small>聖節在至月楓宸雪月十秋節在二月</small>

又　　金尚憲<small>清陰</small>

塞外三年別天涯萬里行朝逢多俊彦 王事獨經營霜雪迥

顏鬢貪丘原半直為傷世道非是惜離情渤澥應無底

舟航未計程炎燕鹿隺雨秋色薊門晴路盡為嶺館身歸日

玉京雲烟養苑樹日月漢宮城賜飫 天廚飯班先國子生瞻

聆音盛事 恩渥總珠榮凡百宜存戒幾微且莫輕須知此

老語一飽曾更

又　　顏色少無難

慣經沙塞雪霜寒頭白還鄉歲未闌今日朝 天仍泛海愛君 李聖求<small>汾沙</small>

又　　李敏求<small>東洲</small>

蓬萊城闕鬱崔嵬爇爇薊邊 日下開使節却從東海去州

符新解北門回塵沙驛路甕蕃國天地秋風郭隈臺臨別自

嗟慈病劇一方尭繁影賓華催

又　　韓汝溭

昔森秉樓使經過路幾千百年周禮樂萬里禹山川海外初

無地雲間別有天夢驚河伯窟魂醉紫皇莚日月東澳出

星辰北極懸誰知遊賞錄轉作贈行篇積浪添濤翰長

颶借放船金臺存舊跡易水在何邊文物今為漢風聲
尚記燕如逢擊筑子為我好音傳

又　金起宗

別後征轀不可攀見君書疏當屬攀顏仙棧却向中原去邑
蓋絕從下邑還萬事浮沈元自慣百年身世未全閒波臣
定識朝宗意為靜風濤護過關

又　李明漢　白洲

春風吹轉北辰杓
濕雲殘雨暗河橋橋上清樽擁使軺借問歸期在何日
又作来樓萬里行
磧路迢迢雲嶺橫二年關外滯孤城誰知報政還朝日

又　李植　澤堂

風塵鴈塞坐軍城渤海鯨濤走帝京金馬玉堂應入夢
嶺雲江樹未歸情百年肝膽輕裘險四海襟期視弟兄大
抵浮生本無帶好加飧飯趁嚴程

又　金玲　溪巖

杳星饒客報西東天宇無倪水接空島樹維舟潮響息海翁
鳴過月明中
碼石蒼蒼海水環樓艓初泊漢楡關將軍却放嚴城鎖迎
八行八慰旅顏

又　金光炫　水北

吾兄寸器應時須妙歲聲名振海隅已向雲衢舒逸步
更從樓路覿清都平生忠信無難事萬里波濤是坦途賀
罷千秋一陽節手擊芝檢下蓬壺

又　金光爀

晃脈新　封在此行始知專對擇公卿鄰早願荆州識士
類咸推宿德名忠信想應無險地魚龍終見護歸程壹
觴歡笑更何日為待明春郊外迎

又　金光燦

磨雲嶺外始回軺更上朝　天萬里舟專對刁難雖妙簡
介然非獨別離愁
鯨海千層浪接天星樓遙指五雲邊扶持自有神明力一
任空飛水惟涎

又　李崇彦

春江落日照離艫為遠星軺向　帝鄉忠信一生多得力風
濤萬里等康莊　國恩感激心猶赤　王事驅馳鬢已蒼

聞道西陲消息惡時危此別益雲裳

又　郭嶬 丹谷

未釼五年別將登萬里舟庭花寒歛笑溪柳暗生愁忠信
催孤棹詩書仗遠遊歸途候竹嶺對酌賞清秋

又　鄭儆 愚川

暑無言面見幾微洪量如公世更誰忠信仗来安義命風波
此去任顛危何殊齋閣焚香日恰似靈樓上漢時穩向紫
宸聞廣樂張帆好返海東隅
天應庸玉試甘辛神護滄溟一葉身瀲澦正襟知學力
蜚廉蓬路驗貞匡營立霸業懷碓烈易水悲歌感古人
遙想　赤墀雷賀日一陽初動萬方春

又　申瓛

卧病河橋道未能嗟君萬里泛凌競登萊雪浪千層起宦
海狂瀾又一層

又　　　　　　　　　　　　　　　　　　　朴成範
西北艱虞際朝　天萬里行鯨波離恨滿分手不堪情
承綸行色向長安白首樽前此別難截雲大舳錐云穩慎
涉風濤好往還

又　　　　　　　　　　　　　　　　　　　金休
熒熒花還故國細對春酒說中州
雲何耐獨登樓他時使節華人頌鑾慶葵囊景物波好趁
觀周李子促征輶萬里燕都去路偏滄海祗應同履陸暮

又　　　　　　　　　　　　　　　　　　　宋光弼
盤錯端須責俊英宜公未暇在承明總供雁塞三年苦却

涉燕雲萬里程許國寸心孤釖在朝　天行色一帆輕獨瞥
肯歎勞筋骨他日歸鴈伍太平

又　　　　　　　　　　　　　　　　　　　都慎修
時危無世亂此別意如何總祝咸關駕旋秉博望樓蓬萊
看恐尺忠信任風波奉　諸東還日功存社稷多

又　　　　　　　　　　　　　　　　　　　金汝燁
三百詩中學力多平生忠信任風波千秋日照延陵釖萬里
天開博望樓專對莫令輕外國　皇家曾許小中華歸連正
會風塵警吾尚慎金舳早返車

又　　　　　　　　　　　　　　　　　　　權尚遠
老抱偏多感春風又送行江湖雙別淚窮達一交情杜志魚
腸在征帆鷗首輕嗚呼有孤島為我吊田橫

又　再從叔臺彦賢〔遁谷〕

吾宗令姪子灑落古人風北塞三年客南来一老翁相逢何
草草此別又忽忽夷險身何擇滄溟望不窮船從皮島去
路到覺華通玉節過燕塞琅函奏漢宮莫愁鄉國遠還
喜　聖愚隆只願東歸日氷霜保始終

又　三弟昌祖〔葳庵〕

四載楡關白首臣朝　天令又八函秦梯航萬國珪璋集拜
舞千官釖珮新瑞氣日昇凝寶殿歡聲雷動遍通津男
兒自有横行志離別傷懷是婦人
通来長抱別魂迷鴈塞曾勞夢望入燕山又送眼日暮灘
何慶可容舟魂迷鴈塞男子肝腸似太柔世路只今難著脚横流
陵楊柳綠百年心事獨登樓

又　六弟應祖〔鶴沙〕

德水呈休運佳辰報一陽衣冠修職貢笙簧實玄黃萬里
凌滄海三清捧紫皇烏川蒙　膚獎前後共流芳
死生都是外夷險一於中靡薦熏成雨魚龍闘作風日月頭
邊近波濤眼底空平生忠與信今日見深功

又

明公性癖愛林泉舒卷無心只任天道屈宣緣浮世狹才通咸惜
一州專　大朝將命詩三百碧海揚帆路八十無趙素補多慷
慨相逢試和郢中篇
雲路登庸摠俊英訏謨帷幄鑄時平四年楡塞孤臣老萬里
風濤片帆輕山海戈旌迎大蓋帝城花柳擁高旌死生夷險舟
心在頭上昭昭白日明
九人昆李五人存擇弟如今賢雪紛祇為異居難會面却

緣懷祿幾者雲數年湖外空雷活臆此夕岐頭更斷魂重老

心腸易作惡深杯滿酌不成釀

是行路由旅順口遇颶風舟幾覆一行咨號哭公凝然端坐不改籍以為朝鮮貳於天朝奴賊僭輸兵糧將犯各山東諸島就戮而避遷衙門則認而阻塘公愬上使朝諸各衙呈文伸辯備陳本朝事大之誠痛折奸人構誣之扶諸懸懇莫不起敬悔謝舟泊之扶小島衙門始知本國事情且見公誠懇之城塵氣告有一冊一枝取杖而來獻之公命遠之而舟已遠九月到皇屋空無人有數間茅屋使行偶徃徃視之謂公日寶此太乙真人青蓴杖前身非玉清真胃不可得聞老就見之謂公日可謂人與物相遇也扶今在嗣孫家有崔山柱夏記李學士徽中銘

覺死遷輕秋風玉關思鄉夢落日滄波戀關情孤枕中宵百

應集起着天際已參橫

次沈書扶子羽芝滇韻

平山次同樂亭韻 己下并公所著朝天錄

廿年三度到茲亭吏卒渾應識姓名人世父知生亦大 君恩偏

浮沉不奈世情何萬物元來共我家無力可今年久住有錢惟解

酒頻賒思鄉夢接東濱戀 關誠懸北斗斜名荷諸公忠

信在馮夷應亦護歸樓

沙場寒雨兒煩宄落日烏鴉集古墩惟見胡兒炊歠地孤烟縷

旅順口有感

縷起荒村

將軍飲血獨登陴四絕援兵勢已危西墜 帝城授印廢丹裏

過毛都督廟有感 其部曲立廟花苑所

只有上天知 毛都督文龍黃龍陷死上印綬朝廷斬毛文龍于雙島

未必當初欲自欺悠悠歲月負公私朝廷十載輸金粟成就將

次權學官旅順歌 有村姬伏林中據聞能言旅順見陷時事且言其夫數日前為餓人所屠食云○學官名伐

軍一箇疑

勸君莫作旅順事歌成直令鬼神泣歌關悽
愴悲風至旅順昨夜新戰破殺氣連雲雲尚黑遼河幅員幾千
里盡胡兒關以北將軍凜凜眼如電八尺身曾經百戰孔歌
兩賊小豎胡犬鶏廝視強胡若我事於東一夕戈鋌爛如霜
將軍嘖手捲燕雲擬掃凶徒如席捲誰知暗應日有積所恃忠
肝一斗赤環疆列陳袖手走一尺孤城成空拳將軍飲血獨登埤
西望長安雙淚滂沱港口千艘忽遺張空拳腕雙扼熊魚取
舍造次鄖義堂辛仰廟終將卯綬上北關免使
虜得東征諸將不足誅廟紛紛噎肉食我吊將軍跪敷柤
氣如虹飲遼遼顧顧繫單于致　關下先借吾　王章為
謝老嫗與權公歌罷萬古垂英風　　皇尚方銅為

玉河館有感二首

過遼東有感

河清頌詞翰應歸第一人

靈靈官演儀後次學官韵

渤澥鯨波萬死濱驚看　帝闕漢儀新香煙惹作衣中綟偓儙樂
喧催律外春瑞霧九重畺玉座瓊花千樹護　楓宸廣庭行獻

居庸館重裹容胡馬登撫城邊禁貢船渤澥明朝回棹客訐誤
不敢問時賢　又一首視吾舌猶在觀眸眸尚明傍人遠謂我肯啞過

可惜中原玩事機全遼仝作羈虜籲令威何處尊鄉國城郭如

今亦已非　全汗撤舊城改等於十里日　新城

朝退次學官韵　二首

玉皇高拱紫微官清晚音鬱蔥蔥萬國圭璋波會昊千官環珮駿
奔同閶闔雷鼓穹蒼拜舟天香借遠風門外小臣倜起感慇懃疆宇
堯陛日月頌光華玉帛山橋與海棲鮮域遠匪倨倜罷晚未光禳酌流霞

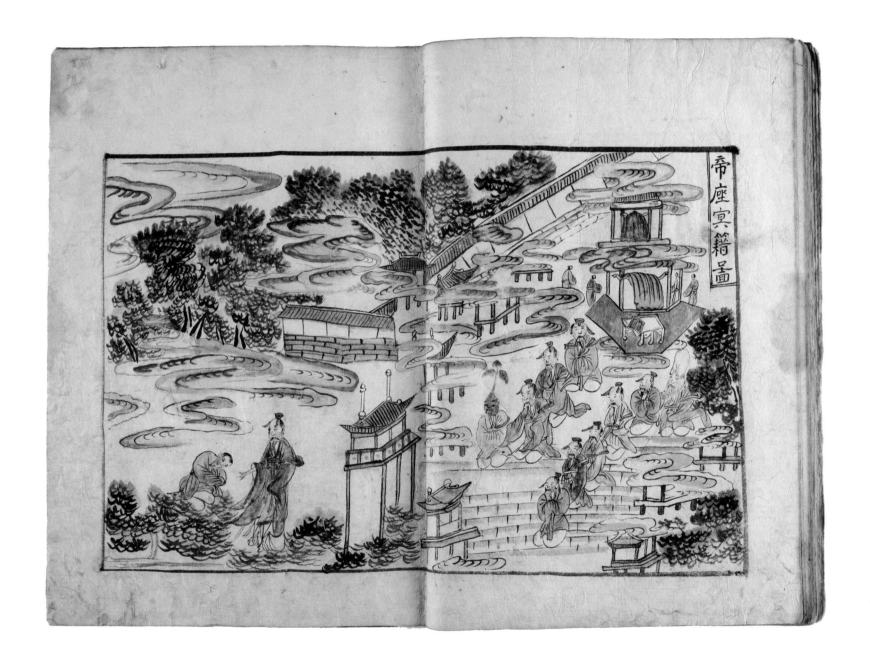

帝座冥籍呈圖

藏庵公諱昌祖悠然堂公第三子 萬曆辛巳生 公嘗
夢拜悠然堂公於淸都到仙環侍之座悠然公曰余考齊案上
寔籍汝名下書剛方正直四字汝其愼之年二十五歲上庠
旋値昏朝斁倫逐廢擧高蹈癸亥 及正後荐拜 昌陵
參奉義禁府都事司饔院參奉或斁謝而歸或不赴蓋其
奸也公爲公事有司削出道內人附廢毋論者奸黨嫉之及
雅尚然也公袽韜韻悽惋而性直不能容人過當嶺儒之疏亦權
朝廷命行鄕約鄕人推公爲都約正斜爲不善者不少貸一邑
肅然
崇禎乙亥爲靑巖道察訪非公素志也明年丙子西亂作又明年
丁丑 國家不得已議和公聞報慨然謂子時聖曰時事至此
汝等須入太白山下營覔裘吾將老焉遂解官歸至光州岧

洞病卒四月六日也州牧權公潘表從兄李上舍德養諸公解
衣以斂觀察使及道內守令竹賻以聞四月返櫬于榮川本
家十月葬于郡南新坊癸向之原其在湖驛沈器遠犯軍律被
竄而勢焰猶熾方伯至發馬護其行公曰罪人何敢秉駟遂不給
馬諉吏竟以是受刑不恤也伊山書院祭文曰董桂之性奎璧之
器善有所勸惡有所避自是窮終焉有避世高逝之志實語也夫
之高卒齟齬以窮終焉有避世高逝之志非前定之
鶴沙祭公文曰世人之於公徒知有簡亢勁直之姿而不知有和平
樂易之德徒知有耿介激仰之志而不知有眞醇謙抑之操以堂
制心廢行此一間無一毫修飾而自然超脫於物累之外此實人所
有現於寔籍耶
不及知慶而吾獨知之以此言之雖謂之兄弟間知己可也

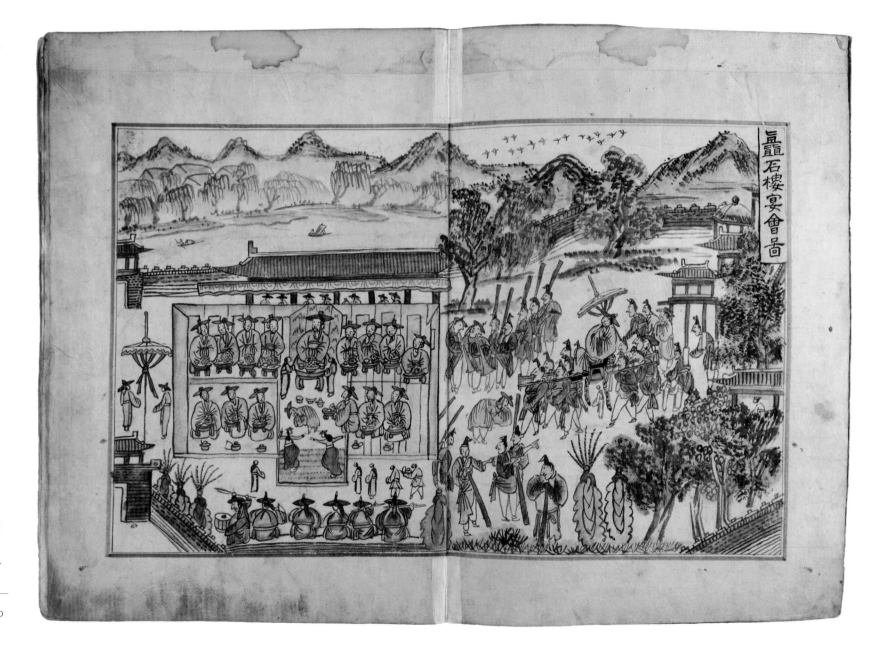

深谷公諱 慶祖字孝吉 萬曆癸未生悠然堂公第四子
天啓四年甲子〔仁祖大王二年〕八月日東洲李公按節嶺南趂貽書請
道內士友會于晉陽矗石樓大設宴醼命畫師繪樓臺形勝人
物真影各授一幅末具父啣計巳年題名俾作講誼之資

山雲

父忠順衛 士弘
進士李昌運 花塢 政珣 甲戌生 永川人
通政大夫守慶尙道觀察使無迎察使李敏扗 子時 己丑生 全州人
父資憲大夫議政府右叅贊無弘文館提學知春秋館事 晬光
父學生 世議
通訓大夫前行安東判官辛 曒 佰暉 癸戌生
父通訓大夫通禮院右通禮 炎獻 庚辰生 靈山人
生員閔希顏 景憲 戊寅生 榮川人
通訓大夫前行刑曹正郎檇斗南 景澄 癸酉生 安東人
父展力副尉 有榮
進士琴是諧 鏡洋 丁亥生 奉化人
父蔭功郎前行康陵叅奉 復吉
通訓大夫前行自如道察訪 金大振 四矠 辛未生 玄風人
父學生 應福

桂城

生員韓元進士秋潭 辛巳生 清州人
父成均進士 山年

金溪

通訓大夫行三嘉縣監金孝達 善述 甲申生 安東人
父通訓大夫行挹川縣監 佩鉉
進士朴櫴茂 華館 壬午生 羅州人
父奉直郎前義葉府都事 澃

道津

承議郎行松蘿道察訪邉李誠 行源 辛未生 原州人
父學生 養中 白橋
生員金慶祖游詰 癸未生 豐山人
父朝奉大夫行山陰縣監 大賢
通政大夫行興海郡守洪 實 致時 乙酉生 豐山人
父奉直郎前行司宰監主簿 襄嘉 甕驚祥

合十五員

講樓三日將敍別不禁悵怏約以明春三月復會於花山之聯湖樓
臨別呼深谷公字而軋歗然曰山會非不圓滿而恨不得與諸伯仲
同敍寊無踰嶺之藥春遊則辜縣樓也 東洲集

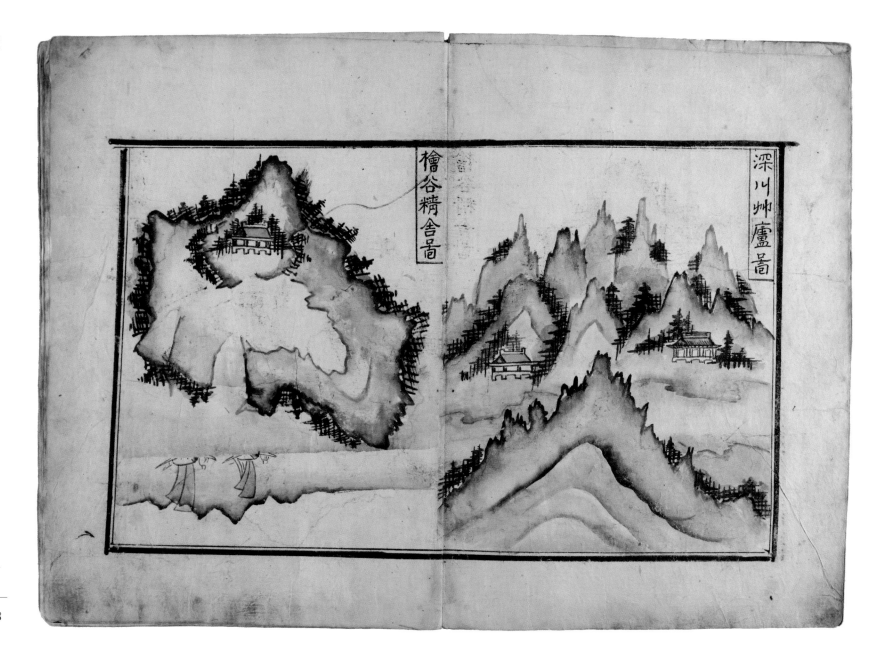

檜谷精舍圖

深川艸廬圖

深谷公自少以氣節局量為世推重　閱察判廳協當論人曰當今
吾見金　柠　能擔當大事任一方屏翰者
其云

崇禎丙子亂　仁祖大王公宰宜寧縣與觀察使沈某師勤王將

曰西上踰鳥嶺聞節度左右營俱敗於雙嶺觀察怖甚欲逡回關

東公於眾中按劍前曰　君父在圍城中日夜望南軍至公為水陸

將奈何為遷延誅殺必先斬公以屬諸將時仲兄僉判公僉判公

右尹公應祖俱在席觀察意就僉祖命六弟

曰弟言雖過發於忠兄亦樂如何願公改圖鎮定心可以免觀

察下席謝失言請生死從命軍中股慄未幾　上出城報至軍

笑而散公安憤赴亂不及期語及輒流涕因投綬婦鶴山後深川

舊占誅茅返跡弟鶴沙公亦於川下不遠地搆小亭逍遙來往于

為終老計公嘗愛檜谷江山之勝購敷畝田分與仲季二子使

家焉文搆數架學舍慶兒孫及後進軍躬督課程每遇晦

日韜以輕棹短筇偶傺水石間倘佯隱晦至義理關頭一劃劈斷人

毅平生喜怒不形與公言和氣藹藹照及室家甚貧鹿轆不厭而晏如也

不能撓居官清白自守無絲毫私

崇禎癸酉冬宰宜春縣丙子亂輦師勤　王至忠原境聞　下城

奇赴鄉懷慷慨然棄婦遯子太白山下營菟裘日吾將老

亦於乙亥出郜青巖慨慨然飲泣氣不平卒辛方可謂有是兄有是弟

馬到光州芫洞飲泣氣不平卒辛卯八年甲

申君亦歿于檜谷幽居未知良史氏有二君立傳者否悲夫　出通谷公
所撰傳
狀

聖學圖

存心　養性　持敬　主靜

廣樹麗公諱延祖字孝錫　萬曆乙酉生　悠然堂公第五子

公生而風標玉立天姿近道悠然堂宅山陰時公年十七辛丑書此

而能存性是甚體如何而能養聖學多端何以必欲持敬入生日

請於師長作中字附諸壁上曰夕體究且問師長曰是甚物如何

八字以贈公示入道的訣

寶手延祖書　悠然堂

用多在動上何以必欲主靜誠之用功惰之所儆亦宜潛玩辨大

既為學必要於身心上有功要工夫不懈雖究天人之際談性命

之理何益汝以蒙學師長有教必不能聲入心通今日聞以明日辨

之不嫌其遲必期黙後己

金重卿家藏庭訓錄後跋

拙齋柳先生

右吾友金君重卿家藏庭訓錄一帖盖其先君子廣樹麗公從悠然

堂先生之任山陰時所傳得學訣文字也公年十七方受易於重

吳公吳公為作大字既標題卷首而公弟鶴沙公識其下所叙

其授受顛末者又不啻詳矣不鄙不謂余間當出而示之

且乾一語附其後意甚勤噫何敢為豚亦有終不得辭者盖余與

重卿是三世舊交余幼侍李父修嚴公得聞公家先世德業之

盛有以知兩蒙一祖與諸父道義相與之故非一日而重卿又厚與

以寓情義之字有同天倫則烏得無情黙黙而已字且得託名文字間

以寓平昔慕望之宿心可少懈而又辭列諸公之次有榮耀

焉敬遂不辭而道其所感于懷者如左噫字若余何足以知之亦何

足以議之哉第今觀此帖之文只八箇字而為學之要包括都盡始

終患其盡存心者是養性之田地持敬主静又所以為存心養性之格

武也静則空而有本敬則一而不貳由是而心得其存性得其生熟逢上

徹下只此一箇塗轍推而極之則作聖之功亦不外是但有生熟逢命

之不同耳其辭約其義備苟非心得躬行灼見其源本之所自

之不煩若此之明且盡觀者見之卽此一帖亦足以仰窺公學力之所

尤極丁寧如使善觀者見之卽此以仰窺悠然公所

至而其後諸公所以武義穀有光者又可想見其源本之所

昔朱夫子嘗稱蔡神與之教其子不以利祿而以聖人之道教之夫西

山一家所以世濟其美盡裕後昆者實在於此以今觀之悠然公所

以啓迪垂訓以遺其後之道與蔡氏父子其意豈異也余謂重卿

此帖足為方來楷範不但公一家所守之寶藏而已願廣其傳於

世則必將有感發而興起者其有補於化理豈小哉此又仁人孝子

之心也余不揆愚淺樂為之言

鶴沙府撰行錄曰公以　萬曆乙酉　九月壬子時　生于榮川郡香里第眉

目如畫聰明穎秀孝友端莊自在襁褓大異凡兒當七八歲時先君慶眉

其穎敏問曰屋一閒楠木若干簡合若干簡而計之其幾何公應口對

無疑九歲能屬文往往驚人庚子中鄉解六年辛丑又冠中先君嬌其太早

不許赴省試是年夏觀于山陰任所受易于玉人與同棲于縣之智谷寺講讀

益勤先君知公志有在手書理賢格言以助之至寅先君卒于治所奉

柩還鄉哀慕備至襄之日面色深墨見者驚嘆未幾得疾幾危僅而

獲全丙午西崖柳先生在鶴駕山之西芙洞公受資治通鑑綱目于先生丁

未寒岡鄭先生為安東府使會一府多士講心經近思錄公遂從之游多王

推公居前列講讀寒岡亞補之己酉中鄕解庚戌入洛赴西學講小
學家禮時朝迁新立法定三講官且以臺官綵之諸生無不悚惶
失對公正容端坐剖釋不差講官積歎不容退有老吏在連目
送之曰容儀玉潔擧止端雅眞郎廟器也將出榜子守榜其
于南大門外館入日暮不至滿座失色公怡然不爲動諸擧子歎其
有定力及榜至公果捷二等冬廢主御瑞葱臺試士公製八格　賜
恩畫壬子春赴會講吳天諫德齡愛公儀度異常音響琅然厭中
大喜此士善讀書可使奏　經筵旣釋褐聲譽蔚然薦藝文翰林
而公已病矣時年二十八去論猶以爲晩先是公於下唇有小核誤加艾
性仍而成瘡百方不効積年歲益甚自知難醫江謂伯氏鶴湖公曰吾
以家貧親老甘旨不稱辛苦嗜讀一字誦一句何嘗不在於備
養今至於此豈非天哉以癸丑十月十九日捐世享年二十九金參議浦聞
其訃驚曰此人如精金美玉其来不可量何遍不淑公以英粹之資端方
之操頴脫之才早承詩禮之訓趨向已不凡稍長益自刻意勵行
慨然慕先正遺風其在山陰先夫人有微恙公憂形于色危坐
侍側竟晝夜不怠先夫人勉諭之曰余疾本非大限何至乃爾當
先君疾革憂遑靦迮親自嘗藥以驗其吉凶每傷先君不舊吾
世嘗謂荼蓼祖曰昔我先君懷道挹德邅窒京師備嘗酸苦吾
蓴他日何忍享厚祿以自養每至涕交下其愛親之誠出於天性如
此奉先惟謹毎當祖先諱日必前期馳驅親戚以待親戚必參
以行如不得往則必齋宿于外待親戚宴敢厚不計近遠必至
尋其有祖先祠宇請以盡展謁遠之誠同氣之間愛敬兩至
嘗誡其内子曰末俗視同氣如路人多由於其妻妾間之也甫宜慎
之公好善嫉惡出於天性苟爲善雖僻丙之賤好之如芝蘭苟

為不善雖趙孟之勢視之如犬鬼照其水鏡無私權衡必審溢
美已甚之言未嘗出於口及從賢師游蓝自奮勵恥為言語文字
之學嘗曰學問非是者若游悦悟事其要專在於曰用事為上就
其大者言之忠與孝是也今能於此勉焉則思過半矣憶公之於學
其用工之諫容得力之淺深雖未可窥測而始撮其一二言之公少日英
氣太露事有不如意便有未平底氣雖在親側亦見及長事親之
際必有婉容愉色承接辭揮是一團和氣有拂亂之事少無
幾微發於言面當游洋宮從諸兄弟與一朋友戲其人卒厳怒大肆
置厚諸兄弟皆未免有慍語公略不以介意笑曰彼雖失道我何與
較其人愧脹慶家堂元謹厳或正色庸容終日無言家人或親其有
怒方寢疾之日有友人往省之公正衣冠端坐斂形談話移日若未
當有病友人心服其學力之有得嗚呼由前數者而觀之從性偏難

竟慶克將去自是聖門傳授音訣而天德王道其要只在謹獨至於
死生之際君子重之心定氣随從容自得如此非用力於克已專心於主
敬而深達死生之理者能如是字倫天假以年得蓝以學其所歲
虬嘗其量武如絕命之夕先夫人往臨以訣公俯伏滕下親聲以達曰
不肖子不幸至此不孝甚矣願勿為過哀以慰子心公聘父母俱照之
訣歷謝教病年苦之恩内子金氏從而號泣其傍無一言乘應祖
念祖等隆手足請曰弟等終年侍病不幸至此可無一言訣字徐曰
君莫成亦不可無一言以留元璧年甫四歲念祖復請曰元璧若
辛蓮但願積善而已又答曰公有一字為我言之可也
言託而終柳公之友柳持平移誅公之行曰公有強毅不屈之志而濟
之以和平有浦高擋出之操西補之以學問色溫氣烈智圓行方真
御言武公嘗有小疾以閒安察訪棠倫安甚難之人聞其故安曰此人

受氣過淸六氣易得以秉之下藥誠不易譬如寒梅苦竹培植若矣
宜則易至於枯損嗚呼卒使安公之言有驗則天也
修嚴柳先生撰公言行略曰丙午歲先君子在西美洞公與孤等共樓
甲辰寺逐日往來受資治通鑑綱目奇在山中最高頂甚遠而
公挾冊徒步數月不怠先君子每補之曰此子頴敏嗜學今日後
生中解有其沈
己酉冬公與余俱中馬解明年三月自安東同行八洛先赴西學講小
學家禮時 朝廷新立規法如講經之式講官各以意見難問音義
諸生無不匩怯失對而公獨正容端坐剖析甚明講官稱之嘖嘖不
容口及退有老吏在廷目送而嘆曰容儀玉立擧止安詳真卿廟之器
及赴省圓出余與公及同儕五六八俗出南大門上關王廟後巍列坐待
榜術睆城中館人之呼鄕許郡辈逐新来者交錯於道而吾辈所坐之
慶日晚不未坐中無不失色擧措異常而公意氣安閒談笑自若少
無無聊不平之色及館人持戈對未召余公神色不變徐起而笑曰惡
消息未来之前吾其行笑逐去已而公之館人亦来而公已速
公有強毅不屈之志而學閒有淸高獨出之操而潛之以和平色溫
與吾仲氏洗馬公志同道合交契最密其言論處事雖不相謀議而
必與之符合余留以遠大期之不幸壬子歲仲氏以憂身而至遇事敢
氣烈智圓行方平居與人相對終日靜黙若無所可否而及至遇事敢
爲義性直前不爲威惕不爲利疚世俗營營爲計較之事無一動於其中
公又下世所謂鄧林之材未成棟樑而遠折於風霜可勝慟哉
癸丑秋公在城山精舍余自豐山往謁之時公病已革氣息奄奄而猶
能自力出接著上衣整冠巾端坐欽形若未始有病者談話移日倒
盡情蘊不少見其憂怖辛苦之態余暗暗稱奇又退而歎曰死生

之際君子重之今人平居不無以禮自勉者及至臨死之時則憂懼恐怖
七顛八倒失其常度者滔滔是也今公以三十之年遇不可堪之疾剚於中
痛毒朝暮且絕而心定氣隨臨函若吉非學問之力充積於中
而深達死生之理者能如是乎是日歸路又拜一鄉老年八十餘抱
病臨死望見余至痛哭而呼曰君乎吾今死矣喽定又痛哭而言曰
君觀我病候如何願乞須史之命延過今冬而死可能得乎因悲咽
不自勝程子云人之品高下有于百屑得見二人而一人如此一
人如彼程子云今驗之尤信
怠窩公祭公文曰人之死生有係一家一門之與替者有關士林國
家之休戚者關士林國家者其慟也公私兼一家一門者其慟也私
公慟者一世一國之所同故其慟也大而逯私慟者一家一門之所
獨故其慟也小而迫苟或其生也若將關士林國家之休戚而其死

也乃止一家一門之私慟則其為一家一門之慟宜萬倍於尋常
而不容已也惟君稟質清純志氣精敏學語而無解文字學數而
闓一知百頭角稍露已志子學挾冊從師不待嚴教先君常拊頂
而歎曰他日立吾家者必此兒也及其稍長業務精勤行務端方
慶舉不流居獨不惰孝友之性出於天賦剛直之操得於學力
鞭文圓儔流莫先而早失嚴父之教晚之師友
烟乎如出堅之冰也溫乎如崑山之精也學既日就闇默而章掉
之益逐逐科臼將失此生遂頂笈而從厓翁以君穎悟之質未
依歸之地他日所就宣易量試家貧親老復修攀子之葉曾未
數歲斬焉屠龍當此士林賀其得人宗黨慶其昌門若使
潤步長趨得展所學則區區之幸初宣止於一家一門而已奈何
蘭萬而先霜研燓而刃折使一世一國之人知君之死孽吾一家一門

之私慟而不知爲士林國家公共之慟則天乎鬼乎孰使之然哉嗚呼

痛哉吾先世累代積德累百年于玆至我先大夫仁無間於物我行不

愧於神明是宜博發積厚審裕於積善餘而曾玉考以下俱不享壽

十之壽至于吾兄弟八即既冠而天君又未立而山福善之理豈不可

徵天乎鬼乎孰使之然哉

疾殘士友相弔靡不有蘭摧玉折之歎

君非待敎者也遂與爲友年二十六燈上庠二十八登第薦史館明年以

映帶數人不煩程督自勤讀書嘗從吳正言長受易于邏席曰

淸陰金文正公所撰墓碣曰公生而頴異及長儀表玉立雅步端視出入

書先君子庭訓帖後

鶴沙

萬曆辛丑年吾先君出宰山陰縣吾先兄廣麓公奉板輿以行趨

庭之暇往來受易于縣居吳正言異軒公長仍與同棲智谷寺

以便講劘蓋公天分甚高如蘭薰而蕙芳玉潔而金精風聞詩

禮之訓早游明師之門銳意爲學其進未已先君知其將有得也

手書存心養性持敬主靜八字繼以數行語寄之且令諸翼

軒公筆之以貼壁而觀省焉其翼年壬寅春先君易簀于公館

後十二年而先兄下世而猶言此若干年而翼軒公於謫所不肖孤

尚未死觀居此世而猶言先兄子秬繡之噫先兄一生學訣在是

取先君及翼軒公筆跡作帖今又逢壬寅春矣家姪時任按

矣經今六十餘年手澤如新其得免於蟲蝕鼠食而獲全於兩

世喪裕之餘者豈非有數存歟余竊有感於家姪追遠至意

遂揮涕而書壬寅四月上澣日不肖孤應祖謹識

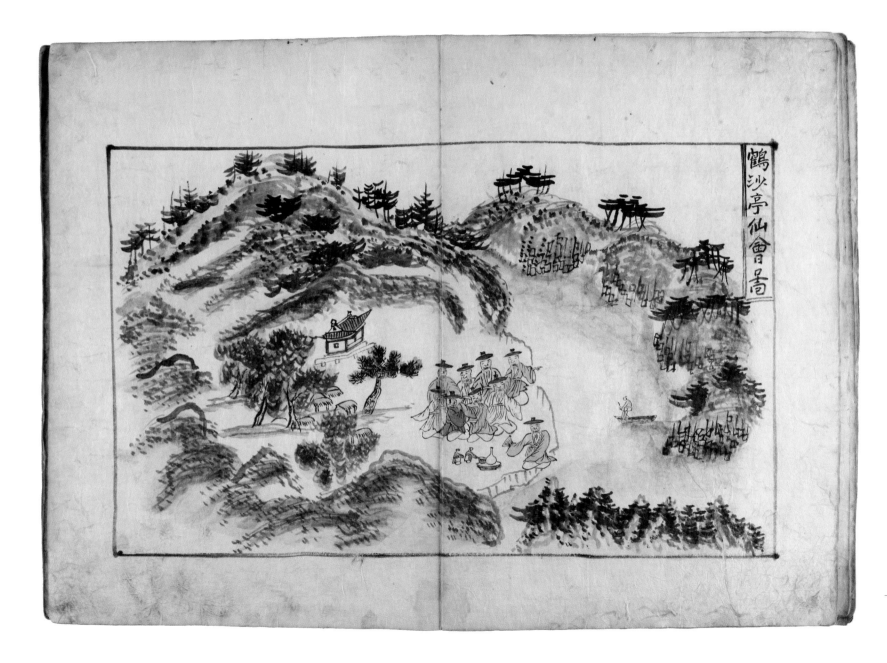

鶴沙公諱應祖字孝徵　萬曆丁亥生悠然堂公第六子

公生有異質受業于旅軒張先生之門承旨訣成大儒

崇禎甲戌　毅宗皇帝七年即仁　祖大王十二年
古林氏之　　公構亭于鶴山之北沙川之上自號鶴沙
亭墟　其地極幽閒清絶白沙以繞之清流以縈之翠屏以環之若畫圖

歐直亭之東南有崖坡陀可種千樹桃為桃花洞傍有數松等其

下西壇之爲嘯綠臺由臺而西西崖藍峻境藍奇路窮而臺高者爲

風詠臺又其西百步許水激石成潭深可容舠爲洗心潭潭上有奇

巖上可安亭館皆山水之奇者　載亭記

題詠

臺不用嗅心醒

金門客帶少微星山乾南來滿眼青白日雲霞樓棟宇碧天河漢掛

窓樞平沙霽月開銀界絶壁春花擁錦屏想得高明無點塵燈
白軒病拙稿奉

小白山前瞻客星晴沙遠映鶴峯青幽人好道書盈屋靜地開軒月共涵

樞冠佩暫遊紅藥署夢魂長綾翠雲屏縈廬深在龍門洞漁父無
隱星病弟

緣門醉醒

塵裡冥行賢已星禁中相對眼俱青自言素願非華省長寄幽
湖洲拜

懷是小樞鶴甾輕嵐涵玉鏡沙川細浪漾雲屏歸期擬趁菖花酒聽

玉堂仙客語星星昨戀家山入夢青月出波光吹竹箔雨餘嵐翠滴
太湖漁隱

松樞誰教謝眺空吟練自許羊元好對屏婦卧平泉應不羨石墨

此令人俗慮醒

能嗅醉眠醒

山名控鶴勢摩星幾八騷人夢裡青偶徬逢君談美景依然远我

倚陳樞瑗沙帶月誅晴雪翠壁舍雲認綠屏況有新詩添勝絶

欲吟塵念已全醒
晉山後人

天連南紀動文星畫錦歸來贊尚青好傍煙霞開別墅却教風月

入陳榁川流絳繞三條帶石執參差九置屏須識主人真樂趣世間

呑醉軏呼醒

清臺更葵潁川星閣領丹崖未了青蘋葉幾經裁草鶴沙新見

抗風榁踈松巧作笙簧韵冥窟微成水墨屏羨子暮年長徃討肯

敢漁父怠佀醒　南湖

一水澄灣點落星小亭高壓野田青鶴岑曉月通宵幌沙渚微風到

夕榁欲徃林阜魔作障邦将物色繪為屏知君亦有平泉石倘裹

翁半日醒　東州散人

修林翳日水涵星塋裡螺鬟一抹青絕壁蒼茫仍月榭小臺超忽即

風榁溪雲倚捲明鋪雪壁霧初收翠擁屏省事久抛盃酌興任教

漁父怠佀醒　主人

聞道南崖小篗完白雲籬落碧松開何時得遂分山約藜杖緶中　西澗老人

共徃還

不夜齋題詠　不夜齋在鶴沙南崖盖其窻臨一帶沙堆珠積璣生白生明塵之而不渠波濤瀅之而盖潆鎮朙照常朙故名齋

雲屏回處玉虹斜發翠閒堂面白沙駕鶴歸来人不見抹芝應人

赤城霞　襞溪

世外名區間醞醲紫白沙如雪夜還明數椽茅屋常留畫却喜尊

幽路不寔　晚醒

西挹襄川壯沂縈平沙三面雪著明堂中夜夜常留白山外更

政晚宾　城西

鶴沙縈侈鏡湖縈沙映靈坮一樣明從此山中長不夜俗睟何

日破昏宾　裴幼華

記　愚川鄭佐

夜朝之常天也一晦一明歷萬古而不變就有達陰陽之理竊造化

之權使之有朝而無夜長明而不晦哉鶴沙令公構小齋於江岸

之上俯臨平沙玉雪晶熒浩浩無垠于頃一色如坐水精宮裏

白玉樓中於是扃之以不夜不夜之義徵於夜而可見方其曜靈西

藏陰䰄未舒兩儀冥涬萬象香黑秉燭之明不出數步照乘之

光不過前後于斯時也開牖聘望十里平沙皎然澄目一帶湖

山朗豁如畫不知八表之同暗五更之移籌偷得一別乾坤於兩

世之外昔者兩目偶出萊子猶以名城沈此沙也亘古西常存無時而

改則雖謂有朝而無夜長明而不晦可也齋之得名不虛矣居斯

齋也靈堁瀅澈物累淨盡畫滄于虛明與境爲一信乎入地之相遇

而地以人勝氣以居移也彼壷天永日假令有之潛形幻境孰如玩實

地光景哉小子願得抽身長夜一聞昭昭之訣

書鶴沙仙會錄後

庚子十月初吉有仙客若千人會于鶴沙之醒心臺于時秋序已闌

木葉始脫十里明沙入座無碍障而烟消嵐捲山增翠水增清

笑憶人生世間如鑪鞴甕盎中苟能一日遺世而娛嬉作物表

即是一曰神仙也今吾輩老少雖殊臭味同而情志孚鍾邂逅

於塵臼尚幸沈邂逅於仙境子相對而忘形相看而忘語超陶濛

混希氣若與安期赤松携手從容於六六畫天而俯視瀛州九烟

碧笑曰著將散歸相視依黙囑權君公運題名囑衆仙相

和而為詩又囑校長朴君子相山長李君思退作帖而粧橫

之因繪事於其上名之曰鶴沙仙會錄不知當日武陵桃源亦

有是事否是月上澣日鶴沙拙覺識

鶴陰公諱念祖字孝修　萬曆己丑生

以丙子原從功　贈左承旨悳堂公第七子　官 宗親府典籤

崇禎乙亥宰果川翌年十二月北亂作都城失守　鑾輿出狩公

與龍洲趙公絅誓死倡義

檄邑中大小民人文　丙子十二月十六日

縣監爲痛泣陳諭事　國運不幸建虜猖獗迺敢憑凌我

皇朝嘯擾我遠鎮沮遏我朝　天之路又敢移兵我誦弦之邦即斷

中朝之腹心手足也旬日之內長驅直擣者八無人之地三京失守

七廟播遷寄寓於彈丸山城陪扈百僚守禦殘卒寒欲死饑

欲死我　聖上宵旰之憂環東土百萬億蒼生孰不體念而痛

笑也武睄言西顧雖功二十郡無義士之浩歎竊想東篇多著

百萬師有忠勇之摧陷山川不改人民如舊凡我大小臣庶孰不

薰沐我　列聖朝休養之澤孰不霑漑其贖父老忠義之海

我況我栗津一縣介於畿輔壤界雖備衝突要候孤岘東西

若不保守漢江以南水城以北便爲無遮之地宣不抑腕而痛

慶午三百年　宗社委之草菜三千里河山入於靺鞨之義氣

各自激勵以今十八日早朝齊會栅城堅下幷啼血誓心德

歸死固無顏輩壟吾土人民舊堂堂心忠肝烈烈之義亦何

我約束修我戈矛期於效死勿去勤滅此賊而後已則於　皇

萬曆鑑之義在上各祖先隨之在傍生爲　萬曆之忠臣死爲

萬曆之義魄各家英靈壹不悅豫於寅三曰子有子有孫

予飼役孤城　君父在中暴露風雪朝夕之憂所同此堂

烏竄魚散各自逃生之時子不得不若矢死而揩不死

保我　宗社復我　君父以贊中興正績則大而勒焉記常小而揚

名顯身載王府已有龍虵故事子當隨功脑賞且有成册詳悉
記載伱鍈腥氣快霽會朝清明　啓達丕受　慶分是違者載
無意敵懍任各逃避則予方考成籍依軍律施行以此知之俾加
暢念茲期無有躇澄宜當

答龍洲趙公書

祁運百六虜廢至此言之痛笑寧欲樂言伏承來諭病退鄉山發出
倉悴末及　庵班理勢必照忠憤所激不棄愚昔欲與下生同事
於東津城柵期以死守誓以死報過賊南衝撗贊中興下生之所平
日仰望於台執事不下於武侯之正大子房之從容則值此尭鋒衝所
指揮措畫惟執事是恃胡爲過自撝謙俾委瑜分之責也生賦性
踈拙才智淺延且多難強疾病毫忽機廢軍旅進退之事非涯兩而
可堪而特以世臣分誼不敢以死生爲念茲庸踽刃取義之許概諭一

縣大小民人與之嘔血擧義殆三千餘人且遠近忠勇之士不期來
會者亦不少軍管領之非其人畫齊勞焉覽倍於風雪經過伏希
從速齡昱使紀律整肅篹畫績盈千萬

軍中條約　自十八日始

大夫士庶民中有願納軍餉米豆者各於其名下鐫幾石幾斗俾
爲日後　奏聞論賞之地是遣若有勇敢之人斬賊首來獻者賞
一首銀子十兩布三疋或有臨戰先退者斬及父子兄弟同罪將領
長并皆論罪事

鶴沙祭公文曰丙子之變守藏凾十室之邑伏敓死匆去之義乃與龍洲
公誓以死倡義於萬兵隨欣突之中自刃交輝瘟血濺衣而終不離果川
一步地以求苟活何其烈哉賴天之靈終免罹鋒膏顱而暴露氷雪
越月逾時以求榮衛外鑠膏肓內痼以至於此君可謂死於國矣

盆梅圖

雪松公諱崇祖悠然堂公第八子

萬曆戊戌生　崇禎己巳　仁祖大王七年登增廣文科謝　恩日

上愛其容儀雅飭英華俊越進前特詢世德居住知有八樣

五桂之美改賜洞名五美　洞名本五副蓋潛庵公遺乙巳之後　陵爲五副　贈考悠然公更曹孫判姓全州李氏

洞名改五美使子華字　南公不走擧立朝命名農字

貞夫人因聞喜宴　賜祭地贈粵三年壬申春以記注官日侍

經進屢蒙不世　恩遇猝遭痘京邸　上親送內醫命之日

子愛其貌氷清玉潔慎無使吾注書面縛竟不起疾　上甚

嗟悼下靈壽殿板子命一路護喪

公愛王考華南公十梅詞

江梅　朔雪封樹顛凌漸漲清濱郍知僵樓裡暗着一年春

嶺梅　根藏萬丈氷枝戴千秋雪驛使来不来悵望腸欲絕

野梅　窮陰閉長川驛南消息絕童兒莫頻来深愁恣晚折

早梅　孤芳挺寒峭暗香聞雪裡憐渠苦幽獨一悲又一喜

寒梅　山中雪已霽林外殘初殘如何海樹下淒涼獨多寒

小梅　節竪差耐久貞固不嫌小幽芳暗傳美人知不遠

疎梅　氷壺疎流咽淡白河淺徑自明心寧歎人無了

枯梅　根強是多年梢乾不爲雪死僵君自了

落梅　寒蜂斷行蹤寂寞落寞回知君有成實

賦梅　人間千萬樹梅詩最難賦豈非句裡言難得高絕慮

置金梅於雪松草廬每臘月開花與名勝前士携酒回賞至有金

梅圖　盆梅詩　雪松

不可無詩玩不可無酒看香因閒郤影帶月明寒態度初揩

捫精神御末干不愁風雨惡直恐春將闌

鳴玉坮圖

一慵齋公諱時恍忌寓公第三子

萬曆庚子生棠禎乙亥除西永庫別檢翌年丙子亂聞
下城奇慟笑棄官歸田園以踈慵自廢號一慵齋嘗有
詩云懶病無人在我先一慵宜徒厭革門非厭塵喧
閉花逕終教草色連醉似阮生醒亦醉眠如陳子覺猶眠
先生遊賞芳躑躅鞠為燕草與西厓先生孫拙齋柳公元之鶴
峯先生孫金公燡謀將搆一小閣通文列邑

通文　通禮安禜川體泉安東豐基奉化士友僉尊前奉告
鳳停寺在本府治之西北三十里是近溪老先生少時嘗讀書講
道之所而寺前有瀑布最為一境佳勝水從敷丈層巖上

波鷗日日營何事出沒那邊又造過

逝洛故舊名落水臺先生愛其幽絕改以鳴玉盖取陸士
衡詩飛泉嗽鳴玉之語也嘉靖丙寅先生承召中路病
辭留此寺敷月以歿朝命聞日與門人臨臺感舊吟絕
句二首至今遺躅剩馥猶有所存焉者維是古墨荒廢
草樹蕪沒有心者莫不興感至於先生遺汁寄懸僧舍
非其所也昔我鄉人長老思欲傍臺等菴以寓其慕而遷
就未果者久矣先生等令欲就成其事為永久景仰之所而
非但連歲凶歉役需方以無主幹者為慮適寺僧
普明自願營幹事非偶然也玆令幹僧敦此奉告伏想
僉尊必樂聞幸願各出升斗以助其程使先賢杖屨之地
不至埋沒不勝幸甚

甲辰六月十日　金時恍　李宙松
柳元之　李溁　柳宗之　張龍見　金燡　李朝英　李朝鳴

金時任　柳世長　柳世鳳　張瑠　張萬善

屋旣成先生鳴玉臺詩二篇刻揭楣上詩曰此地經遊五

十年韶顏春醉百花前只今携手人何處依舊蒼巖白

水縣　佳寺之洞門有奇巖數層高可數丈水從上瀉下最爲一境
權姜二生亦已久矣余於徃弟兄壽榦屢遊此也
寧不愾歎　出山又題一首白水蒼巖境益奇無人來賞
貢生權敏義姜生苑義翰從之飮去無因而吾弟不幸早世

澗林悲也他年好事如相問爲報溪翁坐詠詩
一幅齋公詩鳳去丹霄經幾秋層臺寂寞澗林悲非眠勝地
營新等要把淸芬續舊遊當檻靑山看玉笋懸巖白水憂
瑣流欲知仁智無竆樂須飮慶踪到此求
藤蘿剔盡古臺幽惆悵仙蹤在此區卧壑奇巖依舊有吟
詩犬光到今無松閒爽籟聲聲珠玉上飛泉箇箇珠勝跡

發揮吾輩事寧前約莫相渝

上樑文　進士金光源製進士吳益焜書

請記文　拙齋柳公製文請于眉叟許先生

蒼巖精舍堂凡三間爲房者一間爲小樓者二間僧寮三間

直堂之東跨兩岸作水閣爲橋以通上亡崖往來之路

重建時通文　壬戌十月十七日
祖權重輿　權協　柳星徵　李載堣　鄭鏶　金佶　金麟錫　金夢
三金瑞河　柳晉鉉　權錫撰　金復瀾　鄭在淵　漁　鄭昌興　金瑞和　鄭泰
上樑文　甲子春　燾奉李光庭製　丁未權範相製　柳聖和　鄭恭　幹僧性敏

蕭寺漫錄　甲辰夏一幅齋所著

幽泉咽咽樹陰靑山無語萬古心鳳去丹霄知幾歲只今餘韻
在珠林　玉流瑗石自爲奇何便遊人過此悲松栢滿山淸

籟動緬懷溪老坐吟時

竹峯公諱侃字士行　李廟癸巳生

肅廟壬辰三十公除黃山道督郵約與梁山郡守韓澤之慶州府尹

外符樓
眉下邑

權子定會甘露寺　在密陽地　暢敍志也　時值甲戌一邊人十餘年專局

陽地　後午人之稍有名字者一并織之

同遊錄　壬辰九月三日

密陽府使李玄輔

自如察訪趙彦臣

河陽縣監李復仁

仁同府使羅學川

慶州府尹權以鎮

黃山察訪金　侃

梁山郡守韓　澄

甘露寺韻　竹峯

彦陽縣監成起寅

軍威縣監李鐵徵

碧溪晴障是秦餘靈境遠高釋者居舟子何年来此地遊仙今

日駐雲車桃花匝岸紅霞暎竹葉迎風翠影踈勝地雲煙都領

得塵緣頓覺十分除

次自如韻　竹峯

屏簇立碧崔嵬秋雨蕭蕭落葉堆琴韻暗和松韻徽鴈聲

遠與檐聲來異鄉滓水三盃酒浮世功名一念灰興盡曲終燈影滅

五更殘蟄動雲限

聞朝家欲禁守宰閒讌之遊山後亦難重會命僧畫出惜別樣以給

餉別容悴軛愀然日落拓吾儕偶因佩符同道有此勝會於分溢

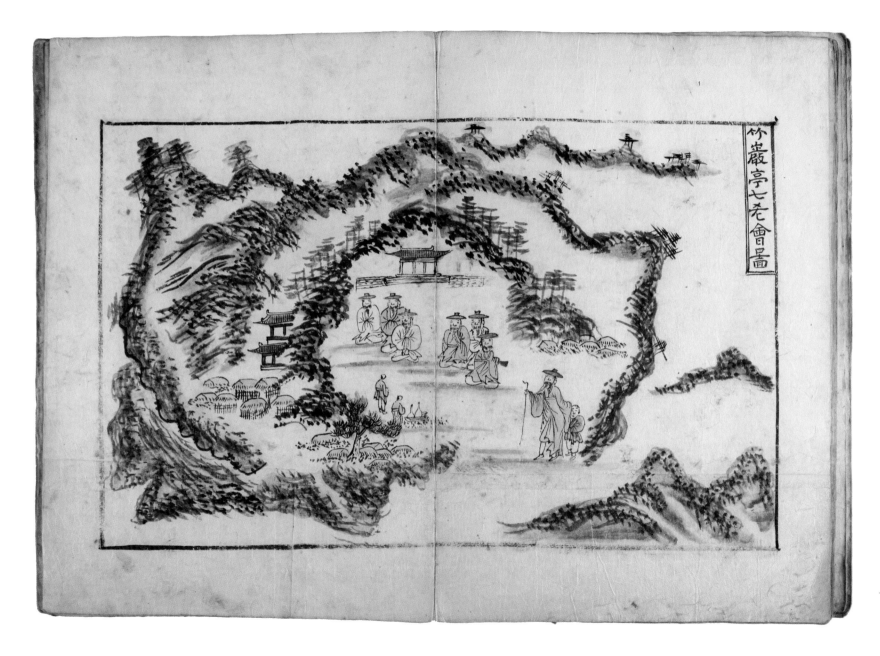

竹巖亭七老會圖

竹峯公有六友俱一世賢士大夫也

蒼雪齋權斗經 字天章 官修撰 安東人

密庵 李栽 字幼材 後官主簿 載寧人

滄浦羅學川 字師道 官府使 壽城人

玉川子趙德鄰 字宅仁 官司諫 漢陽人

北溪安鍊石 字補天 官縣監 竹溪人

東厓李浹 字悅卿 官侍直 延安人

景廟甲辰春六君子訪竹峯公于竹巖精舍 舍即悠然堂公所嘗晚 年棲息之地也在洞後

獨峰上梧桐適整篠篠湯成林幽遠 洛江接軒豐浦統檣通暢市可賈也 可愛

作七老會安北溪袖出客臘

素居無聊吟七懷詩求和

竹峯真善士最得少時名安裏春秋在心中義理明有才常退

遜持論本清平吾黨倚為重典刑仰老成

右懷士行

當世詞林伯杰然蒼雪翁才高無器識心曠自豪雄名望三司

重清寒四壁空譚懷經濟筞歲暮倚虛欄

右懷天章

密翁吾黨在晉殿獨歸然心學淵源遠力行簑笠專圓窮安

石懷幼材

素餐修業繼青氈長卦滄洲月斯文庶有傳

日借粟為迎春庭梅何幸來榆倫隔溪接孟隣

右懷師道

滄翁真國器才識出凡倫却斂經綸手久開漁釣身弄璋聊遠

我愛玉川子交情自少時文章能逼古節操可為師年老身猶健

右懷宅仁

逢窮志愈奇庭梅魂欲返吟得幾篇詩

東厓元援俗意氣許君偏可惜無資地方知不遇天條言驚四

右懷悅卿

座擁藜藻富千篇此子寧老虛老遭逢會有緣

北溪凝敏漢道義仗諸賢貰買同醉香山日追慶洛社年身名期保

晚契潤欲醾天歲暮長相憶空吟伐木篇

右述懷 北溪

次北溪七懷詩　　　　竹峯

不偶君生世天何老此翁詩清驚兒白辭博識奇雄華國材虛擲

安貧室屢空莬裘幽且靜蒼竹隱房櫳　右懷蒼雪

考槃在錦曲環堵任蕭然心貌今由古工程老益專家中益乏

粟庭畔草如疃四字平生學趍庭早得傳　右懷密庵

清寒傳素葉文雅拔凡倫少日雲霄客今朝草澤身耳龍當

世事心曠太平春晚占幽開境源源喜得鄰　右懷澹浦

績學終無用嗟君不過時緗帷開後進黃卷對先師清淨真吾

樂功名奈數奇居深遠與晤送老日吟詩　右懷玉川

如君個儻士識者最稱賢久嚙青霞氣虛過白髮年有心回世

道無眼奈皇天去閒無事吟成七友篇　右懷北溪

草廬東郭外心遠地還偏器宇能容物升淪自任天却將經世志

故事　　　　　　　　蒼雪齋

北溪詠窮達諸老友并自述成七律索和次韻通呈諸友作七家

空賦送窮篇到老情彌篤從遊信有緣

塊勢竆山下無人記姓名措身甘慶約行事畏明採菊追陶　右懷東庄

令種荒學邵平稀年今文過於世有何成　右自詠　竹峯

拙心寬眼界平昇沉司命在隨分聽生成

少日摛文秀中年抗疏名秉麟雲氣燮滿鬢雪華明跡懶宜縣　右懷士行

年老誰知者日章斯闇然虛中信道篤靜裏著工專饑待官倉

羈寒無坐容壇貧居富詩禮真訣過庭傳　右懷幼材

華踐鼓庭早風軾邁莘倫毅城治洗手數卧等藏身兒戲堪娛

老奴耕政及春有時扶杖出畫日卧東隣　右懷師道

挺出文章手清名俯一時笙鏞真古樂旗鼓宣備師學與年俱

老才將歛故奇索居懷盍友三歎篤嘤詩
　　　　右懷宅仁

科名傾後進光友金前賢大被和怡廢高堂喜懼年自期全素
　　　　右懷補天

節只在信蒼天歲晏懷三盍情深見七篇

世美趍庭得時艱晏避地偏推為家過嶺日結屋傍江天交道斷金
　　　　右懷悅卿

利朋情伐木篇授簪返初脈老去腕靡緣

推頹踰七襄學士即山翁憂遠將誰信才踈能自雜官銜非寂寂
　　　　右懷蒼雪

報簪太空空不待人嘲誚梅花笑壁權

五美賢孫在翩翩早飲名抗章扶孔廟通籍入承明任運心無競休
　　　　右自述

營志自平可躍空老去猶勝一無成
　　　　右懷竹峯

東南寥落日猶幸有蒼翁雅志非溫舲清才自峻碻虛襟人莫
　　　　右懷竹峯

歎覽眼世還空白首新涯憂深獨倚權
　　　　右懷蒼雪

烏臺曾獨坐標望自殊倫跡屈能安命居窮欲善身江湖穩逸老

文酒樂餘春晚荷交情淡何由去結鄰
　　　　右懷滄浦

學士深藏峽安貧坐占時清真非外假儒雅是吾師高挹擧
　　　　右懷玉川

言秘要為一世奇箴思圭異至顧聽論詩
　　　　右懷玉川

弱齡壯藻思老尚親賢揆笻尋初脈需時厄閏年人生有樂

地世事一聽天為愛秋容淡思深保晚篇
　　　　右懷北溪

相公有賢子意氣薄東偏鱗屈非命寧非命鵬搏會上天吟邊箴詩

卷静裏滿架書篇留濡雖堪恨過從亦好緣
　　　　右懷東厓

父逃蓬難裏長無復喜怨肯學蜣蟬點還斷農馬專塲眠鋤作
　　　　自述錦里

桃跌坐草為壇自識無長短虛聲浪傅

竹老樂為善亦能無近名常金渾厚志不役聰明接物蔼睢

昣行身尋坦平昭琴本不鼓何必問徽成

巨擘吾誰許文章有雪翁詩能少陵歎賦較長楊雄月欲象

星掩驪思群馬空還嗟時未遇白首守螢帳
　　　　　　　　　　　　右懷雪齋

葛老有賢子典刑摘宛然過庭詩禮學居肆事功專夜有番燈
帳寒無雁客瓊先生遺集在合與後人傳
　　　　　　　　　　　　右懷寄庵

倚樓人去後才不借前時志業能進古文章自得師世間機久息
霞外氣摛奇相憶不相見空吟啼隽息詩
　　　　　　　　　　　　右懷玉川

寄語北溪老惟君我識賢風雲際遇曾無年心上能鎔
帝掌中可運天徘徊歲將暮聊賦角弓篇
　　　　　　　　　　　　右懷北溪

國士東厓子生遲地亦偏騷壇曾建幟碣石羲談天汗漫屠龍志
尋常猛虎篇棲遑嶺外老身世謾隨緣
　　　　　　　　　　　　右懷東厓

閔我何為者物無堪比倫江山歸老手風月屬閒身獨占臺中界
誰爭象外春打平聊自適海為吾鄉
青青山下竹早間主人名醞藉儒林表虛峽氣宇明丞哉吾不貧
　　　　　　　　　　　　右自述滄浦

命也兩龍平士固有窮阨安知非玉成
　　　　　　　　　　　　右懷士行

白首窮經士青雲望八翁易難身進退湖海氣豪雄直道誠
　　　　　　　　　　　　右懷天章

如許家聲不落空玄天自幽嘿皎日照總權
錦水有鸞石戴盆心黯然修身懲窒勉學自精專誰使回光
照何由徹厦瓊過庭詩禮業勞力繼真傳
　　　　　　　　　　　　右懷幼材

我思滄浦老才辯冠崖倫肆志嶷忿物任真耆遺身行年今白首
活計舊青春四邑休官日晚炊為乞鄰
　　　　　　　　　　　　石懷師道

吾輩推才用傑然見甫賢韓公保晚日伯玉知非年不借峽遊地
能全孝友天青霄奇意在年落付塵倆
　　　　　　　　　　　　右懷補天

東崖自奇士才具長非倆清白承遺德窮通任彼天門無抵掌容
賦就遂初篇千里仍飄泊治山南倆有緣
　　　　　　　　　　　　右懷悅卿

深峽羈棲日中宵拊枕時得官片非適用失學不根師聖訓愚猶

勉樂行憂則遵誓心存炯戒暫誦當新詩
右自叙 玉川

朋友居五倫之二人道所重殼大於是風俗日渝道義日遠名塲勢利之
交滔滔於世朝斲暮斷金而今膠柒豈非君子之所深惡者
耶吾輩少壯捃際今顏髮星星而愛悅之情三四十年如一日末世交道如
斯亦難耳離則思合則歡伐木之詩發於小雅傳雲之篇有感於陶詩
此吾友補天所以吟成七懷詩者也於是各攄其韻裝成帖子以為遺後
久遠計噫七家雲仍指點而相告曰吾父吾祖與某父某祖有莫逆之義
吾儕安敢忘孔李百代之誼也庶幾有補於敦族風之萬一云爾
嶺疏曾為首儒林已擅名仁聲留籬驛時運阻永明有善懷真人無
譽老太平歡然傾盖日交契百年成
竹峯

自少風流篤湖山好好翁文章真學士騷前自詩雄筆下千摩掃眼
中餘子雲相思人不見有月照牕櫳
蒼雪

茅廬錦水上生理任蕭然腔子源澄澈工夫内静專江都帷下室山
谷草為氈平日過庭學詩書自有傳
密庵

山南名父子才望早超倫釋褐曾華貫掛冠身生涯同藿食
吟興和陽春老去多新趣不孤亦有鄰
滄浦

寂寞春陽峽讀書問幾時心中端取友卷裏重慎求師文學歐公傳
世情栗里遵百年相與意宎稱附史家詩
玉川

孝悌為仁本北溪自是賢逸才徵少日婃節保褏年科甲由吾力
功名任彼天閒居無一事還撥白雲篇
北溪

老儂何巖着其奈海東偏擇地曾踰嶺怒人況怨天手治蕪子圃
口詠孟郊篇摩釋光吾獲工夫在息緣
自詠東厓

七懷詩序

余友北溪子作七懷詩七懷者所懷者及七人也於其八八各有所取焉而為
滄浦散人書

之詩意至語到俱極其懷伊人宛在詩中人余亦其懷中之一人也哉既
次其詩又有所感焉遂題其後曰周羲作者七人漢末能者七人晉之時竹
林七人其後七百餘年而為皇明之世則有所謂白雪樓者又七人之所以生吾輩而
起者無復有聞焉建至于今吾輩之生而有生者又七人似有不偶然者矣雖然讀
不六不八必七人於周漢以來七人之後者其意又不偶然者何者擊磬襄
其書誦其詩想其人而論其世則其不遇時而不得意而嗚其不平者雖
不可謂之不同而若論其人之賢不肖則又有所不同者何者擊磬襄
飯干縖之徒賢而隱者也達安之人錐有能者或未有
後世之識竹林諸子歲棄禮法清談褐世遂致戎馬生郊神州陸沉白
雪群公一時重卒大鳴於世亦不不可謂之彬彬而庸皆以文墨相尚吟唫花
柳嘲啾字宙卒無以自立而不過為焉擅好音之過耳然則吾將從乎其將
從磬襄之入海而蟬蛻世界乎吾斯之未能也其將從達安之隨世推遷而

合污同塵耶吾斯之人恥也其將遺世棄俗傲睨自肆外天下國家而從
竹林之高清虛者耶柳翔翔藝苑徜徉詞林與白雪雕篆之家相上
下郎斯游非君子之所屑也然則曷若反而求之吾黨之中以不負
天之所以必生吾七人之意之不偶然者也今夫七人者其交也以道
其合也以義補之以仁會之以文龍蘭之臭斷金之利不以形氣之
殊而有物我之間獨立鳳臺眇視千古余鼓甫舞甫唱余和泯乎
沕乎合而為一不自知其有七箇形骸則是可以不負天之所以生我
之意合而有所以慶我者而已夫然後始可以從吾所好而吾以候命以
從夫天之所以慶我者而循跡而稍之曰某時之七人可也何必古七人之
天亦從之使後世之人循跡而稍之曰某時之七人可也何必古七人之
從而云七人也哉
七懷詩各自手書藏之巾行丙午春北溪出宰梁州粳帖分送

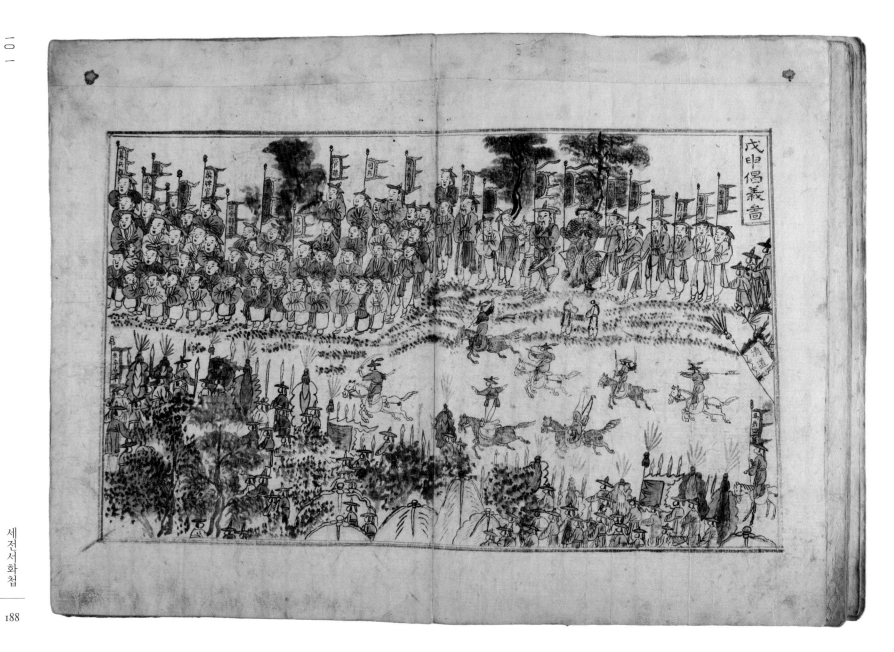

英宗大王五年戊申有賊起兵淸州殺兵使李鳳祥營將南延年三即

五日驚報十九日至安東校任士八金榡翌曉發文通諭于各院
月十

二十日朝竹峯金公即率子弟與八府書招鄕八檄諭列
邑首倡義旅詳載本府邑誌〇軍門日記曰金公某以八壯尊齡聞
朴師洙爲安撫使無安東鎭節制使前典籍柳來爲從事官
僉判官二十六日俱到任又差應敎趙德鄰爲號召使
通鄕中文
　鄕先生竹峯金公自製　二十一日晨發

國運不幸淸州之賊揷發殺害聞帥分擾郡邑辜而　天討亞加
王師棠捷竹山安城次荔歐酗黨未幾日兇魁授首亦足以小慰神
人之極憤而餘黨尚在糾結於安陰居昌等地方隨突官府招聲
民人更有鷗張之漸噫嘻此阿愛也况念吾嶺以來于
著忠義之聲而不意虎賊一枝近出嶺外此實自有吾嶺以來于
百年所未有之極　發言之痛心寧欲無生况我一府尤是嶺南之根

本西　國家之所恃也忠憤所激孰不欲身先士卒揆厥陣前也
哉惟我　列聖朝厚澤不磨丙申年倡義之古事尚存遠至今
日容可小緩手玆先願僉君子聞即贏粮策
馬不失令明日懇懇齋會于府中以爲飛道丙倡發義旅之地如或
姜池則當有軍法隨其後各自惕念各千萬幸甚
通道內文　都書記蒼松公所製俱同日發伻

二十二日開座杏壇會員六十餘人　金以鋙　金天燧　金夢瀗　金
金瑞圉　金瑞文　金瑞龜　金瑞鼎　權德秀　金達龍　金
金應亨等同日入來　柳升銘　金瑞舉　金敏行　金瑞一　金敏時
金聖鐸　權萬　柳顯時　李鳳天　李萬寧　李鳳煥
金聖欽　李拱辰　王振馧　柳台齊　李鳳裁
金泆河　鄭宜相　李憙復　柳鼎授　權鼎集
金用秋　李敏迪　金起宿　金瑞雲　裴紛　洪胄成　趙玶
金致章　李時春　金起章　金瑞翰　安命駿
金公入敎書通于權橾　柳永輝　南相五　李景蕙　第四日入來
李萬維　又近聞于李東崖泆使之紫屋　金重主　安鼎瑞入來
李尚與　安復暾　金汝撞　李文與
二十三日開塵明倫堂團點出上副將以下諸執事

大將前正郎柳并銑

有司生員金遠龍進士李萬里

副將副正字權　萬

左防將前縣監李　㯠

右防將副正字金景沆

有司幼學李廷夔權運佰權昌宇

叅謀進士金聖鐸

幼學李萬寧

都書記生員金瑞翰

書記進士李載岳生員權繶進士金瑞一權鼎揆幼學柳台

齋鄭宜相李憲復李挺辰裴絳洪冑咸趙玠金浚河

權應秀李敏迪

整齋有司進士金聖欽生員權正恭

司兵都摠幼學金瑞龜裴行健

管糧都摠幼學李碩章金啓鐸生員金瑞圖

出令都監司果任命台

軍官幼學李仁瀗金復瀗生員南聖熏進士玉振誠幼學趙

武軍官前將官李永基前把摠柳錫徵幼學南衛甲業儒金瀗柳

德禧禹汝天金致昌

謹時

軹操旗牌官業武崔雲達金兊成權重鎰裴應清裴曙

各面募兵都監

府內幼學李時春　南後幼學金起富

東後幼學金鎔　臨縣幼學金時欽

李元馼

東先幼學安命馼　金致章

北先進士李遇春

北後幼學鄭宜集　幼學李孝觀

權乃經

西先幼學金瑞死

西後幼學金瑞奎

南先幼學金東鍵

小川幼學權　涵

任命三

臨西幼學李寅煥

臨東幼學柳悷載

豐縣幼學李景翼

豐南生貟柳夢瑞

豐西幼學金起漸

豐北幼學金龍錫

南羽演

一直幼學李恭和金悌無

南相五　李箕祥

春陽幼學李仁渓姜悱一

乃城生貟金汝錄幼學權慕

吉安幼學李玉振馦

才山幼學權陌李時天

各面募糧都監

府內幼學李元休

東先幼學權碩枰其遠昌

東後幼學李華醮朴鏵

南後幼學金柱河權德錥

南後幼學南鶴齡鄭恭復

西先幼學權運復

西後幼學金友瀟鄭道興

北先幼學鄭宜樺

北後幼學鄭恭休權恭經

吉安幼學金重南

甘泉生貟金恭運柳聖藍

臨縣幼學金尚重

臨東幼學柳貴時

臨西幼學金汝揖

臨北幼學李文煥

豐縣幼學李敏政李震昌

金重圭

豐南幼學柳聖觀柳浚

金九潤生貟李山斗

豐西幼學安鼎瑞金雲慶

豐北幼學金應華南以老

一直幼學李起三金鼎瑞　乃城幼學權秉憙權𤥦金景潛

才山生員金龍逵幼學金漢桂　李致和　金光悏

小川幼學權恭濟權後　春陽幼學李仁淳李守約

軍門議於鄉校　支供十三院逐目分排　甘泉生員金世烈幼學趙元蓋

校任上齋進士金光國　齋有司幼學權恰金柱涵

掌議幼學柳星徵　洪曺昌

軍門節目　權誊所定

一無論上中下凡有忠　君苑國之心者一一來赴事

一義兵抄名之際有父母無兄弟獨身及年過五十五歲者及在喪之

一以奴子代赴爲子矢赴戰之際或有逃躱之事則上典難免軍律

一僉不喻子孫不得許參三所事

一年少無故之人頑傲無意於赴難者亦用上律事

一各面或有藏置傷銃弓矢槍釼者別件成冊勸起領赴事

一倉卒之際軍眼私難猝辦須以三四尺青布縫掛兩肩以代

軍眼功勿以白衣赴陣事

一各面大小學宮以來太助軍餉以實假屬克軍伍齋任親領

來赴事

一鑪器及餞罟并爲持來一依軍門規例事

一附近古刹旗幟皷角槍釼鉦等物行軍時借來事

一軍粮運致之際人馬梗難無論上中下有馬者一一責出爲

子矢如或拾選不出是如可摘發現露則當用軍律事

一國家昇平百年士民不知軍法之至重如有違越者這這依軍

律斷不饒貸事

二十六日各面軍丁咸集諸將官就列旗鼓槍砲弓鈒等物象力所及
一齎成樣將以再明發向安陰前期鍊習于陣塲浦軍兵三千四
百餘人軍馬四百餘匹軍粮米太二十三百餘石藁糠三百石榮川前正
即金佽前正字鄭玉體泉前佐即朴成玉禮安前縣監集悉來取
法焉約日同會于聞詔舘
二十九日到聞詔縣聞破陣報遂還軍府校蓋倡義年老諸公尚留校
也有一儒生進曰今番擧義鋒交鋒立續而其忠義足以有辭於百
世盍圖書以傳僉曰可使府吏工畫諸幅傳諸將官家
戊申重回甲十三年正宗大王嶺儒上疏疏首幼學李鎭東上倡義旅
一冊登 睿覽別錄三十八人首題前掌令金侃有宿德重望以鄒
先生因校報聞賊變泣謁家人曰吾受 恩三朝年已八耋耋而不與
此賊俱生即日率子弟及家丁肯興入府首倡義旅官判決事
進冊後 傳教傳曰昨日輦路因多士上言付之該曹稟處俄
進聞禮判言始見之紙開卷已釋自以次逐張考閱畢鄭曉賞
不覺疲淋之向聞嶺南爲鄒曾爲冀北風所稔聞而壬辰已事尚矣
戊申之蹟左卓子凜如過一兩月便非今歲宣不後時字多士之封
章旣無一毫干恩之不捧爲在其惟先之乙義辛議房永肯令
政院查出一併從重推考母子安東等十三邑各自奮義而今
事蹟行誼何等表著聞亦有至今生存者而并在勿論之科此崖成說
贈職存歿之典共及於探蹟守埋之人而安東前掌令金侃等三十八
其蹟淪亦有推考之舉則爲道伯者何不盡心擧行有此抛置擧大
字紙頭爲先付籤以下間子大臣分茅禀慶前此旣許隨聞隨啓因
失旬宣之責當該道臣越捧一等可也 命枚議大臣

春紀錄之曲已及於贈祭判析升鉉贈祭議權萬有不免班駁外此

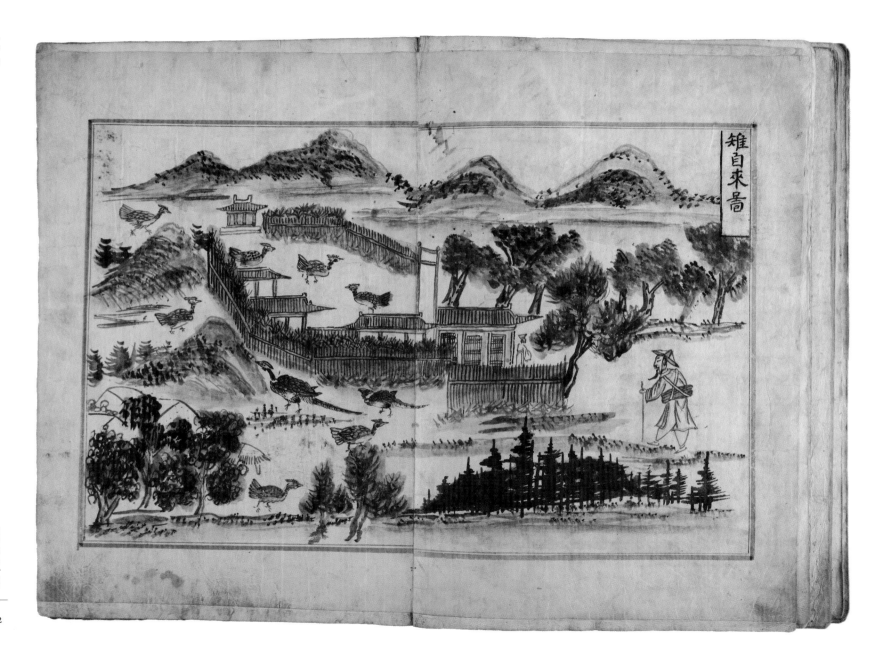

雄自來圖

喜懼齋公諱瑞雲字慶徵　肅廟乙卯生竹峯公之長子

公性至孝以家貧親老早謝公車專意孝養得小閱子之補

英廟甲辰元年靈城君朴公文秀按廉嶺左聞公親饋之則野雉自

来欲探其實暗到公家宿翌朝娷告朝饌將進雉尚不来公大

加惋愳徊徨中庭忽報北籬下兩華盡蚰来伏娷捕而入朴公親見

其事歸著雉自来說又繪送雉自来圖

自来雉說

花之五美洞金斯文某家飛雉自来之說踰嶺而瞻炙人口余以所見

金斯文春堂兩堂壽踰八耋嘗以雉膏供進適堂上有不安節而朝

饌告之斯文大加惋愳自傷子職不供甘旨無繼坐待明泣於中

庭旭日將竿家僮忽報北籬有雉試觀之果有兩華盡蚰見入至下

伏於籬根且脫且進略無驚懼移動之意仍供而取之非誠孝之感

動天地烏能致此哉金斯文名瑞雲號虛白堂先生之耳孫判決事令公

之伯庶平生必親熱兩堂之奠備其溫清當有親癠斷指而投效

連遭內外喪必逬血淚吊者大悅

方伯　靈城君爲道伯時

　　啓草　面寅

故士八金瑞雲即古判決事偘之子也少以善事父母名得小閱子之補

父母俱享大耋　瑞雲躬親奉養六十餘年心志之養甘旨之奉雖古

之孝子蔑以加焉父有當夜無眠之患瑞雲明燭侍坐未嘗解帶父

就寢方始假桃少憩而頻頻起審殆無一夜穩睡之時父容盈門

畫意接待不見其有難色親戚未至挽止留宿致其歡懌父以事親以

弟倔貪不能自資爲慮　　瑞雲盡誠愛事之以事親者推而及於

其子其孫賴以存活家弟瑞翰早占小科父有立揚之喜　瑞雲恐其冗

勝妨業事育諸鄧已自擔當又念其生理不贍多方區畫以濟之

立癸之南餓孝盈路父常歎仁濟之不給　瑞雲與具妻相議出賣衣

領盡力周饋不以貴賤而聞之父晚年盡少可口之物非珍饌異味不

堪下筋瑞雲竭力以營无所不至村鷄會卵籠箱之中吉蓄不匱

夏節宜饌惟川魚大川距家十里瑞雲不分昏夜躬往採之如鱗魚

銀魚亦能繼用粥飲供進之物親自撿審其否未嘗廢休主子

回籍益齡五歲乙卯夏父感疾嘗糞以驗孽瑞雲斷指流血灌口良久通氣

氣翌日復葦斷指無血而止及喪毀發情文俱到省墓之外足跡不

喪又出於前喪未練之前并喪慶發情文俱到省墓之外足跡不

出門外晨昏哭泣之際血點和淚亂滴日瞑幾至失明終祥之

後亦不廢省墓雖獐風虐雪未嘗或止山谷險峻之地至成坦道美

行藐蹟已成輿人口碑宣有　廉旌之典

上特贈朝散大夫司憲府持平

己巳春自

焚黃席韻

先兄至行出天在世之時已有士林闡達之議過自謙撝竟不敢

發遽遺在原之慟今年春

恩命特下孤露傑生獨當人世當

山不世異歟悲喜交并兹於

焚黃之日遠近賓客齊臨和淚攬

拙奉請諸君子酬和

次

　　　　　　　蠹溪光漢

天門廉典降三三秋後開進憶喜無攀栢當年辰淚稿焚麻是日

聖恩炎松惜只恐終埋淚公議醜教聲聽盛事吾家今章觀誰

贈司憲府持平　恩至渥也

將巨筆闡幽潛

己巳十月二十二日舍弟瑞翰技淚拜稿

事甚盛也其　李正舍遠徵以其

焚黃席韻的示余素和顧余篇

老蓋苑之境屏廢筆研已久何能與於諸賢唱酬之列而弟念金

君誠行素所豔服而　穰贈盛典正合鋪揚則言固不可以已也

茲不避言髦之譏搆拙呈似

蕘德先翁諱澥并三阿即純孝閨曾萹萹華衙旋行紫香玄瓌　恩諧通靈

付紫炎鄉里與情誰不抒　國朝稀慶乃今瞻今名終古香牙頻休道

幽光九地潛

次

　　　　　　　完山李鼎　光風子

民藝八道重生三公孝出天百行蕭降　關恩縈噓白骨增家光彩耀

紅炎聞風咸集多名勝擇日齋將發視瞻當世老文文學士誰能

作傳閭幽潛

次

　　　　　　　玉山張趾學

省君天讀發歎三尚感元方孝友兼　寵渥新違祥陳跡冷榮烟烟起

[方炎莚開是曰堪辰壽喜武閭千秋聲視瞻聖代廉揚郡可邑一生

身與道俱潛

次

　　　　　　　豐山柳夢瑞　吾廬子

維則一篇致意三每於友友感歎兼　恩衙廖士為持憲高氣寒冬

幻燦炎　旋孝僑先存此世移忠應盖贊八瞻定是良史書燕綿何用

詩章發幽潛

次

　　　　　　　廣陵李連中　桑奉

吾　王孝理直登三八域合生一雨露無戴易華啁喧動色漏泉恩

詔曖生炎花山父老霖心頌豐浦樵藐拭目瞻王鯉孟笋欽絕行槐

無椽筆發幽潛

次

　　　　　　　宣城李象辰　下枝翁

榘舞當年咏壽三承顏不倦滑甘無容如執王常夏跌誠似兢新自

上炎　聖后于今棠孝理果然　恩贈讃遏瞻柳州碑刻吾撫誦昨拜

卯公感涕潛

次　　　　　　治城宋翼龍　進士（一首又在下）

聖朝旋義百年三就有如公至行無誠動音至甘臻野味手均溫清東新

炎華卿已慰儒林望瀾刻將欽道路瞻最是良羹同卿慶一生謚

德孔昭潛

次　　　　　　豐山柳禮　進士

從古吾豐聞姓三竹峯夫子連尊無萊堂焦習班衣手韋室雜來

孝鼎炎是日泉塗盇爲憲府當年懿行足聽瞻方看錫類應無遺焉

把黔練感涕潛

次　　　　　　完山柳晉鉉　進士

夫子平生閉三出天誠孝友平無永繡自躍供廚味祗爲無停卻

夏炎慶盜門闌優異數　恩露泉嬢雉摩瞻也知當日慕黃慶感親

聖明涕下潛

次　　　　　　順興安復駿　知事

至行純心得盡三　聖朝肥贈罷廐無泥封暎紫輝泉路對炭添黃

薦曉炎岾日門闌騰慶喜平時流革聲觀瞻須將鴻肇鋪嘉蹟太

史何人可發潛

吾　王孝理可登三寵贈榮廐古宇無喜氣盈門排螫雪　榮光通室

上鑪炎鎬原泣向床前拜鴻號留敎斗北瞻回首九皐天不遠當年幽

隱未焉潛

次　　　　　　晚晦散人朴敬祉

孝子純心不二三雀祥拘瑞董玉無重泉爵秩人間慶一紙馨香

火上炎勝會幾嘆身未到瓊詞何幸眼曾瞻慚吾不是青雲士東

筆何能發德潛

次　　　　　　全義李後晃

惟我竹峯金先生以碩德大老標準當世而其伯瀁公又以事親
至孝見稱於鄉黨州閭雅美公之殘也名聲登聞于　朝朝家
特贈憲臺華品以廣之誠稀世盛典而亦由於世德之沕龍也
焚黃之是日也遠近來觀蒼松之翁為四韻詩以叙含恩
感祝之意而一時世友更唱迭和以詠歌之傳道之為一代盛蹟
吁其可感也夫後晃忝在戚縣之後其觀感之心自
不與尋常者比此不以文之荒遶而僅歩呈上以左諸君子之末云
龕仰先生至行三事舍喪徐禮俱無固知食報昭天道備感推恩德
紙炎實蹟他年傳史筆榮苑一代登觀瞻由來德瀠其美應使

芳名不閒潛

次　　　　　　宣城李拱辰

輝德潛

先大夫年八十三重婚萬福一家無衣班敢忘春輝報菊長消夏日
炎且肴野蔬供脭饋不徒永縄聲題瞻因心仰弟詩湛玩勖爾孫孫

次　　　　　　全義李萬里 蓬主

自夫人道生於三惟孝為源百行無舟　詔初從　天陞下黃烟嘘遠　鄉
鑪炎幽光正闌扶民紀繪事堪傳式衆瞻欲識世閒為子道須從維
則錄沉潛　第三縣賭用陳伯俞畫像百城事

恩綸煌煌錫命三門闌悲喜一場燕兩堂愉樂夢十載光
陰等燭炎青草池塘悲莫遂凄風寒樹江靡瞻公家孝悌是良物

常棣篇中着意潛

次　　　　　　全義李景章

故處士金公珽未髮歲以孝聞于 朝贈爵持平臺異數也雖百世
之久尚使人感發而興起况親見其純誠卓爾之行而心常欽艷者
哉用是年冬十月丁酉改題裝 黃是日四方來觀者四百餘人其
東嚮之所同得而油然而感者如是夫祭畢其弟上舍公作四韵詩
以叙其卹 恩愴感之懷仍索坐間酬和景章義不敢以拙辭謹
次呈上詩觀乎哉祗寓平日景慕之忱云耳
竹翁曾享達尊三賢子承來孝友兼至行班班看指血幽光炳炳繞黃
炎芳名可使流千古盛事寔徒拭萬瞻更睹祝鮞能繼述傳家遺
範未淪潛

次 永嘉權緻 進士士軒
我公知不負絲三百行元從一孝兼王子廚中氷躍鯉黃生枕上扇驅
炎綸非天鑑幽明格宣有 君恩遠通瞻敎向寘蓬歌盛事愧無杠
筆可揚潛

次 英陽南聖雲 進士安窩
節届三春日又三祥風吹與 聖恩兼獻氷已見雙魚出扇枕不憚五
月炎懿蹟幾揚多士筆盛儀今作衆人瞻明時異事寧沉沒仔見
緇抓可發潛

次 竹溪安錫龍
千古柴參二可三藹然百行一身兼寒氷躍出江中鯉伏暑吹除枕
上炎懿範端宜爲士則 恩卹寔獨聳人瞻看他賢季追揚語不待
雲泉顯德潛

次 趙英述
三韓日月屬春三新攝 儲王聖孝兼寒谷忽霑天澤溢香麻遙帶
御鑪炎依依東嚮千年地邈邈高山萬丈瞻行誼伊翁知有自名門

世世學心潛

次

光州金恭萬

在今曾閉却成三詩禮家庭至行無紫帶天香新下詰黃傳　御
氣細生炎人誰非子斯難致公獨承　恩眾具瞻大筆揄揚有手
須書孝感及飛潛

次

安光世

孝廚當日列牲三彩服裏齡百行無試着　聖朝膺秩煥却教寒谷
死灰炎浮榮榮岫世人皆有盛事高門我始瞻欲識斯翁名與實須拚
維則更沉潛

次

永嘉權瀨

當年景御達尊三詩禮庭前百行無　紫詰新頒司憲職黃煙逺
襲御鑪炎向來屢美雞遲晚今日追恩更聲瞻誰作汝南眷禮傳

我公名德四無潛

次

聞韶金天美

名家世德不慚三五美雲孫孝友無至行修朱通　紫禁恩綸燒廢散
黃炎紫光宣俚揚先烈令典從當聲後瞻莫道無人能闡實晦翁

次

花山金龍錫　梅窩

大爺曾有達尊三沉復吾公百行無盡職生前繁彩舞荷　恩身後
爛黃炎嘉賓滿座增光色悌崇傳餫聲聽老病末能同賀席一

千載寫陶潛
篤維則俱沉潛

次

真城李起三

人生無悅事之三孝思由來百行無姜子躍魚供鴛膽黃香扇挑添蓋
炎束憂懿德高山仰隥美　恩榮北斗瞻盧事不徒光里巷汗青應

有顯微潛

次

淸城宋翼龍〔一首在上當合謄〕

一唱新詩起歎三君家慶禮士林蕪降　天恩渥千尋海溢戶縈光萬
丈炎美盡東南騰拜賀恨纏風雪阻觀瞻勉辭鄒魯諸君子至行

從來不久潛

漢陽趙普陽　八友軒

次

淸班憲府近魁三純孝如公好爵兼入去玉京名徽陞天頒紫誥氣生
炎衰榮并極家稱慶行誼增光世聲響莫言難食報試看天

道闡幽潛

次

三從叔价

親年向暮達尊三愛日誠深喜懼無割鮮營甘順志意衡薪量翠
適寒炎廳揚梧府推公議榮貢泉培動衆瞻欲識天翁實感慶

請看廚下致飛潛

次

四從弟釳九　待敎石泉子線

宋蘭歌罷詠歎三人在陵南孝友無舞彩嬰衣春暎侍湯鑪火夜
蟠炎烏啼臺樹猶恩哺鳳帶　宮麻綫聲瞻淮水遙遙千里去童

生芳躅不愁潛

次

四從弟瑞曦

餘事於身日省三孝親誠與友于無淚瀧咸血終喪制物自感入赴
鼎炎顯秩　天廳壽眷淫華進慶瀘祭觀瞻洪恩實有幽明感深

喜吾家闡德潛

洗爵訥隱李公光庭製里富理使文
進士新塘李公成金著維則錄
進士冶城宋翼龍著杼珊鵠覘
觀察使者隱朴公文秀作自來雜園說
都承旨藝文撰學洪公台秀輔撰墓碣銘
禮曹祭判鷗樓柳公台佐撰行狀

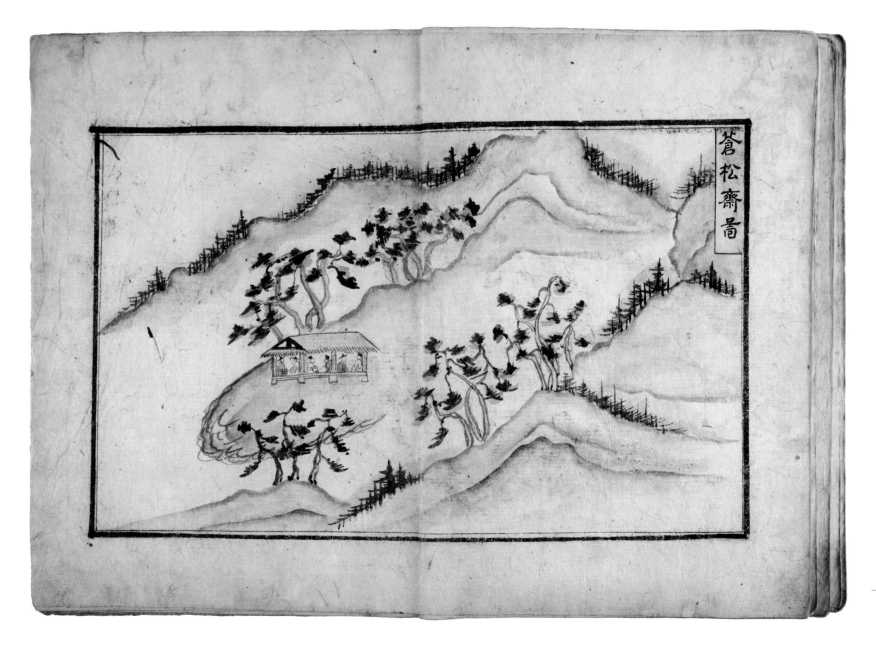

蒼松齋圖

蒼松公諱瑞翰竹峯公第二子 庸廟申午登上庠見黨議漸激
國事日非年未四十遂發憤鑿崖書堂絶意進取居林泉教授生徒鄉人爲達
有酉人影幀事愛公因毀撤

蒼松齋序我屋南山之上有松數百章眼前蒼翠朝暮供
玩余愛其貞姿勁操傲霜雪不變聊托襟期因以自號盖
竊取陶靖節撫孤松盤桓之遺義遂成四韻以要同志者

酬和 己巳臘月日

起居朝暮對前峯愛爾蒼蒼官獨秀冬滿地繁陰宜坐穩軒
清籟唆眠濃滄桑世界曾何念喬赤仙真若可逢千載藍丞
先我攫峨詩日日倚蔡節

次蒼松齋幽居韻
雲歲病倦居美
蕭灑幽居對數峯翠頭蒼頭冬冷韻虬吟壯月下陳枝鶴
夢濃居永空壇暴客語雲深何廣藥師逢鷺桓手村知美取陶陶後無
聞又甬節

愛爾松峯韻竹峯一䫉蒼翠傲玄冬立美洞添雙節友四時春對一

吾廬子柳夢瑞

樽濃江雲消極經年別同病相憐歲日逢俗物田來多敗意煩君
莫浪播吟節
十里相望釰舞峯昌陽峯上不凋冬辛顏室通人還藥草春來
露正濃松下黑時何必閒山中尺在會當逢靈根九節長年別我
亦隨君理短節

結屋胡爲近彼峯千章蒼氣最宜冬曾隨草卉同滋養直到風
霜保自祖祿髮婆娑閱歲綠知需用在時逢莫教對此馳心程
會見神翁忽稙節

孤根應自祖祿後峯綠髮婆娑閱歲晋士富辰逢玻島仙蹤從未得願言
縣逐濃物依舊物人誰賞公以名公主辛逢玻島仙蹤從未得願言

顀拙翁子昂

翠竹蒼松前開蒼門賀秋冬根盤厚地栽培固業帶青
風色態濃歲晚襟期是托仙崖蹤跡翁自有無窮趣
朝暮摩沙手倚短節

中進士來甫

擇軒子對初安後駿
蒼松居士對蒼峯整暮姿閱歲冬弘果院中清籟滿麻城亭
昨夕陰濃雨過好蘢波碎成寒寧帒雪霜逢趁君學得貞心保
莫向玄都柱費節

次 金龍鐸

松塢許聖容容諧

覺快然枝餘激低峯不獨員姿歡大冬黑入太陰當夏爽青連平野媚
春向濃嘉群定有丁生夢偶坐還如橘老逢留待月明芋蕭發好推几

仙客駐短筇

次
潜窩翁金國均

羣峯苑苑秀高峯氣色方有序屬冬時遠清風盈耳響更遊明月
滿窓濃濃嶺峨要作百年契人物相須此日逢我亦軒邊栽萬縣含歲寒
心事獨擔筇

謹次二律敢備俗索
侍生柳澧

阿歲徂徠落一峯仟俵藏盖聲三冬奇觀藏雪白偏重晚鄭經寒翠更
濃兄台蒻竹峯蒼松今亦秀扵三槐庭下百年實五美村甲一簑邊
先大夫曾號竹峯蒼松今亦秀蘭當歲暮不随桃李詫春逢最憐近日盤桓地巃取
竹一筇

兒童笑放筇

童童青盖繞東峯最愛劲姿獨秀冬直氣橫天皷叭扡烟光鋪地
鶴眠濃濃要須美酒爐頭嚼噯莫歎佳辰馬上逢滿目雲山俱是樂偶來
松下陪吟筇
權道漸

快覩松停面釗峯蒼蒼秀色過深冬天風屑屑遠山月流光幽
與濃朝起理釣沮溺撟暮歸歌壞壞兖達後凋員操君知否差待
感寒扶酒短筇
李能

竹裡蒼松蔭滿峯歲寒心事識深冬琅玕曾薦排雲氣呼茯苓今省
入地濃百世高風猶未了一立仙侶遊人最愛清陰畫日
鼇桓駐短筇

次
千仞高標仰竹峯一松磊落見深冬熊藏宕雨寒無響時起踈烟
翠欲濃濃晚應黃菊讓蒼顏却勝赤松逢年来梢悅泉翁意藏
暮盤桓欲住筇

次
君家非特木三峯最愛蒼蒼實夏冬靈籟醒心仙氣動清雲和睇夢
魂濃身槎林繁無窮好手拍喬松幾度連材長棟梁無用廢謾青
盖引詩住筇
權上舍孟堅

蒼蒼古樹待前峯貞心最見冬棐引清颷侵榾冷翠并踈影入雲
濃何必陟高觀奇觀在大冬爽顏深更侵戸令綠陰長夏滿庭
濃風前有約詩翁到月下多情酒老逢中休俗事抱琴他日
一撰筇
李翰國公幹

次
濃和風曉日盤桓筇酒伴詩朋邂逅近逢不
呼筇

濃
回看野紫與青峯花不長春草委冬獨俺高懶若可連日夕盤桓勤手拊主翁清致到
飄風琴曲凝聞響抹藥仙蹤
門外清溪上峯亭何物做寒冬蒼蒻蒼重暖匠呂世難逢高材只供青眼俗客休煩枉擲筇
堪笑棟梯人莫顏重暖翠浮嵐入盖濃
明仲兄主

漢津泣餞圖

慕竹堂公諱有源字通之　肅廟己卯生

公幼有至性異質生五考之美村公奇愛之抱而撫曰此吾家聖童也

少業明經旁治程文蔚有聲譽性恥俗冒進屢捷鄉圍而屈於

覆解

英廟丙午春（公年十八）赴省試承音羅學川新附異論為考講官以公

有姻分密使人豫送七書講章公出示李掌令山斗曰如此尚可以

尤榮字遂棄業而歸己酉更擧省試與年八十老儒（居今羅道南原姓尹名失傳）

比畫考官而試以製述公言子考官曰老少爭科非教士與怛之風欲

不較而出考官強之公見老人操紙無文支願垂淚公曰無庸慨也即以

所搆草授之不對而出其入登第後來謝涕泣曰老夫今日之榮公所

賜也餞于漢濱袖出相別圖一幅遺之曰此百世不忘之資也因撫戴

執手回吾則年到耄死湖嶺且近于其聞後現何期天道有知公遂厚

府士友又會鄉會屏院議呈孝行于官公投書峻責之俾不得呈亦曰

進己為士林常有未盡處至刊小學雖欲孝誰為孝之語而悲感而

紀事吾嘗有未盡處至刊小學專以養親為事

一如持憲公之事親有未盡至刊小學雖欲孝誰為孝吾

不讓尹和靖故事矣自後恐遂妨養廢擧業專以養親為事

之以書賀持憲公兩度辭第而名利之關迴出流輩之中真

德不必不獨自愛蔭其孫曆與郭也西河柳公聖和聞

其純心至誠自視歟然而或恐人知著矣及上親下世無意世務曰讀書賢

性素愛竹嘗植烏竹于牕前朝夕栽培而觀吟詠之清臺權公扁一過

草堂謂公曰竹峯之孫而愛竹宜名慕竹堂遂書三大字使公扁之公

書史之外傍推星文象數之妙擧筆辨析而通透焉（出自泉子所撰行狀）

敬題　鶴山從叔世傳書畫帖後

終古畫圖西傳者審矣其大其蹟二可畫可傳者能幾伍類多傳者一人而不及

在一家傳一家而不及於世者宜亦以世之難於一家之難於世一人而不及於龍

庵方平之於蓋世人皆像為兩傳之墓其人之賢世蘭陵二傳之帰四明六老之室

皆登於續事彰貞家之盛也奚俟未及於世別世之難不及乎吾於叔鶴品公阮

墓石陵世福十六卷又蔡世傳書畫二帖子與世福幷世鶴品且肇但稿或

有每傳之而又有不畫言者畫一帖以繼之也九十廿十九位三十一畫位暨傍親畫

至二三皆崇蹟之乃傳者而順夫世遠年邈斷烟弦畫澄淌家巷稿遂省闕者

嘗求于門內及知舊家并稿而新之世著續蹟而描之合為一部克完世傳

蓋名賢卿相淸白循良文章道德忠節孝義為石陵之世而世所以畫之者

為公祖元十位為吾祖此八位而上五位列同祖也多琉此事實于左俾書畫撰圖

西莊如帖之庸寓羨墻之幕且脯滾韋知朱世沐位有英事展帖奉閲肅

多子才雜去坡毅上三閻僅九叔　朝四弓年塘養

然若臨摹逼真若存不覺怵惕欽羨況斯事非復得見於今世者未一二而足為鄙

此徒刊範子孫定是勸世道之標準其為世德之隆寔翅龍庵益世之賢一

人而已中為八祖宏才環琭珊芳儷複增廓門閭顯耀邦國者國朝以來所

未聞其居一家之國又寔翅流俗之只叔侄而史老之有婦人為甫于觀七帖志焉

不肯首祗縢稱末亮并褘公之寔云追遠之誠而見於七帖焉爾

稿而但未克錢諸埠以廣其待遷值龍庵之孝寔公之遠臧四遺軍所

以痛注著也庶幾立庵之有任及其蕭威公之志蘭公之寔而如公之於先

世繼七帖而垂焉無窮也雖亦庵不庵莫此焉已

乙酉孟春之浣後孫鳳欽謹識

（左頁）

圖帖後敘

忠孝義節必萬於人猶曰月山川之麗於天地而

人處天地之中紙一脈相傳字此道理而先乃曰月

永若山川也蓋鮮矣余兄五美向龜嚴盃帖

起曰先代珍藏於大枝肇基歷累仁敦忠導義

明教萌敷於八龍才德而綿之緒業以逸竹峯表

耀蒼慕竹俱有表上行義載在一幅玩未償之

不覺欽祗而起敬也何北一去丁庵以一人而有一終者而

以先人名而起窗祖調守同一祖運士代以巳其賢之

吳子寸雞玄牧設止三周寔九載 朝丗昌年塢春

之澤獨於鵠山南豊金阨航靈五秀美子達書不畫
初益畫意而是若之它是妙之粗若一經上劃子安乃今之嚴
玩銀賞而加此門之巖是多賢子孫別畫是益而粗所
星帖此殊未知進入坌中而號之名今此門之有孫堂所
若諸賢書各素詩文極其記實精采誠畫另之
畫而於益龍有所感漢識粘末而棘人三棟六安
其家此奉星帖而有鳴子澤新之痛因芹記焉

　甲子仲春節　驪江源人李在英謹書

怡雲寫史卯状　　嚴瞭陽大南杠梅雨亭尹澤東重龍初平敬書
宦接有四畫而手書此此於予　公應生之賢党尧家之竒孫生知天性
卓犖不凡自延事流頴諸子百家皆手抄而讀文辭凤就入吾學
見寓史退而靜堂傳寃書文以論輯張記多之任卑為吾東擅其以
後朝斯記注名关事柔豈禹姓之諝百枝之書乇不潔實早詠區
祠行牛句在字素先讀龙為着意上目定自考中查八房下玉高當
遠禍之乇利未列亂在中相流散各字士竅祥細錄此明親日鳴化乙
十册總虛之可石陵也文生傳竒行关讀三軟在高畫士本土命工
世身作去家向生久年遂幾至雪鴻毛迎旁龙四寬有本土命工
移撲家乇儀盈事柔伭令之意自　能山公曰騶基業累至高望考先
子二川國離花契庭形向间淋旁敕逃代士壽而此當下各書當乍鳴御友
記事其序以視模考之河洛律緒出俯傳之紀史綱目羣張綱為上下雜以

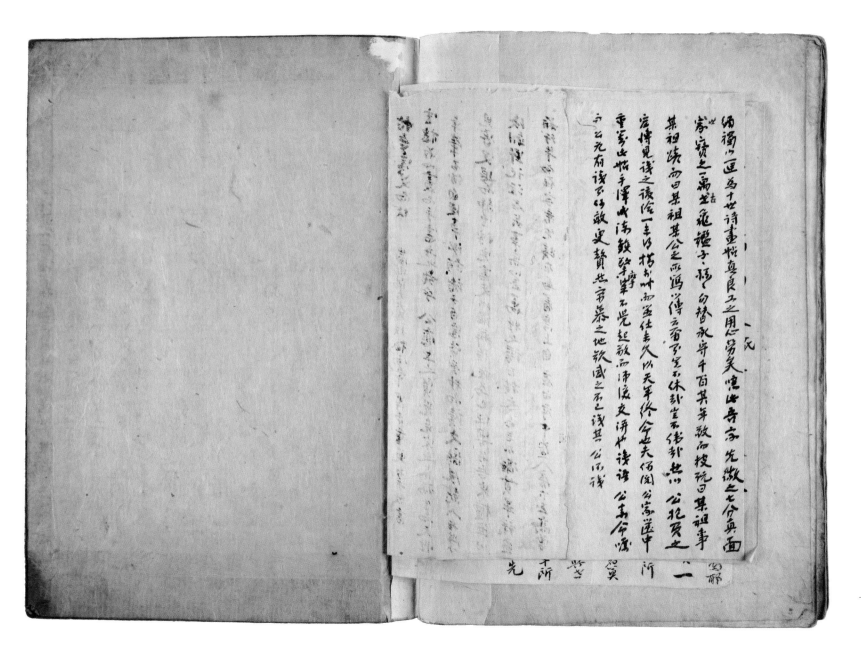